旅游管理专业应用型本科系列教材

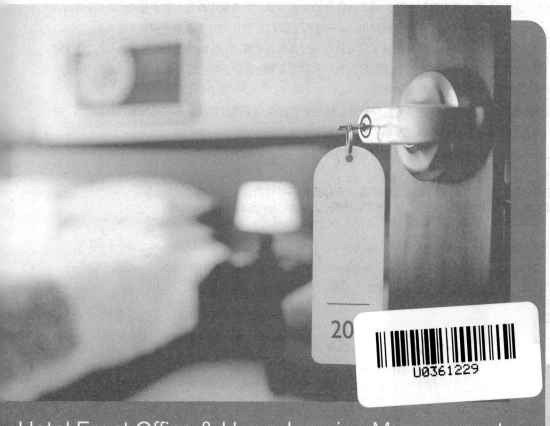

Hotel Front Office & Housekeeping Management

酒店前厅与客房管理

（第二版）

唐飞　刘静　编著

清华大学出版社
北京

内 容 简 介

本书系统地介绍了酒店前厅和客房服务与管理的专业知识、服务操作程序和基本技能,既有饭店前厅部和客房部员工必须遵守和掌握的基础知识,又有这两个部门新信息的介绍及服务案例。每章的学习目标和核心概念为学习这本教材的师生明确了学习目的和应该掌握的重点;特别是书中案例分析与阅读材料的编写为没有实践经验的在校师生提供了很好的教学和学习素材;课后多样的练习题为提高学生的专业知识和培养学生的综合能力起到了积极的作用。

本书的再版,在内容上进行了更新和补充,每个章节还增加了思政园地、思政思考题,有助于学生树立正确的人生观和培养良好的职业素质。

这不仅是一本酒店前厅与客房服务与管理的教科书,也是酒店管理人员进行经营和管理的参考书。

图书在版编目(CIP)数据

酒店前厅与客房管理/唐飞,刘静编著. —2版. —北京:清华大学出版社,2023.1
旅游管理专业应用型本科系列教材
ISBN 978-7-302-62562-9

Ⅰ. ①酒… Ⅱ. ①唐… ②刘… Ⅲ. ①饭店-商业服务-高等学校-教材 ②饭店-商业管理-高等学校-教材 Ⅳ. ①F719.2

中国国家版本馆CIP数据核字(2023)第005512号

责任编辑:邓 婷
封面设计:刘 超
版式设计:文森时代
责任校对:马军令
责任印制:沈 露

出版发行:清华大学出版社
   网 址:http://www.tup.com.cn,http://www.wqbook.com
   地 址:北京清华大学学研大厦A座   邮 编:100084
   社 总 机:010-83470000   邮 购:010-62786544
   投稿与读者服务:010-62776969,c-service@tup.tsinghua.edu.cn
   质量反馈:010-62772015,zhiliang@tup.tsinghua.edu.cn
印 装 者:北京嘉实印刷有限公司
经 销:全国新华书店
开 本:185mm×260mm 印 张:15 字 数:381千字
版 次:2012年12月第1版 2023年2月第2版 印 次:2023年2月第1次印刷
定 价:49.80元

产品编号:077298-01

前　言

　　伴随着我国旅游市场持续不断的增长，入境旅游和国内旅游人数的攀升，旅游酒店从业人员的需求量日益增多，对酒店员工素质的要求也越来越高。旅游高职高专学校的学生已成为旅游饭店从业人员中的主要力量。因此深化职业教育教学改革，提高教学质量，就显得日益重要。为旅游高职高专的师生们提供一本系统、规范、实用的教材，是我们这些旅游教育工作者义不容辞的责任和义务。近年来，国内外一些介绍酒店管理理论、方法和经验的译著及教材在我国陆续出版，使我们能够在参阅、借鉴同行著作和资料的同时，结合我国旅游高等职业教育的特点和实际情况，编写了这本适合我国酒店业的颇具特色的、专业性强的、通俗易懂的讲述酒店前厅和客房服务与管理的专业教材，为旅游高职教育事业的发展尽绵薄之力。

　　本书立足于提高学生的专业知识和培养学生的综合能力，进行了内容与形式的创新。特别是书中案例与阅读材料的编写为没有实践经验的在校生提供了很好的素材；每章的学习目标和核心概念也为师生明确了学习目的和应该掌握的重点。本书系统地介绍了酒店前厅和客房管理的专业知识、服务知识和操作技能，既有酒店前厅部和客房部员工必须遵守和掌握的基础知识，又有这两个部门新信息的介绍及案例，是一本酒店前厅与客房服务与管理的教科书，也是饭店管理人员进行经营和管理的参考书。

　　本书在修订编写过程中得到了邓婷编辑的指导，在此表示衷心的感谢。本书引用了国内有关教材和书籍的资料，在此对其作者表示感谢。另外，本书的第一章由辽宁对外经贸学院的曹洪珍老师编写，第十二章由大连外国语学院的方雅贤编写，本书的其他章节均由唐飞撰写。

编　者

2022 年 10 月

目　录

上篇　前　厅　篇

第一章 绪 论

学习目标

通过本章学习，了解酒店的类型、酒店等级的划分和酒店组织机构的设置；掌握酒店前厅和客房管理的主要内容。

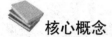

核心概念

主题酒店 绿色酒店 民宿 酒店管理

引例

国庆乡村民宿报告：西部地区增速超 160%

2020 年的国庆节和中秋节，乡村民宿又火了一把。据途家民宿平台数据显示：新冠肺炎疫情前后，途家民宿国内房源不降反增，从 180 万套增长到 230 万套，而乡村民宿的交易占比由 2019 年的 24%增长到 41%。疫情成为乡村民宿爆增的"催化剂"，受疫情影响，人们出游习惯有所改变，"近郊游、周边游、自驾游"持续火爆，而乡村民宿成了人们休闲度假的重要选择，疫情期也是乡村民宿发展的红利期。

双节期间，途家乡村民宿整体交易情况不仅恢复到 2019 年同期水平，更呈现反超趋势：订单量同比增长超 20%；单间均价、客单价更有不同程度增长，接待人数增长超过 30%，累计近 40 万人选择途家平台乡村民宿。

从各地乡村民宿预订量情况来看，热门旅游目的地乡村民宿火爆，北京、上海等地接待游客数量和交易额暴涨超过 100%。乡村民宿订单量前 15 的城市是丽江、厦门、大理、北京、上海、苏州、舟山、桂林、嘉兴、杭州、成都、湖州、北海、黔东南、深圳。与 2019 年同期相比，部分西部地区城市订单量涨幅较快，阿坝、海西涨幅均超过 160%，位列前两名。

途家民宿平台上乡村民宿订单量前 50 城市中，有 28 个城市乡村民宿订单量在当地整体民宿市场订单量占比超过 50%，其中前 10 的城市是迪庆、丽江、黔东南、大理、上饶、嘉兴、拉萨、湖州、张家界、厦门。游客接待量前 10 的城市是北京、上海、丽江、厦门、大理、苏州、舟山、桂林、嘉兴、成都，其中除丽江、厦门、大理、嘉兴同比有所下降外，其他均有不同程度增长。

另据途家民宿平台数据显示，与 2019 年同期相比，有 20 个城市增速超过 40%，海西以 210%的增长量雄霸榜首，其中涨幅最快的 10 个城市是海西、阿坝、北京、上海、酒泉、常州、温州、西安、舟山、长沙。

2020 年用户对乡村民宿的选择更偏好客栈、独栋别墅、农家乐，这三项的订单量占订单总量的 95%。从乡村民宿房屋数量增长情况来看，部分地方受政策利好、疫情缓解等多种因素影响，参与热度持续走高。其中乡村民宿在线房源数量前 15 的城市是大理、丽江、杭州、北京、舟山、上海、厦门、湖州、苏州、嘉兴、成都、深圳、惠州、黄山、北海。

与 2019 年同期相比，有 20 个地区乡村民宿在线房源数量增长超过 40%，西南地区乡村民宿在线房源涨幅名列前茅。其中涨幅位列前十的是迪庆、阿坝、黔东南、无锡、海西、常州、珠海、大理、乐山、黔南。

（资料来源：国庆乡村民宿报告：西部地区增速超 160%.（2020-10-15）. http://hotel.china.com.cn/ 2020-10/15/content_76808809.htm[EB/OL].）

第一节　酒店的类型

社会经济的发展、消费者需求的多样、社会生态环境的变化和科学技术的进步，使得酒店的业态越来越多样化，于是就产生了对其进行分类的需要。通过对酒店进行分类，能够方便其市场定位，同时也有利于酒店产品的营销和在同类酒店之间进行比较。世界各个国家和地区对酒店类型的划分并无统一标准，分类方法较多，如按酒店的建筑位置分类，按客人使用目的分类，按设施标准和服务范围分类，按经营管理方式和酒店规模分类，等等。

通常酒店是根据其用途、规模、特点、经营方式等不同情况进行分类的。划分为同一类别的酒店具有一定的共性，但各自也有许多不同的特点。

一、按酒店的客户群体分类

（一）商务酒店

商务酒店具有普通酒店的一切功能，除此之外，它注重为商务客人提供其所需的商务服务，比如会议室、网络设备、办公设备等，此类酒店以接待商务客人为主，一般位于城市的商业中心或市区，除了为客人提供舒适的住宿、餐饮和娱乐，还必须有客人所需的 Wi-Fi、电传、计算机等现代化通信设施以及打字、速记、文秘、录像和投影等特殊商务服务项目，是客户市场细分的产物。

商务酒店的价格高于同类型的酒店。一般商务旅客对价格的敏感度不大，但在住宿、通信、宴请、交通方面较为讲究，注重酒店的环境和氛围。商务酒店为了满足客人的物质需求和心理需求，不论在酒店设施设备的配备上还是在提供服务的质量上都比一般的酒店好。高档的商务酒店还应有 24 小时的送餐服务、24 小时的洗衣服务等。所以商务酒店的价格自然高于同级别的其他类型的酒店。

（二）会议酒店

会议酒店是专门为各种从事商业贸易、展览会、科学学术讲座会提供住宿、膳食和展览厅、会议厅的一种酒店。会议酒店以会议会场为主，以会议经营为中心为客人提供规模化、专业化和综合化会议服务的商业性住宿设施。

会议型酒店所必备的要素是酒店所在地应该是政治、经济、文化中心，交通便利，环境宜人，设施良好。酒店有符合各种规格的会议宴会多功能展厅和会议所需的所有的设备设施。

会议型酒店的产品特点既具有酒店的产品特色，又有会务的特色。一个完整的会议接待通常会涉及会议接待流程的影响，会议接待流程的可变性、多变性及规律性，要求酒店应变能力强，提供的产品具有多样性、及时性。这里讲的产品，不仅仅是客房、会场、餐饮和健身娱乐等，还有会议服务、安保、会场设备、A/V 系统的服务、礼仪、会务信息的传递等。

（三）公寓酒店

公寓酒店，就是设置于酒店内部，以公寓形式存在的酒店套房，此类酒店客人大多是长住客人。除提供商务酒店的一般设施外，酒店的客房一般采用家庭式结构，并提供厨房设备、办公设备及少儿游戏设施，使住客能充分享受家庭之乐。长住客人与酒店之间一般都签订租约。同时，公寓酒店也有相当一部分房间接待暂住客人。

公寓酒店既有公寓的私密性和居住氛围，又有高档酒店的良好环境和专业服务，因此，公寓酒店一出现，就受到消费者的广泛关注和欢迎。

（四）度假酒店

此类酒店坐落在风景名胜区，如海滨、湖泊、著名山庄、温泉附近，地理环境是经营度假酒店的一个重要因素，酒店主要接待到旅游景区度假的旅游者。度假酒店是专门为客人提供娱乐和享受的地方，它一般拥有良好的沙滩、游泳池、滑雪场、溜冰场、跑马场、高尔夫球场和运动场，但此类酒店在经营中受季节影响较大。

除提供与日常生活相衔接和融合的度假型居住设施和环境外，不少度假型酒店也以新颖独特的住宿形式吸引度假游客，以满足不同游客的需要，并且度假型酒店的氛围比普通居住环境更加舒适、安逸、完善、周到。从居住的角度看，度假型酒店犹如多个设施完善且相对独立的居住单元体的集合。

在度假酒店人们所追求的是身心的愉悦和放松。不同类型的度假酒店具有不同种类的休憩、娱乐服务设施。如乡土生态型度假酒店侧重游人对传统娱乐设施的感受，如钓鱼、烧烤等。当然根据需要，也可以将不同类型娱乐设施融合在一起，使度假酒店的生活更加舒适精彩。

二、按酒店的建筑位置分类

（一）机场酒店

机场酒店是随着航空事业的发展而产生的，主要是为一些大型国际机场、航空公司和短暂停留的乘客提供舒适、方便的住宿和饮食服务，它也有普通酒店的综合服务设施。机场离城市、商业中心越远，这类酒店为机场游客服务的作用也就越大。

机场酒店是为那些由于飞机不能按时起飞，或只是转机的游客提供住宿、膳食的一种酒店。这些游客不想进城而必须在机场附近滞留，因此他们在机场酒店停留的时间多在一天左右。

（二）汽车旅馆

汽车旅馆的名字来自英文的 motel，是 motor hotel 的缩写。汽车旅馆与一般旅馆最大的不同点在于汽车旅馆提供的停车位与房间相连，一般一楼用作车库，二楼为房间，独门独户。

汽车旅馆多数坐落于主要公路旁或岔路口，向住店客人提供食宿和停车场，所接待的客人多数是驾驶汽车旅行的游客，在公路发达的地区汽车旅馆较为普遍。

（三）其他类型

还有城市酒店、景区酒店、海滨酒店等。

三、按酒店规模大小分类

酒店的大小没有明确的规定，一般以酒店的房间数、占地面积、销售数额和纯利润为标准来衡量酒店的规模，其中主要标准是客房数量。目前国际上通行的划分标准包括以下三种。

（一）小型酒店

小型酒店的客房数少于 300 间，经济型酒店一般属于这种类型。经济型酒店又称有限服务酒店，其最大的特点是房价便宜，其服务模式为 B&B，即 "bed & breakfast"（住宿+早餐）模式。经济型酒店最早出现在 20 世纪 50 年代的美国，如今在全世界已是相当成熟的酒店业态。

根据经济型酒店的特点和实际情况，经济型酒店以大众旅行者和商务旅行者为主要服务对象，以客房为核心产品，价格低廉（一般在 300 元人民币左右浮动），服务规范，环境舒适，硬件上乘，是一种性价比较高的现代酒店。

经济型酒店有着巨大的市场潜力，具有低投入、高回报、周期短等突出的优点。从沿海到内陆，经济型酒店的市场份额逐渐扩大，如今拥有强大网络平台支持的连锁酒店也日趋成熟。

（二）中型酒店

中型酒店的客房数为 300～600 间。这样的酒店一般是三星级以上的酒店。

（三）大型酒店

大型酒店的客房数多于 600 间。
以规模大小分类有利于酒店之间进行比较，因此它是比较客观的分类方法。

四、特色酒店

21 世纪是崇尚个性的时代，琳琅满目的消费品满足了消费者的"个性"需求，使消费者得到自我实现的满足。酒店产品属于高消费产品，在个性设计上更应注重客人高消费的精神需求，更深层次地体现酒店产品本身的个性。主题酒店和绿色酒店正是在这一形势下产生并发展的。

（一）主题酒店

主题酒店是根据一个主题而设计的特色酒店，它比一般的酒店更具有特殊性和文化性，是运用多种艺术手法，通过空间、平面布局、光线、色彩、各种陈设与装饰等多种要素的设计与布置，烘托某种独特的文化气氛，突出表现某种主题的酒店。主题酒店除了在客房产品上突出主题外，相应的客房服务与普通的客房服务相比，也更具有针对性。所以主题酒店的功能不再只局限于传统意义上的休息睡眠场所，更注重给予客人精神上的享受。

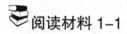 阅读材料 1-1

闻名世界的主题酒店

目前世界上的主题酒店以美国的"赌城"拉斯维加斯最为集中和著名。拉斯维加斯的主题酒店具有规模大、层次多、变化快的特点，它们充分利用空间和高科技的手段，配以大型的演出，为酒店增色不少。拉斯维加斯是酒店之都，更是主题酒店之都。以下是拉斯维加斯几家具有代表性的主题酒店：

柏列吉欧酒店——模仿意大利北部同名小镇的景观建成，有 3000 个房间。店前有一个 30 000 多平方米的人工湖，喷泉高达 72 米，水池舞台纵深 8 米，经常表演水中舞蹈和特技魔术。

金字塔酒店——以埃及金字塔为主题，外形是人面狮身像，有 4407 间客房。

米高梅酒店——有 5005 间客房，是世界上第二大酒店，完全以影城好莱坞为主题。

其他地方的主题酒店：

雅典的卫城酒店——以雅典卫城为主题，到处可见雅典卫城的照片、绘画、模型、雕塑、纪念品，开窗就可以看到雅典卫城。

维也纳的公园酒店——以历史音乐为主题，随处可见音乐家的照片、绘画、雕塑、历史场景，宴会厅有乐池、舞台，背景音乐都是名曲。

印尼巴厘岛的摇滚音乐主题酒店——以摇滚音乐为主题，占地 3 公顷①，有 418 间客房。所有房间都提供互动式影音娱乐系统；酒店内展出音乐文物、音乐家手稿、老唱片封面、歌唱家穿过的服饰。

（二）绿色酒店

随着全世界范围内"绿色浪潮"的掀起，酒店业也积极引入可持续发展的原则，为社会提供舒适、安全、有利于人体健康的产品，并在整个经营过程中，以一种对社会、对环境负责的态度，坚持合理利用资源，保护生态环境，由此绿色酒店的新业态应运而生。

"绿色"一词往往用来比喻环境保护、回归自然等。国际"绿色酒店"的英文应为"eco-efficient hotel"，意为"生态效益型酒店"，意思是充分发挥资源的经济效益。绿色酒店在我

---

① 1 公顷=10 000 平方米。

国也可译为"green hotel"，是指在酒店建设和经营管理过程中，坚持以节约资源、保护环境为理念，以节能降耗和促进环境和谐为经营管理行为，为消费者提供更加安全、健康服务的酒店。

2008 年实施的国家标准《绿色饭店》（GB/T 21084—2007），对酒店的建筑设计、施工、建材的选择，以及酒店的运营管理、卫生控制、安全等各环节是否符合节能、环保，都有详细的标准和要求。绿色客房是绿色酒店所提供的客房产品，它必须满足绿色酒店的一些基本要求，包括客房设备的运行对环境的影响最小、客房的物资消耗降到最低、客房环境符合安全卫生的标准，给客人提供良好的住宿空间。

（三）民宿

民宿的起源众说纷纭，有的说来自日语的民宿（minshuku），也有的说来自欧洲的 B&B，也就是 bed and breakfast，意思是床和早餐，也就是家庭旅馆。

20 世纪 60 年代初的英国，农民将自家闲置的房间供应给路过的旅行者，这种家庭模式的招待形式便是最初的民宿。温馨和温暖，就是民宿区别于普通旅店和客栈的个性所在。

随着移动互联网和共享经济的发展，更加具有时代气息的民宿兴起，逐渐被越来越多的旅游者认可和喜爱。

所谓民宿，是指利用居民闲置的房源，作为主人参与接待，为游客提供体验当地自然、文化与生产生活方式的小型住宿设施。我国的民宿大多数存在于乡村或偏远的郊区，尤其是靠近景区或者乡村旅居的地方。有民宿的地方一般具有天然的吸引力，适合游玩、观光、旅居、康养等。

民宿不同于传统的宾馆或酒店，传统宾馆的含义是住得舒服，而民宿的含义则体现在"民"字上，体现当地的风土人情，当地的自然风景，当地的文化特产，这些能让人感受到亲切感。民宿房间的设施、民宿的接待让人感受到民宿主人的热情和好客，感受到宾至如归。民宿让游客有一种"家"的感受。

一般来说民宿有六种类型：田园民宿、海滨民宿、温泉民宿、运动民宿、传统建筑民宿、艺术文化民宿。

从经营特点来看，民宿通常会与当地人文以及自然景观挂钩，具有很强的地域特色。民宿硬件设施比较简单；民宿的经营更加倾向于个性化、人性化、有温度，切合现在年轻人和旅游消费者的需求。目前高端的民宿比较少，但高端民宿市场需求量很大。

从发展的规模来看，民宿连锁化经营、品牌化经营已有行业标准。但民宿的经营现在还是各自为战，规模多数集中在十几间，还没有出现有规模兼具影响力的民宿品牌。

近些年，特别是新冠肺炎疫情之后，旅游业大受打击，酒店、旅馆行业受到了十分严重的冲击，而最先呈现回暖状态的反而是民宿行业。这也受到了很多资本方的关注，其中有些有经营头脑的人在注重民宿装修和服务的同时，打出了情怀的理念，"无情怀、不民宿"受到了很多年轻人的追捧。

从未来发展趋势来看，民宿发展可能继续迎来快速的增长，而且民宿是未来年轻人的主要市场。同时，民宿也出现了向连锁酒店融合的趋势，力求多业态、多方位地为现在民宿用户提供服务。

第二节 酒店等级的划分

酒店等级是指一家酒店的豪华程度、设备设施水平、服务范围和服务质量。对客人来说，酒店的等级可以使他们了解酒店的设施和服务情况，以便有目的地选择满足自己需求的酒店。

一、酒店等级的评定意义与依据

（一）酒店等级的评定意义

由于酒店的市场定位、设施设备、接待对象和服务质量不尽相同，大多数国家政府或行业协会对酒店按照一定标准和程序进行等级划分，并根据其不同的级别，用相应的标识表示出来，在酒店显著的位置公之于众。国际上相关的酒店协会也采用公认的国际等级制度对酒店进行评级。

对酒店进行等级的评定具有重要的意义。首先，酒店等级的评定有助于宾客预先了解即将住宿酒店的设施设备条件和服务水准，进而了解其价格水平；其次，通过酒店等级的评定和复评等活动，监管部门和行业协会也可以加强对酒店行业的管理与指导；最后，有助于监督与促进酒店不断改善与加强经营管理。

（二）酒店等级的评定依据

世界各国酒店等级划分的标准和方法不尽相同。国际上通常按酒店所处的环境、规模、建筑、设施设备、服务质量和管理等具体条件划分等级。按照当前国际上流行的划分方法，一般把酒店划分为五个星级：一星、二星、三星、四星和五星级酒店。星级越高表明酒店档次和级别越高。很多国家把五星级（包括白金五星级）作为最高级别，并且给以漂亮的标识。以下为各星级酒店的基本要求。

1. 五星酒店

这是酒店的最高等级。设备十分豪华，设施完善，除了房间设施豪华外，服务设施齐全。五星酒店有各种各样的餐厅，较大规模的宴会厅、会议厅，综合服务比较齐全，是社交、会议、娱乐、购物、消遣、保健等活动中心。

2. 四星酒店

设备豪华，综合服务设施完善，服务项目多，服务质量优良，室内环境具有艺术气息，提供优质服务。客人不仅能够得到高档的物质享受，也能得到很好的精神享受。

3. 三星酒店

设备齐全，不仅提供食宿，还提供会议室、游艺厅、酒吧间、咖啡厅、美容室等综合服务设施。这种属于中等水平的酒店，因设施及服务良好而价钱相对便宜，在国际上最受欢迎，数量较多。

4. 二星酒店

设备一般，除了具备客房、餐厅等基本设备，还有商品部、邮电、理发等综合服务设施，服务质量较好，属于一般旅行等级。

5. 一星酒店

设备简单，具备食、宿两个最基本的功能，能满足客人最简单的住宿需要。

二、我国星级酒店的标准

（一）我国星级酒店评定标准

目前，我国采用与国际接轨的五星等级制评级标准。我国星级酒店评定标准自1988年正式颁布实施至今，经历了1993年、1997年、2003年和2010年的四次大修订，多年来为引导我国酒店业的设施标准化、服务规范化、管理科学化，以及与国际接轨做出了积极贡献，对酒店业的标准化工作起到了良好的带动和示范作用。"星级"在全社会已成为质量和档次的象征。星级标准得到了行业、社会和国内外消费者的广泛认可。目前我国酒店业采用的星级酒店划分标准为修改后的新标准。《旅游饭店星级的划分与评定》（GB/T14308-2010）已于2011年1月1日起在全国正式实施。

当前，星级酒店的发展正面临着不少挑战和困难。特别是疫情前和疫情期间，随着经济下行压力加大、公务消费退出市场以及长期重增速、轻品质等结构性矛盾的集中爆发，星级酒店处在阵痛期。而一直引领星级饭店发展的"星级标准"已经有十多年未再修订了，我们呼唤适应当代社会和经济形势发展的星级酒店划分标准出炉。

根据我国星级酒店的评定标准，酒店的等级标准是按星级划分的，分为一星级到五星级5个标准。星级以镀金五角星为符号，用一颗五角星表示一星级，两颗五角星表示二星级，三颗五角星表示三星级，四颗五角星表示四星级，五颗五角星表示五星级。星级越高，表示酒店的档次越高。在《旅游饭店星级的划分与评定》中，明确将一、二、三星级酒店列为有限服务酒店，只要能够提供客房、早餐、热水，就可以申请三星级以下酒店。四星级以上酒店作为完全服务酒店，属于豪华酒店，对它的标准更加细化，要求更严。最新的《旅游饭店星级的划分与评定》把酒店的住宿产品作为评价的重点依据，评定星级时要对酒店提供的所有产品进行全面评价，这意味着今后社会上的经济型酒店、快捷酒店也可申请一、二、三星级评定。酒店的星级牌子只能持有三年，三年以后就要重新评定。这从真正意义上打破了酒店星级的终身制，经过重新评定的酒店将用全国星级评委颁发的星级评定标志牌替换原来国家旅游局颁发的评定标志牌。

需要说明的是，在2004年7月1日实施的《旅游饭店星级的划分与评定》中设立了白金五星级的酒店等级，它是中国自1988年出台饭店星级标准16年来首次出现自行设计的标准。白金五星级酒店缀有五颗星的标牌使用白金色。白金五星级条件要求较高，除必须具有两年以上五星级资格，地处城市中心商务区或繁华地带，外观造型别具一格，内部功能布局和装修装饰与所在地历史、文化、自然环境相结合等7个必备条件，还须具备6项参评"硬"条件中的至少5项，如符合国际标准的高级西餐厅、高雅的独立封闭式酒吧、国际认知度极高、平均每间可供出租客房连续3年居于所在地五星级酒店前列等。2011年1月1日实施的《旅游饭店星级的划分与评定》第十九条规定：白金五星级饭店的评定标准和检查办法另行制订。由此可以看出，虽然最新的标准中没有列出评定白金五星级的具体标准，但仍保留了白金五星级的这一酒店等级。

（二）我国星级酒店评定组织及权限

我国文化和旅游部设全国旅游星级饭店评定委员会机构，负责全国旅游涉外酒店评定的领导工作，并具体负责评定全国四星、五星级酒店。省、自治区、直辖市文化和旅游局设酒店星级评定机构，具体负责评定本地区一星、二星、三星级酒店，并负责向国家星级酒店评定机构推荐四星、五星级酒店。

我国颁布实施的《中华人民共和国评定旅游涉外饭店星级的规定》和《中华人民共和国旅游涉外饭店星级标准》中，对各星级的酒店标准有详尽的划分和要求。

第三节　酒店组织机构

酒店组织机构是为完成酒店经营管理任务而集结成的群体，是在人群分工和职能分化的基础上，运用不同职务的权力和职责维护投资者的权益，协调人们的行动，发挥集体优势的一种组织形式。酒店组织机构是酒店管理体制的核心。管理体制中的领导管理体制是以组织机构的存在为前提的。其领导权力的归属、划分、如何行使等都以组织机构和岗位设置为基础，管理体制中的经济管理制度的制定、贯彻、实施等也是以组织机构的存在为前提的。

由此可以看出，酒店的管理者、决策者，对于酒店组织机构的设置，思想上要重视，行动上也要重视；不仅要潜心研究组织机构方面的理论和原则，而且要了解国内外同类型酒店组织机构设置的状况、它们的利和弊，更重要的是要结合国情和店情，精心设计本酒店的组织机构。

一、酒店组织机构设置原则

酒店有大小之别，等级高低之分，业务繁简之差，管理人员能力亦有强弱之别。因此，在酒店组织机构的设置方面并无固定不变的模式。但是，也有一些基本的原则必须遵循。

（一）根据酒店等级规模确定组织机构

酒店组织机构必须坚持因业务要求设立，使组织机构的大小、层次多少、管理幅度、工作任务，都同酒店的等级、规模、接待对象等相适应。具体说来，要解决四个问题：一是要建立几级组织，即从上到下的层次是多少；二是要设立多少个部门，即管理幅度应该是多少；三是各级、各部门需要设立多少管理职位，即副职及主管的数量；四是每级组织和每个职位的相互关系的协调，工作任务量的适度等规则。

（二）根据专业分工制定职责规范

酒店各级组织机构的设置最终都要落实到人员配备上，而各岗位人员的职责规范是组织管理的核心和基础。划分部门归属、制定职责规范，一要把专业性质相同和关系密切的工作划分到同一部门；二要防止各部门各岗位的工作和同一层次的正副职的工作职权不清、重叠交叉；三要处理好从上级到下级各级机构的职位、等级和横向联系的相互关系，做到职责明确，权力和范围划分清楚，能够协调配合。

（三）根据各级岗位职责规范和对人员的素质要求选派人员

酒店各级管理人员，特别是中高级管理人员，都要遵循任人唯贤、德才兼备的原则，以各岗位人员的职责规范和素质要求为基础，制定聘任、选择、招聘办法和措施，选派合适的人员充实到各级岗位。因事设人，精简机构。

二、酒店组织结构模式

酒店的投资结构、规模大小、星级高低、服务项目和接待能力不同，其组织结构各不相同。目前常见的酒店组织结构如图 1-1 所示。

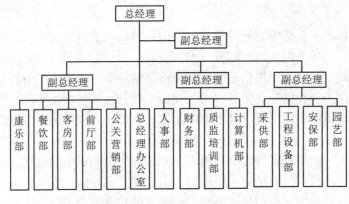

图 1-1　酒店组织结构

第四节　酒店管理中的内容

一、酒店管理的含义

酒店管理就是根据酒店具备的经营条件和所处的经营环境，遵循一定原则，运用多种方法，对酒店经营和管理部门的各种生产要素进行计划、组织、领导、协调、控制、督导等一系列活动的总和。

在现实生活中，酒店管理通常按照其经营者或所有者设定的目标进行。为了达到这些目标，酒店通常要充分发挥自己的能力，为顾客提供优质的产品和服务，满足顾客的需求。例如，某酒店的经营目标是获取最大利润，为了达到这一目标，酒店人员必须采取一些措施，以最少的人员取得最高的效率。在旅游旺季，由于前台的工作人员数量有限，使得想要住店的人得排队等待；也可能因为客房服务员还没有及时清扫客人刚刚离开的客房，使得客人在前厅等待。由于管理人员严重缺乏，致使顾客的问题无法得到妥善解决。

一位优秀的酒店管理人员应该能够确定并贯彻执行具体的措施和规章制度，以达到成本最小化、利润最大化。因此酒店管理除了要依循一大批杰出的管理学家所提出的一般管理理论之外，更有必要借鉴酒店业的实践者所积累的大量经验。

二、酒店管理的内容

酒店管理的核心和目的是有效地满足住客在酒店期间的各种需要。因此，酒店管理的内容也要围绕客人的需求及其活动所引起的酒店业务和活动而展开。

（一）业务管理

业务管理的目的是保证酒店业务的正常开展。酒店业务是由每个部门所承担的业务组成的，因此，酒店每一个部门、每一位管理人员都有各自的业务管理范围。管理人员要对所辖的业务进行事前、事中和事后的管理。

从酒店管理的业务程序来考虑，管理的内容主要涉及酒店前厅和客房对客服务流程的六个相互关联的环节。这个由众多连贯的服务项目所组成的流程，大致可分为以下六个基本环节：客房预订、入住登记、排房与定价、客房服务、离店结账和建立客史档案。这六个环节共同构成了酒店前厅和客房管理的基本内容。当然，在这个服务流程中，还包含着经营策划、服务管理与控制、综合协调等职能。

前厅和客房管理人员要明确各自的业务范围，对管理范围内的业务内容要有深刻、全面的认识。合理地设计业务过程，系统地组织、指挥业务活动，有效地设计与设置业务信息系统和财务控制系统，科学地配备人员、安排班次，是有效进行前厅和客房业务管理的重要内容。

（二）质量管理

酒店服务质量是酒店的生命线，是酒店的中心工作。以下为酒店服务质量管理的主要内容。

1. 服务质量的认知

所谓服务质量的认知就是对服务质量有一个全面的、完整的认识。服务质量是指酒店向宾客提供的服务在使用价值上、精神上和物质上适合和满足客人需要的程度。服务质量包括设备设施、服务水平、饮食产品、安全保卫等方面。服务质量是综合性的概念，其中的每个元素都会对酒店服务质量产生影响，这就需要酒店管理人员在总体上认识酒店服务质量的标准、特性，分析其运营规律，分析每个因素及其对服务质量的影响，研究控制服务质量的方法。

2. 制定衡量服务质量的标准

酒店管理者要根据酒店及部门的服务质量要求，分门别类地制定各种衡量服务质量的标准。一般可以分成两大类：一类是静态标准，如前厅卫生标准，水、电、冷、暖设备标准等；另一类是动态标准，如客人投诉率、客房出租率、平均房价等。各种标准应详细、具体、明确。

3. 制定服务规程

为了确保服务质量达到标准，需要针对服务过程制定服务规程。服务规程以描述性的语言规定服务过程的内容、顺序、规格和标准，它是服务规范的根本保证，是服务工作的准则。管理人员要重点管理服务规程的形式、制定服务流程、执行服务规范、调整和改进服务流程。

4. 控制服务质量

要落实服务质量标准，必须对服务质量进行控制。对服务质量的控制主要有建立服务质量评价体系、建立服务质量承诺与保证体系、推行全面质量管理。

（三）安全管理

酒店的安全包括酒店本身的安全和宾客的安全两部分。酒店的安全主要指酒店的财产安全和酒店员工的人身安全两方面；宾客的安全主要包括宾客的人身安全、财产安全和隐私安全三方面。以下为现代酒店安全管理的主要内容。

1. 建立有效的安全组织

现代酒店的安全组织是由现代酒店的各级管理人员和一线服务人员与现代酒店的保安部共同完成的。管理工作包括现代酒店的消防管理、治安管理以及日常的楼面安全管理。

2. 制订科学的安全管理计划和制度

现代酒店安全管理计划和制度包括：犯罪与防盗控制计划与措施，防火安全计划与消防管理措施，常见安全事故的防范计划与管理措施。安全制度包括治安管理制度、消防管理制度等内容。

3. 紧急情况的应对与管理

一般指酒店出现停电事故，客人违法事件，客人伤、病、亡事故，涉外案件等时的应对与管理。

（四）综合协调

前厅部和客房部是酒店经营最重要的部门，前厅部和客房部要在酒店各部门之间、各层次之间、酒店内部与外部之间为实现酒店经营目标而进行各种形式的沟通与协调。例如，有效地进行部门间的业务沟通，正确有效地处理客人的投诉，等等。

思 政 园 地

任课教师根据本课的内容，发布"考察当地酒店"的调研任务，请学生们利用课余时间前往本地一家高星级酒店或特色酒店进行调研，最好选择建立的时间与改革开放的时间一致的酒店，了解其发展的历程，拍摄照片和视频，制作 PPT 准备课堂汇报。

思政思考题：

1. 学生通过调研，增加对行业的初步认识和直观了解，从而产生对酒店行业的兴趣和专业认同感。

2. 增强爱国意识，通过观看中国酒店业 40 年发展的视频，认识新时代中国特色社会主义的优越性和改革开放给中国带来的变化。

练习题

1. 酒店是根据什么来分类的？
2. 简述酒店组织机构的构成。
3. 简述你对民宿的理解。
4. 前厅部和客房部对客服务的流程有哪些？
5. 简述酒店质量管理的含义。

上篇

前厅篇

第二章　前厅部概述

学习目标

通过学习本章，认识前厅部在现代酒店经营管理中的基本功能和重要地位；了解前厅部的组织机构设置与主要管理岗位的职责；熟悉酒店前厅环境设计与控制的基本要求，掌握前厅部人员素质的基本要求，培养从业者的职业素质。

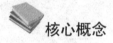

核心概念

前厅　前厅部　大堂副理

引例

前台的超常服务

某日一对情侣到济南旅游，入住当地某一酒店。酒店前台员工为他们安排了房间，填写住宿信息之后，客人询问此员工去泰山旅游的最佳线路和时间等信息。这位员工用平日积累的一些泰山旅游的知识，为客人详细介绍了泰山的景点、游览路线、行程时间、所需物品等内容，而且想到了客人起早离开酒店的早餐问题，提出为其准备打包早餐，并为其提前预约一辆出租车，次日一早送其去车站。客人非常满意地回到了房间。

这对情侣游玩下山之后，义无反顾地选择入住这家酒店。

我们都会赞许这个案例中的酒店前台员工。他细致用心的服务感动了客人，让客人选择再次入住，宣传了酒店提倡的宾客至上的服务理念，弘扬了尽心尽意为宾客服务的精神，使客人感到酒店服务无微不至，如在家里一样方便、温馨。

上述案例告诉我们，前厅部员工是最先迎接客人、最先向客人提供服务的群体，他们主动、热情、周到、细致的服务会给客人留下美好而深刻的第一印象。前厅部的管理与服务水平直接影响整个酒店的经营效果和服务形象。

第一节　前厅部的地位与工作任务

前厅部又称客务部、前台部、大堂部，是酒店组织客源、销售客房商品、沟通和协调各部门的对客服务，并为宾客提供前厅系列服务的综合性部门。

一、前厅部的地位

前厅部是现代酒店的重要组成部分，在酒店经营管理中占有举足轻重的地位。前厅部的运转和管理水平直接影响整个酒店的经营效果和对外形象。前厅部在酒店中的重要地位主要表现在以下四个方面。

（一）前厅部是酒店业务活动的中心

前厅部是一个综合性服务部门，服务项目多，服务时间长，酒店的任何一位客人从抵店前的预订到入住，直至离店结账，都需要前厅部提供服务，前厅是客人与酒店联系的纽带。前厅部通过客房商品的销售带动酒店其他各部门的经营活动。同时，前厅部还要及时地将客源、客情、客人需求及投诉等各种信息通报有关部门，与这些部门共同协调整个酒店的对客服务工作，以确保服务工作的效率和质量。因此，前厅部通常被视为酒店的"神经中枢"，是整个酒店承上启下、联系内外、沟通左右的关键环节。无论酒店规模大小、档次如何，前厅部总是向客人提供服务的中心。

（二）前厅部是酒店形象的代表

酒店前厅部的主要服务机构通常都设在客人来往最为频繁的大堂。任何客人一进店，都会对大堂的环境、装饰布置、设备设施和前厅部员工的仪容仪表、服务质量、工作效率等，产生深刻的"第一印象"。而这种第一印象在客人对酒店的认知中会产生非常重要的作用，它产生于瞬间，却会长时间保留在客人的记忆中。客人入住期满离店时，也要经由大堂，前厅服务人员在为客人办理结算手续、送别客人时的工作表现等都会给客人留下"最后印象"，优质的服务将使客人对酒店产生依恋之情。客人在酒店整个居留期间，前厅要提供各种有关服务，客人遇到困难要找前厅寻求帮助，客人感到不满时也要找前厅投诉。在客人的心目中，前厅便是酒店。而且，在大堂汇集的大量人流中，除了住店客人，还有许多前来就餐、开会、购物、参观游览、会客交谈、检查指导等的客人。他们往往停留在大堂，对酒店的环境、设施、服务品头论足。因此，前厅管理水平和服务水准往往直接反映整个酒店的管理水平、服务质量和服务风格。前厅是酒店工作的"橱窗"，代表着酒店的对外形象。

（三）前厅部是酒店创造经济收入的关键部门

为宾客提供食宿是酒店的基本功能，客房是酒店出售的最大、最主要的商品。通常在酒店的营业收入中，客房销售额高于其他各项。据统计，目前国际上客房收入一般占酒店总营业收入的 50%～70%，而在我国还要高于这个比例。前厅部的有效运转是提高客房出租率，增加客房销售收入，进而提高酒店经济效益的关键因素之一。

（四）前厅部是酒店管理的参谋和助手

作为酒店业务活动的中心，前厅部直接面对市场、面对客人，是酒店中对市场反应最敏感的部门。前厅部能收集到有关市场变化、客人需求和整个酒店对客服务、经营管理的各种信息，并对这些信息进行认真的整理和分析，每日或定期向酒店提供真实反映酒店经营管理情况的数据报表和工作报告，并向酒店管理机构提供咨询意见，作为制定和调整酒店计划和经营策略的参考依据。

二、前厅部的工作任务

前厅部的基本工作任务就是推销客房商品及酒店其他产品，协调酒店各部门向客人提供优质服务，使酒店获得理想的经济效益和社会效益。具体来讲，前厅部主要有以下几项工作任务。

（一）销售客房商品

销售客房商品是前厅部的首要任务。如前所述，客房收入是酒店经济收入的主要来源，客房商品又具有价值不可储存的特征，是一种不宜久存的商品。因此，前厅部的全体员工必须尽力组织客源，推销客房商品，提高客房出租率，以实现客房的商品价值，增加酒店经济收入。前厅部销售客房的数量和达成的平均房价水平是衡量其工作绩效的一项重要的客观标准。

前厅部销售客房商品通常需要做以下工作。

（1）参与酒店的市场调研和房价及促销方案的制订，配合营销部、公关部进行对外联系，开展促销活动。

（2）开展客房预订业务。

（3）接待有预订和未经预订而直接抵店的客人。

（4）办理客人的登记入住手续，安排住房并确定房价。

（5）控制客房的使用状况。

（二）协调对客服务

调度酒店业务是现代酒店前厅部的一个重要功能。现代酒店是分工协作、相互联系、互为条件的有机整体，酒店服务质量好坏直接影响宾客的满意程度，而宾客的满意程度是对酒店每一次具体服务所形成的一系列感受和印象的总和，在对客服务的全过程，任何一个环节出现差错，都会影响服务质量，影响酒店的整体声誉。所以，现代酒店要强调统一协调的对客服务，要使分工的各个方面都能有效地运转，都能充分地发挥作用。前厅部作为酒店的"神经中枢"，承担着对酒店业务安排的调度工作和对客服务的协调工作。主要表现在以下三个方面。

（1）将通过销售客房商品活动所掌握的客源市场、客房预订及到客情况及时通报其他有关部门，使各有关部门有计划地安排各自的工作，互相配合，保证各部门的业务均衡衔接。

（2）将客人的需求及接待要求等信息传递给各有关部门，并检查、监督落实情况。

（3）将客人的投诉意见及处理意见及时反馈给有关部门，以保证酒店的服务质量。

为适应旅游市场需求，增强企业自身的竞争能力，现代酒店尤其是高档大中型酒店的业务内容越来越多，分工越来越细，前厅部这种调度酒店业务的功能也就显得更为重要。

（三）提供前厅各项服务

前厅部作为对客服务的集中点，除了开展预订和接待业务，销售客房商品，协调各部门对客服务外，本身也担负着大量的直接为客人提供日常服务的工作，如行李服务、问讯服务、商务中心服务、电话总机服务、委托代办服务等。由于前厅部的特殊地位，使得这些日常服务工作的质量、效率显得非常重要。

（四）处理客人账目

前厅的收银处每天负责核算和整理各营业部门收银员送来的客人消费账单，为离店客人办理结账收款事宜，确保酒店的经济利益；同时编制各种会计报表，以便及时反映酒店的营业状况。收银处的隶属关系因酒店而异。从业务性质来说，它一般直接归属于酒店财务部，但由于它处在接待客人的第一线岗位，在其他方面又需接受前厅部的管理。

（五）建立宾客档案

前厅部作为酒店的信息传递中心，要及时准确地将各种有关信息加以处理，向酒店的管理机构报告，作为酒店经营决策的参考依据。

前厅部还要建立住店客人（主要是重要宾客、常客）的资料档案，记录客人在店逗留期间的主要情况和数据，掌握宾客动态。对客史资料以及市场调研与预测、客人预订、接待情况等信息收存归类，并定期进行统计分析，形成以前厅为中心的收集、处理、传递及储存信息的系统，通过已掌握的大量信息不断地改进酒店的服务工作，提高酒店的科学管理水平。

第二节　前厅部的组织结构与管理岗位职责

任何组织的各项业务的分工和各部分的岗位的构架，都是为了实现该组织事先制订的目标。前厅部的组织结构必须与其完成的任务和目标相一致。前厅部的组织结构在设计上要考虑酒店的规模、经营特点、产品档次和管理方式等，采取最适合自身的组织结构。前厅部组织机构的设置原则是既能保证前厅运作的质量和效率，又能方便客人，满足客人的需求。

一、前厅部的组织结构

前厅部的组织结构是酒店各种营运管理的基本构架。它涉及内部各部门各种事务的分工，员工人数、员工权责的拟定以及他们之间的互动关系。酒店管理人员所面临的最大的一个挑战就是建立一种能致力于提高服务质量的灵活组织形式。

前厅部应根据酒店的类型、规模、等级、特色、管理方式、地理位置、客源构成等因素配备各管理层、岗位工种等，但不论组织机构怎样设置，都应遵循两条原则：一是要能保证前厅工作效率；二是要能便利宾客。

一般说来，前厅部的主要机构设在大堂的总服务台和位于总台后部或侧面的前厅办公室。总服务台应设有接待处、问讯处、行李处、收银处等机构，大堂还应相应设有大堂副理值岗，与总台均在宾客可视范围内。前厅办公室是前厅部安排前厅的业务经营的中心，前厅部经理及办公室人员在内工作，很多酒店把预订处、车队调度与电话总机房等也设在办公室附近，不为宾客所见。另外，商务中心往往单独设在大堂一侧。

前厅部组织机构的具体设置，各酒店不尽相同。目前，在我国因酒店的规模不同，大致有以下三种组织结构，如图 2-1、图 2-2 和图 2-3 所示。

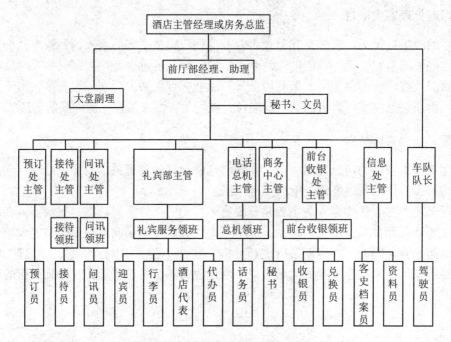

图 2-1　大型酒店前厅部组织结构

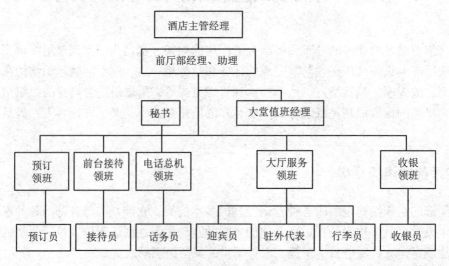

图 2-2　中型酒店前厅部组织结构

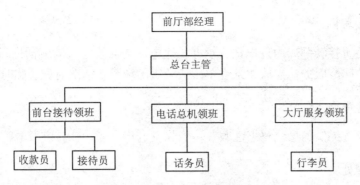

图 2-3　小型酒店前厅部组织结构

关于前厅部的组织机构需要说明以下几点。

（1）在前厅部内部通常设有部门经理、主管、领班和服务员四个管理层次。

（2）前厅部作为一个与客房部并列的独立部门，直接由酒店总经理负责。前厅部设有部门经理、领班、服务员三个管理层次。中型酒店和一些小型酒店一般采用这种模式。

（3）如果前厅不单独设立部门，其功能由总服务台承担，总服务台作为一个班组属于客房部，只设领班（主管）和总台服务员两个管理层次。小型酒店一般采用这种模式。

二、前厅部主要机构简介

前厅部的工作任务，是通过其内部各机构分工协作共同完成的。如前所述，酒店规模不同，前厅部业务分工也不同，但一般设有以下主要机构。

（一）预订处

预订处的主要工作内容是接受、确认和调整来自各个渠道的房间预订，办理订房手续；制作预订报表，对预订进行计划、安排和管理；掌握并控制客房出租状况；负责联络客源单位；定期进行房间销售预测并向上级提供预订分析报告。

（二）接待处

接待处负责接待抵店投宿的客人，包括团体、散客、长住客、非预期到店以及无预订客人；办理宾客住店手续，分配房间；与预订处、客房部保持联系，及时掌握客房出租情况，准确显示房态；制作客房销售情况报表，掌握住房客人动态及信息资料等。

（三）问讯处

问讯处负责回答宾客的询问，提供各种有关酒店内部和酒店外部的信息；提供收发、传达、会客等应接服务；负责保管所有客房钥匙。

（四）礼宾部

礼宾部负责在酒店门口或机场、车站、码头迎送宾客；调度门前车辆，维持门前秩序；代客卸送行李，陪客进房，介绍客房设备与服务，并为客人提供行李寄存和托运服务；分送客人邮件、报纸；转送留言、物品；代办客人委托的各项事宜。

（五）电话总机

电话总机负责接转酒店内外电话，承办长途电话，回答客人的电话询问；提供电话找人、留言服务；叫醒服务；播放背景音乐；当酒店出现紧急情况时充当临时指挥中心。

（六）商务中心

商务中心负责提供信息及秘书性服务，如收发电传、复印、打字及电脑文字处理等。

（七）收银处

收银处负责酒店客人所有消费的收款业务，包括客房餐厅、酒吧、长途电话等各项服务费用；与酒店一切有宾客消费的部门的收银员和服务员联系，催收、核实账单；及时催收长住客人或公司超过结账日期、长期拖欠的账款；夜间统计当日营业收益，制作报表。

（八）客务关系部

现在不少高档酒店在前厅设有客务关系部，其主要职责是：代表总经理负责前厅服务协调、贵宾接待、投诉处理等服务工作。在不设客务关系部的酒店，这些职责由大堂副理负责，大堂副理还负责大堂环境、大堂秩序的维护等事项。

以上前厅部的各个机构我们在后面的章节再详细介绍。

三、前厅部主要管理岗位的职责

（一）前厅部经理

前厅部经理是前厅运转的指挥者，全面负责前厅部的经营管理工作，其主要职责包括以下几个方面。

（1）贯彻执行酒店总经理或房务总监下达的所有指令，对上级领导提供有关信息，协助领导决策。

（2）根据酒店的年度计划，制定前厅部的各项业务指标、规划和预算，并确保各项计划的完成。

（3）每天审阅有关报表，掌握客房的预订、销售情况，并直接参与预订管理及客源预测等项工作，使客房销售达到最佳状态。

（4）经常巡视、检查总台及各服务岗位，确保各岗位高效运行、规范服务并保持大堂卫生及秩序处于良好状态。

（5）督导下属员工（特别是主管或领班）的工作，负责前厅部员工的挑选、培训、评估、调动及升职等事宜。

（6）协调联络其他部门，保证前厅部各项工作顺利进行。

（7）掌握每天客人的抵离数量及类别，负责迎送重要客人（VIP）并安排其住宿。亲自指挥大型活动、重要团队与客人的接待工作。

（8）批阅大堂副理处理投诉的记录和工作建议，亲自处理重要客人投诉和疑难问题。

（9）与酒店销售部门合作，保持与客源单位的经常联系。

（10）负责本部门的安全、消防工作。

（二）大堂副理

大堂副理也称大堂值班经理，其工作岗位设在前厅，直属前厅部经理领导（也有不少大型酒店直属驻店总经理领导）。在不设客务关系部的酒店，大堂副理负责协调酒店对客服务，保证酒店维持应有的服务水准；代表总经理全权处理宾客投诉、宾客生命安全及财产安全等复杂事项。其主要职责包括以下几个方面。

（1）协助前厅部经理对与大堂有关的各种事宜进行管理，并协调与大堂有关的各部门工作。

（2）代表总经理接待团队和贵宾（very important person，VIP）等宾客，筹办重要活动、重要会议。

（3）接受宾客投诉，与相关部门合作，沟通解决，并尽全力、及时地采取措施，保证客人投诉逐步减少。

（4）负责维护前厅环境、前厅秩序，确保前厅整洁、卫生、美观、舒适，并始终保持前厅对客服务良好的纪律与秩序。

（5）每天有计划拜访常客和 VIP 客人，沟通感情，征求意见，掌握服务动态，保证服务质量。

（6）代表酒店维护、照顾住店宾客利益，在宾客利益受到损害时，与有关部门以及酒店外有关单位联系，解决问题。

（7）处理各种突发事件，如停电、火警、财产遗失、偷盗或损坏、客人逃账、伤病或死亡等。

（8）定期向前厅部经理和酒店总经理提交工作报告。

（三）前台接待主管

前台接待主管具体负责组织酒店客房商品的销售和接待服务工作，保证下属各班组之间及与酒店其他部门之间的衔接和协调，以提供优质服务，提高客房销售效率。主要工作职责包括以下几个方面。

（1）向前厅部经理负责，对接待处进行管理。

（2）制订接待处年度工作计划，报有关部门审批。

（3）协助制定接待处的岗位责任制、操作规程和其他各项规章制度，并监督执行。

（4）阅读有关报表，了解当日房态，当日预订情况、VIP 情况、店内重大活动等事宜，亲自参与 VIP、重大活动等的排房和接待工作。

（5）做好下属的思想工作，帮助下属解决工作与生活中的难题，调动员工的工作积极性。

（6）对下属员工进行有效的培训和考核，提高其业务水平和素质。

（7）负责接待处的设备养护，确保设备的正常运转。

（8）协调与销售客房和接待工作相关的班组和部门之间的关系。

（9）负责接待处安全、消防工作。

（四）礼宾主管

礼宾主管具体负责指挥和督导礼宾部的下属员工，为客人提供高质量、高效率的迎送宾客服务、行李运送服务和其他相应服务，确保本部门工作正常运转。其主要工作职责包括以下几个方面。

（1）向前厅部经理负责，对礼宾部进行管理。

（2）制订礼宾部年度工作计划，报上级部门审批。

（3）协助制定礼宾部的岗位责任制、操作规程和其他各项规章制度，并监督执行。

（4）阅读有关报表，了解当日抵离店的客人数量、旅行团队数、VIP、酒店内重大活动及接送机情况，亲自参与 VIP、大型活动等的迎送及相应服务。

（5）做好下属的思想工作，调动员工的工作积极性。

（6）对下属员工进行有效的培训和考核，提高其业务水平和素质。

第三节　前　厅　环　境

前厅是指酒店的正门、大厅（大堂）以及楼梯、电梯和公共卫生间等，属于前厅部管辖范围。前厅是酒店建筑的重要部分，每一位客人抵达酒店都必须经过这里，它是客人对酒店产生第一印象的重要空间。

一、前厅的分区布局

前厅是酒店的中心，是酒店中集交通、服务、休闲等多种功能于一体的共享空间。所以按功能划分，可将前厅分为正门入口处及人流线路、服务区、休息区和公共卫生间等主要区域。

（一）正门入口处及人流线路

正门入口处是人来车往的重要的"交通枢纽"，其基本功能是保证酒店进出的交通畅达，客人下车时避风遮雨。酒店厅门外有车道和雨搭，正门前台阶旁还应设有专供残疾客人轮椅出入店的坡道，以方便残疾客人入店。大门有玻璃拉门、转门或自动门。门以双层为佳，以保持前厅空调温度的稳定，节约能源，并可减少尘土刮入，保持大厅清洁。

从入口到酒店内各个目的地，便形成了人流线路。各条人流线路要经过装修或铺设条形地毯，以形成明确的人流走向，使具有动感的走线与相对平静的休息区和服务区互不影响。

（二）服务区

前厅的对客服务区主要包括总服务台、大堂副理处和行李处等。

1. 总服务台

总服务台（简称总台）应设在大堂中醒目的位置。总服务台的功能很多，其中接待、问讯、收银三部分是总台的主要工作。其他服务如车（船、机）票预订、出租车、旅行社、邮电、外币兑换等服务，有的酒店设在总台，也有的酒店在总台附近另设柜台。以团体客为主要客源的酒店，在总台外另设团体接待处。

总服务台的外观形状与整个大堂的建筑密切相关，较常见的是直线形、半圆形和 L 形等几种形状。在材料选择上，为了经久耐用、易于清洗和显示高雅脱俗，主要采用大理石、磨光花岗岩和硬木等。在布置上，各种标牌，以及国际时钟、日历、天气预报牌和外币汇率牌等的外观选择与设计也应注意与整个大堂和谐一致。

2. 大堂副理处

大堂副理的办公地点应设在离总台或大门不远的某一视野开阔的安静之处。通常放置一张办公桌、一两张座椅，供办公和接待客人。

3. 行李处

行李处一般设在大门内侧，使行李员可尽早看到汽车驶进通道，及时上前迎接。柜台后设行李房。小型酒店不单设行李处，而是与总台合二为一。

4. 前厅部办公室、总机室、账务室等机构

这些机构因与前厅接待服务密切相关，又不必直接与客人打交道，一般应设在总台后面联络方便但较为隐秘之处。

（三）休息区

大厅休息区是宾客来往酒店时等候、休息或约见亲友的场所，它要求相对安静和不受打扰。休息区的主要家具是供客人休息的沙发座椅和配套茶几。沙发可根据需要围成几组方形，也可围着柱子设置，在人流进出频繁、充满动感的大厅空间中，构筑一个宁静舒适的小环境。

（四）公共卫生间

酒店大厅或附近通常都设有供男女客人使用的公共卫生间。公共卫生间的设施主要有便器和洗脸盆，还有烘手器、手纸、面巾纸、小毛巾、香皂等器具和用品。公共卫生间要宽敞干净，设施要完好，用品要齐全。

从一定意义上讲，公共卫生间可以反映出酒店的档次和服务水准，也是酒店的一张"名片"。所以，公共卫生间的装饰材料选择与大堂其他部分在规格和质地上要一致，如现代酒店的大堂一般用大理石装修，其公共卫生间也应取同样材料装修。大堂有众多的进出人流，要考虑公共卫生间的位置，既方便客人又能避开外人的直视，而且标志要明显。

二、前厅装饰美化

前厅作为整个酒店的中心，其环境、氛围是非常重要的。前厅必须有热情迎接客人的气氛，使客人一进大堂就有一种"宾至如归"的感受，有一种享受高级消费、受人尊重的感觉，形成美好的第一印象。同时还要为前厅服务人员创造一种愉快的工作环境，使前厅的对客服务工作卓有成效。为了创造好的气氛和环境，除了人的素质，还必须重视前厅的装饰美化。前厅是现代酒店建筑中必须进行重点装饰美化的空间。对它要精心设计，努力把满足功能要求与创造环境、氛围的艺术效果结合起来，把体现民族风格、地方特色与适应国际环境艺术新潮流结合起来，并与大自然紧密联系，与酒店规模、目标市场相适应，与酒店整体建筑相和谐，从而形成该酒店自己的格调、气势和氛围，这是现代酒店对客人产生形象吸引力，提高竞争能力的一种独特的资本。

（一）前厅的空间

前厅必须有与酒店的规模和等级相适应的大堂空间，才能给客人和工作人员提供一个

宽松的活动场所和工作环境。我国星级饭店评定标准规定，酒店必须具有与接待能力（用额定的客房间数表示）相适应的大堂。一般酒店的大堂公共面积（不包括任何营业区域的面积，如总服务台、商场、商务中心、大堂酒吧、咖啡厅等）不能小于 150 平方米，而高档酒店的大堂公共面积一般不低于 350 平方米。

前厅空间内的各功能区域布局总体要合理协调，客人活动区域与员工活动和酒店内部机构区域要分开，彼此互不干扰。天花板、门窗、墙面、地面装修材料与设施设备质量要同酒店的等级标准相适应。只有接待环境美观大方，厅内气氛和谐舒适，对客服务才更方便安全。

（二）灯光与色彩

为追求热烈的气氛，大厅一般采用高强度的华丽吊灯。客人休息处设有便于阅读和交谈的立灯或台灯，灯光略暗，形成舒适、安静和优雅的格调。而对总服务台则要使用照明度偏高的灯光，创造一种适宜的工作环境。各种光色都应和谐、柔和。灯具除用以照明外，其本身就是一种装饰品，所以大厅内的各种灯具必须配套，其造型应与大厅内的建筑风格互相呼应。

色彩是美化环境的最基本构成要素之一。色彩经人的心理和生理反应会产生不同的感觉，色彩具有感情象征。例如，红色有迫近感、扩张感，使人兴奋，可以产生热情、温暖、喜庆的气氛；黄色给人以明朗、欢乐、华贵的感觉；而绿色则意味着自然和生长，使人平静而稳定；等等。

酒店前厅装饰美化中色彩的运用主要体现在两个方面：一是色调的确定；二是色彩的搭配。人们一进入酒店，第一印象是大厅的色调、气氛如何。因此，首先必须确定大厅的主色调，作为大厅环境色彩的主旋律，它决定着大厅环境的气氛和情调。为了给客人营造一种欢乐、热情、美观、大方、优雅的气氛，激发前厅工作人员的工作热情，前厅的色彩一般以红色或其他暖色调为主，同时大胆使用陪衬色调，形成色彩的对比，创造出和谐的整体美观的效果。

（三）绿化

人们本能地喜爱自己赖以生存的阳光、空气和水，喜爱充满生命力的自然界。在高度文明的现代社会，城市中大批高层建筑拔地而起，人工造出"钢筋水泥的丛林"，阳光被阻挡，加之空气和水被污染，人与自然越来越远了，人们要求回归大自然的呼声越来越高。现代酒店设计中应尽可能在大厅内布置绿化景观，尤其是大城市中心的现代酒店，周围不一定有优美的花园风景，但需要在大厅内设计花卉、树木、山石、流水等景观，使厅内洒满阳光，绿荫婆娑，流水潺潺，一派生机，给人以亲切、舒适的自然美感。绿化还可以调节大厅气温、湿度，减少噪声，净化空气，消除人们由于长时间室内活动而产生的疲劳。

三、大厅小气候与定量卫生

为保持大厅舒适的环境和气氛，使温度、湿度、通风、噪声控制、自然采光照度及空气卫生状态正常，现代酒店需要建立大厅等公共场所环境质量标准体系，运用现代科学技术的手段，通过定量监测与控制，确保大厅环境的质量水平。

（一）温度、湿度、通风与采光

大厅适宜温度夏季为 22℃～24℃，冬季为 20℃～24℃。现代酒店普遍使用了冷气装置或中央空调，使温度得到有效控制。

湿度是与温度密切相关的一种环境条件，适宜的相对湿度应控制在 40%～60%。湿度越大，人们的烦躁感越强，客人和员工越会感到不快，容易产生摩擦和发生事故。

通风是为了保持室内空气新鲜。新鲜空气中约含有 21%的氧气，如果室内氧气含量降到 14%，就会给人体带来危害。大厅内新风量一般不低于 160m³/(人·时)，优质服务质量标准以不低于 200m³/(人·时)为宜。

自然采光照度不低于 95 lx，灯光照明不低于 45 lx。

（二）环境噪声控制

一切听起来不和谐、不悦耳的声音，均为噪声。噪声对环境是一种污染，影响人们休息，降低工作效率。酒店的大厅客人来往频繁、谈笑不断，为了创造良好的环境和气氛，必须采取措施，防止噪声。大厅内的噪声一般不得超过 50 分贝。为有效地控制噪声，大厅的天花板、墙面需使用隔音及吸音性材料；大厅内设施设备的选用和装饰美化（如瀑布、喷泉等）的设计都应注意防止噪声；对大批客人要尽快安置，尽快把人群从大厅疏散；员工要养成轻声说话的习惯，大厅内绝对禁止大声喧哗。另外，播放背景音乐也是防止噪声及单调感的有效措施，悦耳的、分贝值低的背景音乐可以掩盖嘈杂的、分贝值较高的噪声，从而降低噪声所带来的不良影响，稳定人们的情绪，同时还可减少员工因重复性的单调工作而带来的疲劳感。背景音乐的音量要保持在令人轻松愉快的程度，以使环境宁静宜人，一般以 5～7 分贝为宜。

（三）空气卫生

酒店大厅内的空气中含有一氧化碳、二氧化碳、可吸收颗粒、细菌等空气污染物，有害人体健康，必须予以控制。我国目前强制执行《公共场所卫生指标及限值要求》（GB 37488-2019），该标准替代了原有的《旅店业卫生标准》（GB 9663-1996），可以说是目前室内公共场所卫生的通用标准。其中相关空气质量的污染物限制涉及：二氧化碳、一氧化碳、可吸入颗粒物、甲醛、苯、甲苯、二甲苯、臭氧、总挥发性有机物、氡、细菌总数、硫化氢。

如今，新冠肺炎疫情仍在，酒店行业如履薄冰，做好日常防疫消毒的同时，做好酒店房间内的空气质量检测及治理也很有必要，为住客提供一个健康、舒适、安心的环境，是经营的亮点，更可能是新的突破点。

第四节　前厅部人员素质要求

大厅的空间、设备、装饰美化等物的因素固然重要，但更为重要的是人的因素，是富有生气的前厅部全体管理人员和服务人员。人的因素与物的因素相结合，才能真正形成良好的大厅环境与气氛。高素质的前厅员工是创造前厅气氛最积极的因素，代表着酒店的整体形象。

一、前厅部管理人员素质要求

（一）前厅部经理素质要求

前厅部经理是前厅运转的指挥者，全面负责前厅部的经营管理工作。主要负责督导大堂副理、前厅各分部门主管、秘书。

1. 知识要求

（1）掌握现代酒店经营管理常识，熟悉旅游经济、旅游地理、公共关系、经济合同等知识。

（2）掌握前厅各项业务标准化操作程序、客房知识，了解客人心理和推销技巧。

（3）掌握酒店财务管理知识，懂得经营统计分析。

（4）熟悉涉外纪律，了解我国及主要客源国旅游法律和法规。

（5）熟练运用一门外语进行阅读、翻译专业文献，并能准确流利地与外宾交流。

（6）具有一定的电脑管理知识。

（7）了解宗教常识和国内外民族习惯和礼仪要求，了解国际时事知识。

2. 能力要求

（1）能够根据客源市场信息和历史资料预测用房情况，决定客房价格，果断接受订房协议。

（2）能够合理安排前厅人员有条不紊地工作，能够处理好与有关部门的横向联系。

（3）善于在各种场合与各界人士打交道，并能够积极与外界建立业务联系。

（4）能独立起草前厅部工作报告和发展规划，能撰写与酒店管理有关的研究报告。

（5）遇事冷静，心理成熟，有自我控制能力。

（6）善于听取他人意见，能正确地评估他人的能力，能妥善处理客人的投诉。

前厅部经理一般要求具有三年以上的前厅管理工作经验。

（二）大堂副理素质要求

由于大堂副理的工作场所主要位于大堂，因此大堂副理代表着酒店的形象，不仅要有良好的形象气质，还要有丰富的工作经验和内涵，要笑容有亲和力，言谈举止有修养，外语口语流利。大堂副理不仅向客人提供解答问询服务，还要维护大堂的秩序及卫生，包括大厅设施设备的检查，保证大堂肃静、优雅和文明的环境。

（1）掌握现代酒店管理知识，特别是营业运转部门管理知识，熟悉旅游地理、公共关系、旅游心理学和宗教、民俗、礼仪等方面的知识。

（2）熟悉本酒店运转体系，熟悉酒店的各项政策及管理规定，了解酒店安全、消防方面的规章制度、处理程序及应急措施。

（3）具有高度的责任心和服务意识，为人正派，热情大方，办事稳重。

（4）有较强的应变能力、组织指挥能力和是非判断能力，能独立处理较复杂的紧急问题。

（5）能处理好人际关系，善于与人交往。

（6）有较好的外语口头表达能力和文字表达能力，能流利准确地使用外语与宾客交流。

（7）具有三年以上酒店工作经验，有一年以上前台运转部门（特别是前厅）基层管理工作的经历。

（8）仪表端庄，气质良好。

（三）主管（或领班）素质要求

前厅部各部位的主管（或领班）工作在对客服务的第一线，直接指挥、督导和控制并参与前厅服务和客房销售工作，是前厅部正常运转、保证服务质量的直接责任者。他们应具备以下几方面素质。

（1）具有大专以上文化程度，比较系统地掌握旅游经济、旅游地理和主要客源国的民俗礼仪和现代酒店经营管理知识。

（2）能坚持原则，敢于负责，作风正派，办事公道，在各个方面都能起表率作用。

（3）受过严格的操作训练，精通业务，熟练掌握服务技能和技巧，并能带领全体员工完成客房销售和对客服务任务。

（4）有较好的外语口头表达能力和文字表达能力，能流利准确地使用外语与宾客对话。

（5）善于处理人际关系，会做思想工作，关心本班组员工的合理要求和切身利益。

（6）有处理各种突发事件的应变能力。

（7）仪表端正，气质良好。

二、前厅部服务人员素质要求

前厅部服务人员应是酒店各部门中素质最高的员工，因为他们代表的是酒店的形象。由于前厅部各岗位的特点不同，因此对服务人员的素质要求也各有侧重，但优秀的前厅服务人员应有共同的基本素质。

（一）仪容仪表

良好的仪容仪表会给客人留下深刻的印象和美好的回忆。仪容是对服务人员的身体和容貌的要求，前厅服务人员应身材匀称、面目清秀、仪表堂堂、身体健康。仪表是对服务人员外表仪态的要求。前厅服务人员应在工作中着装整洁、大方、美观，举止端庄稳重，表情自然诚恳、和蔼可亲。对服务人员仪容仪表的要求主要包括如下几点。

1. 面容

（1）员工上班时面容整洁，精神饱满。

（2）男性员工不留长发、小胡子和大鬓角。女性员工不留怪异发型，发型美观大方、舒适，头发干净。

（3）上班前刷牙，上班不吃零食，牙齿清洁。

（4）服务时精神集中，眼睛明亮有神，不倦怠。

2. 化妆

（1）上班前整理面容，女性员工化淡妆，容貌美观自然，有活力。

（2）不浓妆艳抹，无轻佻、妖艳等引起客人反感的现象发生。

3. 饰物

员工上班不戴耳环、手镯、项链等。手表、胸针、发卡等饰物选择适当，与面容、发型、服饰协调，美观大方。

4．服饰

（1）员工工作服美观合体，能突出人体自然美。

（2）服装要求干净、整洁、无污迹、无皱褶，线条轮廓清楚，无破损、不开线、不缺扣。

（3）员工名牌戴在右胸前，位置统一、端正，无乱戴或不戴现象发生。

5．个人卫生

上班前整理个人卫生，做到整洁、干净、无异味。

（二）礼貌修养

礼貌修养是以人的德才学识为基础的，是内在美的自然流露。前厅服务人员应有的礼貌修养具体表现在以下几点。

1．言谈举止

应做到用语规范、声调柔和、语气亲切、表达得体、文明优雅；站立挺直自然，不倚不靠，行走轻快，不奔跑；手势正确，动作优美、自然，符合规范。

2．工作作风

应做到端庄、朴实、谦逊、谨慎、勤奋、好客。

（三）服务态度

应做到对待顾客一视同仁，不卑不亢，表情自然诚恳，微笑服务。容貌端庄，服装整洁，举止大方有礼的前厅服务人员应该给宾客热情好客、训练有素、可以信赖的感觉。良好的仪容仪表代表了前厅部员工对企业和工作的热爱、对客人的尊重，反映了酒店高品位的服务水准和精力旺盛的企业精神。

（四）性格

性格是个人对现实的稳定的态度和习惯化了的行为方式。前厅服务人员要具有外向的性格，因为他们处于酒店接待客人的最前线，需要每天与各种客人打交道，提供面对面的服务。外向性格的人感情外露，热情开朗，笑口常开，善于交际。但是，如果性格过于外向，言谈举止咄咄逼人，或好为人师，极易造成对客关系紧张，无助于形成良好的气氛。所以，作为一名前厅服务人员，除了必须有开朗的性格、乐意为客人服务的品质外，更重要的是有耐心、容忍度和合作精神，善于自我调节情绪的能力，还有始终如一的温和、礼貌、幽默感，善于为别人提供台阶，能为尴尬的局面打圆场，使自己在对客服务中保持身心平衡，在对客服务中有随机应变的能力。

（五）品德

前厅服务人员必须具有良好的品德，正派、诚实、责任心强。前厅部的工作会涉及价格、出纳、外币兑换、酒店营业机密以及客人隐私、商业秘密等，每天都要同国内外各种客人打交道，所以前厅服务人员作风正派，为人诚实可靠，行为良好，不谋私利是很重要的。每一位员工都应具有良好的职业道德和高度的责任感，用真诚的态度、良好的纪律为客人提供优质的服务。

（六）基本技能

前厅服务人员应具备以下几个基本技能。

1. 语言交际能力

语言，特别是服务用语，是提供优质服务的前提条件。前厅服务人员应使用优美的语言、令人愉快的声调，使服务过程显得有生气。要能够使用迎宾敬语、问候敬语、称呼敬语、电话敬语、服务敬语、道别敬语，提供敬语规范化的服务。能够用英语或其他外语进行服务，并解决服务中的一些基本问题。善于用简单明了的语言表达服务用意，与客人进行沟通。

 案例 2-1

使用礼貌用语是对客人的尊重

一天，有位外国客人下榻某酒店，前台接待员在为他办理入住手续、核实证件时耽搁了一点时间，客人有些不耐烦。在外国客人走向客房的过程中，开房员用中文向客人的陪同解释，在解释的过程中，接待员的言语中多次以"老外"称呼客人，而这位外国客人能听懂一点汉语，这句"老外"又引起了外国客人极大的不满。

【分析提示】

在酒店服务中，使用礼貌用语是对服务员的基本要求。言辞优美，礼貌待客，才能满足客人希望受到尊重的心理。

2. 业务操作技能

前厅服务人员必须动手能力强，反应敏捷，能够熟练、准确地按操作程序完成本职工作，为宾客提供良好的服务，使宾客处处感到舒适、整洁、方便、安全。要在快速敏捷、准确无误的工作过程中，不断提高自己各方面的工作能力，如应变能力、人际关系能力、推销酒店产品能力、熟记客人能力等。

3. 知识面

前厅服务人员应具备较宽的知识面和较丰富的专业知识。应略通政治、经济、地理、历史、旅游、宗教、民俗、心理、文学、音乐、体育、医疗及有关酒店运行等多方面的知识，以便与客人交流沟通，保证优质服务。与酒店其他部门相比较，对前厅服务人员知识面的要求也是最高的。

作为现实生活中的一个社会人，一生中可能会扮演多种角色，但各种角色的转换实现并不是一件容易的事。作为管理者，应处处强化员工的服务意识，而作为普通服务人员，应处处严格要求自己，端正工作态度，摈弃"服务是低人一等"的思想，追求完美的服务意识和职业精神。

——————————————　思　政　园　地　——————————————
改革开放，一场思想的更新迭代

建国饭店是国内首家高档合资饭店，1983 年 5 月，来华访问的法国前总统密特朗，特地点名将答谢宴会安排在建国饭店举行。

在此期间，发生了一个为人所津津乐道的故事。当天晚上6时，受法国总统邀请的中国领导人、各国驻华使节及各界人士相继而来，建国饭店盛况空前。就在这时，服务员忽然报告，通往宴会厅的一处通道上面的天花板突然漏水了。这可怎么办？工作人员一时着急，有说在那里放个脸盆接水的，有说弄块牌子写上"请绕行"的。还是领导有经验，他凝思片刻，当即吩咐一位身着白衬衣黑外套、长相标致的领班站在漏水处，寸步不离，表面上是在为客人导路，实际上是在以身接水。大家不禁为这一妙计鼓掌叫好。如果在过道漏水处放只脸盆或痰盂，那叮叮咚咚不绝于耳的滴水声势必影响客人的情绪，破坏整个晚宴完美高雅的气氛。

之后，法国总统的答谢宴会圆满完成，没有露出丝毫破绽。建国饭店华丽的装饰、鲜美的菜肴、优质的服务以及高水平的管理，博得了诸多驻华使节的高度赞扬。建国饭店一时声名鹊起！

（资料来源：中国的第一家合资酒店 改革开放的活历史——建国饭店[EB/OL].（2018-11-30）. http://henan.163.com/18/1130/10/E1RSA8VO04398SNN.html.）

思政思考题：
请思考在酒店服务的过程中，酒店服务员应该怎样表现出良好的职业素质？

 练习题

一、简答题

1. 前厅部在酒店中的地位主要表现在哪几个方面？
2. 简述前厅部的工作任务。
3. 大厅内空气卫生质量的标准是什么？
4. 前厅部经理的能力要求是什么？
5. 前厅服务人员应具备哪些基本技能？

二、选择题

1. 前厅部的首要功能是（　　　）。
   - A. 销售客房商品
   - B. 调度酒店业务
   - C. 提供前厅服务
   - D. 处理客人账目
2. 按功能划分，可将前厅分为以下主要区域（　　　）。
   - A. 正门及人流线路
   - B. 服务区
   - C. 休息区
   - D. 娱乐区
   - E. 公共卫生间
3. 酒店大厅内的噪声一般不得超过（　　　）。
   - A. 30分贝
   - B. 40分贝
   - C. 50分贝
   - D. 60分贝

三、判断题

1. 前厅部是酒店组织客源、创造经济收入的关键部门。　　　　　　　　　　（　　　）

2. 从业务性质来讲，总台收银处一般归属于前厅部。 （　　）

3. 总服务台的功能很多，其中接待、问讯和收银是总台的主体。 （　　）

4. 大厅适宜温度夏季为 18℃～20℃，冬季为 20℃～22℃。 （　　）

四、案例分析

一天，一位美国客人来到某酒店的总台登记住宿，顺便用英语问服务员小杨："贵店的房费是否包含早餐？"小杨没有明白客人的意思便随口回答了个"yes"。次日早晨，客人去西餐厅用自助早餐，出于细心，向服务员小贾提出了同样的问题。不料小贾的英语也欠佳，慌忙中又随便回答了个"yes"。

几天后，美国客人离店前到总台结账，服务员把账单递给客人，客人一看吃了一惊，账单上他每顿早餐费一笔不漏！客人越想越糊涂，经再三追问才被告知："我们酒店早餐历来不包括在房费内。"客人将刚来时两次得到"yes"答复的原委告诉总台服务员，希望免费早餐的许诺能得到兑现，但得到拒绝。客人无奈只得付了早餐费。然后怒气冲冲地向酒店投诉。

最后，酒店重申了总台的意见，仍没有同意退款。美国客人心里不服，怀着一肚子怒气离开了酒店。

问题：

1. 优秀的总台员工应具备哪些素质？

2. 你认为酒店这样处理客人投诉是否妥当，为什么？

3. 根据这个案例，酒店今后应如何改进服务质量？

第三章 客房预订

学习目标

通过本章的学习，了解客房预订的含义和任务；了解客房预订的渠道、方式和种类；熟悉客房预订的程序与要求；掌握超额订房管理及订房纠纷处理的方法和技巧。

核心概念

客房预订　截房时间　确认类预订　保证类预订　超额订房

引例

粗心的预订员

9月25日，王先生打电话到某酒店订房处，"我姓王，是你们酒店的一名常客，想预订10月1日至10月4日的标准间3天。"预订员小马查阅了10月1日至10月4日的预订情况，表示酒店将给他预留3210房间至10月1日下午6时。

10月1日下午1时，王先生来到前厅，虽然看到公告牌上显示酒店标准间客满，但还是不慌不忙地出示证件，要求办理入住手续，并说明自己办理了预订。接待员小何查阅了预订后抱歉地说："对不起，王先生，您没有预订啊！""怎么可能，我明明在9月25日预订了3210房间。""对不起，我已经查阅了，3210房间已出租，入住的是一位黄先生，请问您是不是搞错了？""不可能，我预订好的房间，你们也答应了，为什么不讲信誉？"

接待员小何一听，赶紧核查预订才发现，原来预订员一时粗心，把"王"和"黄"输入错误。而正好有一位黄先生入住，小何认为就是预订人，随后就把黄先生安排入住了3210房间。于是小何抱歉地说："王先生，实在抱歉，本酒店标准间已经客满，请您和您的朋友入住4230号豪华间，八折优惠，虽价格高些，但还是物有所值。"王先生不同意，并且很生气，认为酒店有意欺骗他，立即向大堂副理投诉。

上述案例告诉我们，前厅部的正常运转，离不开方便、快捷的预订系统和程序。客房预订服务必须准确、快捷和高效，否则会引起客人的不满，直接影响酒店的服务质量和酒店的形象。

第一节　客房预订的含义和任务

这是一个信息化社会，人们在工作生活中追求的是速度和效率。而对于预订酒店来说，网络预订或直接打电话预订不失为一种快速便捷的方式。

前厅部的首要功能是销售客房，客房预订则是客房商品销售的中心环节。现代酒店是否有方便快捷的客房预订系统和程序，关系到酒店客房商品的销售成功与否。

一、客房预订的含义

客房预订是指在客人抵店前对酒店客房的预先约定，即客人通过网络、电话、传真等方式与酒店联系预约客房，酒店则根据客房的可供状况，决定是否满足客人的订房要求。这种预订一经酒店的确认，便与客人达成了一种具有法律效力的预期使用客房的协议。据此，酒店有义务以预订确定的价格为客人提供所需的客房。

酒店开展预订业务，可以满足旅游者在酒店的住宿要求预先得到保证；同时，酒店也能最大限度地利用客房开拓客源，为酒店争取最大的利润。

二、客房预订的任务

酒店设有预订处，专门从事客房预订服务工作，它是调节和控制酒店客房预订和销售的中心，是超前服务于宾客的部门。预订处一般隶属前厅部，其工作任务可概括为以下四项。

（1）接受、处理宾客的订房要求。

（2）记录、储存预订资料。

（3）检查、控制预订过程。

（4）完成宾客抵店前的各项准备工作。

客房预订是一项较为复杂和细致的工作，预订人员除认真执行服务工作标准，还应掌握各种预订渠道、方式和预订类型，使预订工作得心应手。

第二节　客房预订的渠道、方式和类型

一、客房预订的渠道

客人在酒店订房一般通过两大渠道，一种为直接渠道，另一种为间接渠道。直接渠道是指客人不经过中介而直接与酒店预订处联系，办理订房手续。间接渠道则是订房人由旅行社等中间机构代为办理订房手续。从酒店方面看，总是希望把自己的产品和服务直接卖给消费者，以期获得最大利润。但因人力、财力所限，酒店有时必须借助中间商，并利用他们的网络、专业特长及规模等优势，帮助推销酒店产品，扩大客源。随着预订业务的开展，预订渠道会更加多样化。除客人直接与酒店订房外，酒店客源主要来自以下几个渠道。

（一）旅行社订房

旅行社通常与酒店订有合同，负责为酒店提供客人，并按房价的一定比例收取佣金。一般来讲，客人通过这种渠道在异国酒店订房的较为多见。旅行社订房可以保证酒店有一定数量的稳定客源。

（二）连锁酒店或合作酒店订房

连锁酒店可以相互提供免费订房服务，这是连锁酒店在促销上具有的明显优势。为了与连锁酒店竞争，一些独立的酒店之间开展了订房业务的合作，建立自己的预订网络，通过相互推荐的方式接受客人的订房要求。

（三）航空公司订房

随着航空事业的发展，由航空公司代为订房的客人越来越多，主要包括乘客、团队客人、机组人员、本公司职员外出订房等。

（四）与酒店签订合同的单位订房

为发展业务，许多商社、大公司等与酒店订有合同，为来本公司的客人或本公司外出职员预订房间。

（五）会议组织机构订房

会议组织机构在为会议客人订房时，一般还要对酒店的其他产品进行预订，主要包括会议室及会议设备、餐饮、用车等。

（六）政府机关、事业单位或企业订房

这类客源主要包括政府机关、事业单位或企业邀请的团队、贵宾、专家学者、客户等。

二、客房预订的方式

预订处每天收到客人的订房要求很多，有的宾客通过网络、电话、传真等方式直接向预订处订房，旅行社等团队则通过营销部按合约规定订房。酒店接受客人订房的方式是多种多样的。

（一）网络预订

互联网订房是当前国内外较为先进的订房方式。这种现代化的预订方式具有信息传递快、可靠性强等特点。随着现代电子信息技术的迅速发展和互联网的不断扩展，这种预订方式将会被越来越多的客人所采用。

一家酒店首先要有一个非常夺人眼球的网站或网页，在网页明显处，标明如果注册会员，还能给予的优惠，以此吸引宾客。

当宾客注册会员成功后，宾客们就能进入预订网页进行客房预订，酒店网站或网页上能够有一些客房的分类、价格和入住时间等内容的明示。网站或网页能够做到让宾客点击"搜索"或者"查找"等类似的按键，即可以进入酒店搜索结果的界面。

宾客在进行一番挑选之后，确认自己入住的客房，这时要有一个确认页面，能够让宾客确认预订，很多时候宾客也会浏览住过这家酒店网友的评价。当宾客确认要预订之后，还需要填写订单。一般酒店的预订订单填写都是非常简单的，基本上就是填写有几人入住、到店的时间、对房间和房型有什么要求之类。最后一步就是提交订单。宾客提交订单之后，就要求前厅服务员及时浏览，然后发送短信或者是以邮件的形式通知宾客预订是否成功。

除此之外，当宾客在网上预订酒店时，还可以给予他们选择网上付款或是到店付款等多种方式，这样能让宾客根据自己的行程进行确认。

（二）微信订房

微信已经成为人们日常生活的助手和便利的支付工具。微信推出的微信公众平台已经成为一个综合型大平台，任何个人和企业组织机构都可以免费使用这个平台，通过微信平台让微信用户群体更多地了解自己的产品、品牌和服务。酒店也希望利用微信平台实现酒店的宣传，并方便人们预订酒店客房，提供更令顾客满意的酒店服务。宾客通过微信公众平台预订酒店客房和服务已经成为新潮流，越来越多的酒店加入利用微信公众平台实现销售酒店产品的行列。

大部分酒店通过对用户需求的分析，开发了微信公众平台，设计出了能满足人们需求、方便人们预订酒店的销售系统和酒店管理系统，实现自定义菜单的预订酒店客房信息的处理，客户进行订单操作、管理员及时反馈的功能。

酒店的微信平台能够展示酒店的信息，并介绍酒店房型信息以及对应的房型价格，客户可以进行预订房间、查看订单、修改订单、删除订单，并对酒店进行评价。管理员可以实现查看酒店房间的预订信息、添加订单、删除订单、查看留言板、反馈留言、切换管理员等功能。

通过微信小程序实现线上线下流量的引流，将线上流量引导至实体酒店，客户在实际体验服务之后又可以通过小程序分享功能带来更多的用户和流量至线上预订，实现线上线下流量的互通。

（三）电话订房

订房人通过电话向酒店订房，这种方式应用以前最为广泛，特别是提前预订的时间较短时，这种方式最为有效。这种方式的优点是直接、迅速、清楚地传递双方信息，当场回复和确认客人的订房要求。

受理电话订房时应注意以下几点。

（1）与客人通话时要注意使用礼貌用语，语音、语调运用要婉转，口齿要清晰，语言要简明扼要。每一个订房员必须明确，预订服务虽然不是与客人面对面进行的，却涉及客人接触酒店的第一印象。

（2）准确掌握客房预订状况，预订单、航班表等用品和资料要放置在便于使用或查找的地方，以保证预订服务工作的快速和准确。

（3）立即给订房人明确的答复，绝不可让客人久等。因客满需婉拒订房要求时，应征询客人是否可以将其列入等候名单。

（4）通话结束前，应重复客人的订房要求，以免出错。

（四）传真订房

订房人通过传真预订客房是较为常见的一种订房方式。这种预订方式具有方便、迅速、准确和正规的特点，随着网络预订的普及，已经极少有人使用传真机了。

受理传真订房时应注意以下几点。

（1）接收或发出传真后，及时打上时间印记。

（2）回复要迅速准确，资料要完整。

（3）做好订房资料的保留存档，以备日后查对。

（五）面谈订房

面谈订房是客户亲自到酒店与订房员面对面地洽谈订房事宜。这种订房方式能使订房员有机会详尽地了解客人的需求，并当面解答客人提出的问题，有利于推销酒店的产品和服务。

与客户面谈订房事宜时应注意以下几点。

（1）仪表端庄、举止大方，讲究礼节礼貌，态度热情，语音、语调适当、婉转。

（2）把握客户心理，运用销售技巧，灵活地推销客房和酒店其他产品。必要时，还可向客人展示客房及酒店其他设施与服务，以供客人选择。

（六）口头订房

口头订房是客人本人或委托当地亲友或代理机构直接到酒店总台，以口头申请的方式订房。口头订房所占的比例不是很高，但是在总台时常出现。这种订房的准确性较难控制。

受理口头订房时应注意以下几点。

（1）向客人明确说明所订房间只保留到某一规定时间为止，逾期则自动取消；或要求客人预付定金。

（2）经常与客人联系，以较准确地控制这类订房。

在以上各种订房方式中，无论采用哪种方式，酒店预订人员都必须注意以下几个问题：① 无论是接受预订还是婉拒预订，都必须及时给客人以明确答复。一般来说，为尊重客人，客人以何种方式订房，酒店也应以同样的方式答复客人。② 不预先告知房号。预订员在接受预订时，不要告知客人预订的房间号码。因为房间的租用情况随时都在变化，一旦客人到达时所订房间没有空出或不能使用，将失信于客人。③ 为保证整个预订工作的严密性，应尽可能地掌握客人的离店日期。如果客人没有讲清房间需预订几天，酒店通常只为其预订一夜客房。

三、客房预订的类型

虽然酒店预订客房的方式多种多样，但通常可概括为四种预订类型，即临时性预订、确认类预订、保证类预订和等待类预订。

（一）临时性预订

临时性预订是指客人的订房日期与抵店日期接近，甚至是抵店当天的订房。这类订房一般由总台开房员受理，并及时通过电话或传真等方式给订房的客人以明确答复。由于时间较紧，只能是口头确认，无须发送确认信。

按照国际惯例，酒店对临时性预订房的客人，会为其保留房间直至抵店日当天下午 6 时止，这个时限被称为"预订时限"，或称"截房时间"（cut-off date）。如果订房客人到了这个规定的时限仍未抵店，也未事先与酒店联系，该预订即被自动取消。酒店预订部接受此类预订时，应该注意询问客人的抵店时间和航班、车次，并提醒客人截房时间。

（二）确认类预订

确认类预订是指客人提前较长时间向酒店提出订房要求，酒店以口头或书面方式给予确认，并答应为订房客人保留房间至某一事先声明的时间。如果订房客人到了规定时间仍未抵店，也未与酒店联系，酒店可将预留房间出租给未经预订而直接抵店的客人。

确认预订的方式有两种：一种是口头确认；另一种是书面确认。但比较而言，书面确认具有以下几个优点。

（1）能使客人了解酒店方面是否已正确地理解了他们的订房要求。

（2）它实际是以书面形式在酒店与客人之间达成了双方认可的协议从而确立并约束了双方的关系。

（3）通过书面确认，酒店了解并证实了预订客人的基本情况，如姓名、地址等。所以，持有预订确认书的客人要比未经预订而直接抵店的客人在信用上更可靠一些。多数酒店给持有确认书的客人享用较高的信用限额及一次性结账服务。

因此，如果时间充足，应对客人的订房做出书面确认。

（三）保证类预订

保证类预订是指客人通过使用信用卡、预付定金和订立合同等方式保证酒店的客房收入，而酒店则必须保证为订房客人提供所需客房的预订。这种预订使酒店与未来客人之间建立了更为牢靠的关系，对双方都十分有利。酒店在没有接到订房人取消预订的通知时，应为订房客人保留房间到确认抵店日的次日的退房时间为止。如果客人逾期不到店，事先又不向酒店声明取消订房，酒店就要从预付定金中扣除或按合同收取一天的房费，以保证酒店不因客人预订不到而在经济上受损失。

（四）等待类预订

等待类预订是指在客房预订已满的情况下，再将一定数量的订房客人列入等候名单，如果有客人取消酒店客房的预订，或有人提前离店，酒店就会通知等候客人来店。

预订员在处理这类订房时，应征求订房人意见，是否可将其列入等候名单，并向客人说清楚，以免日后发生纠纷。对未接到通知就来店的客人，酒店可尽量安排，或介绍到附近酒店去住宿，但不必为他支付房费、交通费和其他费用。

第三节　客房预订的程序

客房预订业务是一项技术性较强的工作，为了确保预订工作的高效有序，必须建立科学的工作程序。客房预订的程序可分为下列几个阶段。

一、预订前的准备工作

只有预订前做好准备工作，才能给订房客人一个迅速而准确的答复，以提高预订工作水准和效率。

预订人员上班后，必须迅速准确地掌握当日及未来一段时间内可预订的客房数量、等级、类型、位置、价格标准等情况，对可预订的各类客房心中有数，保证向客人介绍可订房间的准确性，以下为具体内容。

（1）预订人员按酒店的要求规范上岗，做好交接班。接班时查看上一班预订资料，问清情况，掌握需要处理的优先等待的、列为后备的和未收定金的等不确定的预订名单及其他事宜。

（2）检查电脑或订房控制盘等设备是否完好，准备好预订单、预订表格等各种资料和用品，摆放整齐规范，避免客人订房时临时现查、现找等现象发生。

二、受理预订

接到客人的订房申请后，预订员应迅速查看有无房间，以及是否符合客人订房要求，决定是否接受客人的申请。

决定是否受理一项订房申请，需要考虑以下四个方面的因素。

（1）预期抵店日期。

（2）所需的客房类型。

（3）所需客房数量。

（4）逗留天数。

掌握了这些信息，预订员便能判断客人的订房要求与酒店客房的可供状况是否吻合，从而决定是受理预订还是婉拒预订。如果受理预订则意味着对预订客人的服务工作已经开始，预订人员要填写"客房预订单"（见图 3-1），并进行下一阶段的确认预订工作。

填写客房预订单时，要认真地逐栏逐项填写清楚，并向订房人重复其主要内容。因为这是最原始的订房资料，它的错误会导致订房系列工作的全盘错误。

客房预订单通常包括以下几项内容，具体项目可根据酒店的情况进行调整。

（1）客人姓名、称呼。

（2）国籍、地址及电话号码。

（3）预订抵、离店日期与时间（航班号、车次）。

（4）所需的客房类型与数量。

预订单

RESERVATION FORM

客人姓名 GUEST NAME 先生/太太/小组 Mr./Mrs./Ms._____ Mr./Mrs./Ms._____ Mr./Mrs./Ms._____		确认号码: CFM. NO.:		
		确认书:　　　　　　　是 ☐　　否 ☐ CONFIRMATION:　　　YES　　　NO		
		新订 ☐ NEW BOOKING 修改 ☐ AMENDMENT 取消 ☐ CANCELLATION		
		房间数目 NO. OF ROOM	人数 NO. OF PAX	
房间类别 ROOM TYPE	价目 TARIFF	折扣 DISCOUNT	房价 RATE	
到达日期 ARRIVAL DATE MM 月/DD 日/YY 年	到达航班 ARR. /FLIGHT TIME	交通安排 TRANSPORTATION REQUEST		
离开日期 DEPARTURE DATE MM 月/DD 日/YY 年	离开/航班时间 DEP. /FLIGHT TIME	备注 REMARKS		
订房者 BOOKED BY	电话 TEL 传真 FAX			
公司 COMPANY				
申请日期 DATE APPLIED MM 月/DD 日/YY 年	经办者 HANDLED BY	输入者 ENTERED BY	批准者 APPROVED BY	

图 3-1　客房预订单

（5）同行者的情况（人数、关系等）。

（6）房价与付款方式。

（7）订房人的工作单位、地址与电话号码。

（8）客人的特需服务要求（如接机、放置鲜花水果篮、加床、供残疾人使用的特殊设备等）。

（9）受理预订的日期、预订员姓名。

当客房的可供状况不能全部满足客人的要求时，预订员应建议客人做些更改，主动提出一系列可供客人选择的建议。例如，建议客人重新选择来店日期或改变住房类型、数量等，尽量把客人留住，即使不能满足客人的最初订房要求，最终也要尽可能使客人满意。在客房预订服务中，用建议代替拒绝是非常重要的，它不仅可以最大限度地销售酒店产品，更有助于在客人心目中树立酒店的良好信誉。如果客人不能接受这些建议，可在征得客人同意后，把客人列入等候名单，并记录订房人的姓名、联系电话，一旦有空房立即通知客人。如果最后还是无法满足客人的要求，预订员也应用友好、遗憾和理解的态度对待客人，并希望客人下次光临本店。如果是书面订房，也应立即礼貌复函，以表歉意，如图3-2所示。

婉拒致歉信

> _____女士/先生：
>
>   由于酒店_____年____月____日的客房已经订满，我们无法接受您的订房申请，深表歉意。
>
>   感谢您对本店的关照，希望以后能有机会为您服务。
>
> ××酒店预订处
年   月   日

图 3-2　婉拒致歉信

在受理预订中要做到以下几点。

（1）热情接待，准确报价。处理电话预订或柜台口头预订，服务人员都应主动问好，询问需求，热情礼貌，语言、语调要亲切甜美。若有客人所需的房间，服务人员应主动介绍设施设备，询问细节。根据不同类型的客人，准确报出协议价、公司价、团队价、散客价等。

（2）记录清楚，处理快捷。帮助客人落实订房时，要注意做好记录，迅速、准确回答客人的问题。

（3）资料齐备，摆放规范。所有订房信息资料应准确无误地输入电脑或预订控制盘。订单资料分类摆放，整齐规范，为后面的预订确认、订房核对等工作提供准确的信息。

预订资料的存放有两种方式：一是按客人抵店日期的先后顺序排列；二是按客人姓氏第一个英文字母的顺序排列。前一种存放方式可以了解某个时期有多少客人住店；后一种存放方式便于查找客人的订房资料。在实践中，可将两种方式结合使用，即先按客人抵店日期的顺序排列，同一天的资料再按客人姓氏第一个英文字母顺序排列。

三、确认预订

接受了客人的订房要求并经核对后，预订处下一步的工作是给客人签发预订确认书，以示对客人订房的承诺。确认书是酒店回答客人的订房已被接受的书面凭证，是双方行使权利和履行义务的协议书。确认书中的有关事项，如付款方式、保留客房截止时间、房价等都对双方行为具有约束效力。通常，酒店至少要在客人动身前一周把确认书寄到客人手中，对团体订房要提前更长时间，要有充分的时间让客人知道酒店为他保留了房间。

确认书主要包括以下五个方面的内容。

（1）重申客人的订房要求，包括住客姓名、人数、抵离店时间、房间类型和数量等。

（2）双方就付款方式、房价问题达成的一致意见。

（3）声明酒店取消预订的规定。

（4）对客人选择本店表示感谢。

（5）预订员或主管的签名、日期。

订房确认书的格式如图 3-3 所示。

订房确认书

RESERVATION CONFIRMATION

客人姓名
GUEST NAME

到达日期　　　　　班机号　　　　　离店日期
ARRIVAL DATE _____ FLIGHT NO. _____ DEPARTURE DATE _____

房间种类 TYPE OF ACCOMMODATION	人数 NO. OF PERSONS	房价 RATE

备注
REMARKS _____

请将订房确认书交与接待部
Please present this confirmation to the reception desk

公司　　　　　　　　　　　致
COMPANY_____ ATTN. _____

地址　　　　　　　　　　　电话号码
ADDRESS_____ TEL. NO. _____
_____

注意：预订客房将保留至下午六点，迟于六点到达的宾客，请预先告知。若有任何变动，请直接
与本饭店联络。

NOTE：Your rOom will Be hEld until 6:00P. M. Unless later arrival time is spectified. Should there be any
changes, please contact the hotel directly for adjustment.

确认者　　　　　　　　　　日期
CONFIRMED BY _____ DATE _____

订房办公室
BOOKING OFFICE _____

图 3-3　订房确认书

根据国际订房惯例，不管订房人以什么方式订房，只要客人订房与抵店日期之间有充足的时间，酒店都应向客人寄发书面订房确认书。

四、订房变更和取消

酒店接受并承诺了预订，客人常会因各种原因对原来的预订提出变更要求，甚至可能取消预订。预订员应重视并处理好预订的变更工作。

（1）如果客人取消订房，应填写取消单，或将预订单抽出，加盖"取消"图章，注明取消申请人和取消原因及取消日期，并签上预订员姓名，将资料存档。同时对计算机系统中的预订状况进行调整。不可在原始的订房单上涂改。

（2）如果客人要求更改订房，预订员要先查阅有无符合客人更改要求后（如房间数量、类型、时间、价格等）所需要的房间。如果有，要接受客人的更改，满足客人的要求，并将订房资料重新整理。在时间允许的情况下，应重新发一张预订确认书，以示前一份确认书失效。如果无法满足客人的变更要求，则可作为候补或优先等待名单处理。

（3）若变更或取消的内容涉及一些原有的特殊安排，如接机、订餐、鲜花、水果、房内布置等，应尽快给有关部门发变更或取消通知。

（4）有关团体订房的变更与取消，要按合同办理。一般的合同规定，旅行社要求取消订房起码在原定团队抵达前10天通知酒店，否则按合同收取损失费。

（5）尽量简化取消预订的手续，并耐心、高效地受理。客人能花时间通知酒店取消原来的订房，对酒店是十分有利的。所以，应鼓励取消预订的客人及时与酒店联系，对取消预订的客人要给予同样的热情和耐心。调查表明，90%的取消预订的客人在后来的旅行中仍会返回该酒店预订。

五、订房核对

由于客人抵店前经常出现取消或更改订房的情况，因此，需要做好订房核对工作，发现问题及时更正或补救，以保证订房工作的准确无误。

订房核对工作一般分三次进行，分别为客人到店前一个月、前一周和前一天。若重要客人或大团提前预订时间长，还应增加核对次数。

1. 客人抵店前一个月做一次核对

预订员以网络、微信、电话或传真等方式与订房人联系进行核对，核对的内容是抵达日期、预住天数、房间数量与类型等。核对的主要对象是重要客人和重要团队。如果没有变化，按准确订房处理；如果有更改，根据变更后房间有无做更改处理；如果核对中客人取消订房，则修正预订信息。

2. 客人抵店前一周做第二次核对

其程序和方法与第一次核对相同。核对的重点是抵达时间、更改变动的订房和重要客人订房。对客人取消预订的房间，应将其转列为候补或优先等待的客人订房，并告知客人。

3. 客人抵店前一天做第三次核对

这次主要采用电话方式进行。预订员对预订内容要仔细检查，并将准确的订房信息传达到总台接待处。如果有取消预订的，应立即通知总台将这些取消预订的客房售给未预期到店的客人。

六、客人抵店前的准备

做好客人抵店前的准备工作，既有助于缩短订房客人办理入住登记的时间，又能提前做好接待服务工作中的细节安排，向客人提供有针对性的服务。

客人抵店前的准备工作大致划分为下列三个阶段。

（一）客人抵店前一周或数日的准备

提前一周或数日，将主要客情，如贵宾（VIP）、大型会议及团队、客源等信息通知各相关部门和总经理。其方法可采取分发客情预报表（见表 3-1）、重要客人预报表（见表 3-2）等，或者建议召开由总经理或主管副总经理主持的协调会来发布有关信息。

酒店的 VIP 服务是酒店给在政治、经济以及社会各领域有一定成就、影响和号召力的人士提供的专属服务，它是酒店优质服务的集中体现。

表 3-1　一周客情预报表

日期：从_____年___月___日至___月___日

日期	星期	抵店用房	离店用房	住客房	空房	待修房	出租率/%	人数 团队（会议）	零星

送：总经理_____　餐饮部_____　问讯_____
　　副总经理_____　客房部_____　大厅服务_____
　　值班经理_____　财务部_____　接待_____
　　大堂经理_____　动力工程部_____
　　公关营销部_____　商场部_____
　　本期平均住房率：_____
　　制表人：_____

表 3-2　重要客人预报表

姓名或团名		国　籍	
身　份		人　数	
来店日期		班　次	
离店日期		班　次	
接待单位			

具体要求：

备　注：

经手人：_____

（二）客人抵店前夕的准备

客人抵店前夕，将具体接待安排以书面形式通知有关部门，使各部门做好对客服务的准备工作。通知单主要有 VIP 接待通知单（见表 3-3）、接站单（见图 3-4）、次日抵店客人名单（见表 3-4）等。

表 3-3 VIP 接待通知单 NO.

姓名（团体）身份		国 籍	
人 数	男. 女.	房 号	
来店日期		班 次	
离店日期			
拟住天数		接待标准	
客人要求			
接待单位		陪同人数	男. 女.
特殊要求			
审 核 人		经 手 人	

备 注：

年 月 日

时间：_____

航班：_____

姓名：_____

其他：_____

年 月 日 订房部

图 3-4 接站单

表 3-4 次日抵店客人名单 年 月 日

序号	房号	房间类型	客人姓名	人数	预订号	到达日期	到达时间	离店时间	预订人及接待单位	签名

  对某些指定的房间，特别是 VIP 客人的订房，预订处应提前一天或数天用电话或书面方式通知接待处和客房部，对这些房间进行控制，不再出租给其他客人，即实行所谓订房管制。对其他特殊订房也要特殊关照，以体现酒店服务的个性化。如新婚订房，酒店也应派订专为婚礼准备的客房，并在客人到达之前布置好祝贺卡和鲜花，再送上纪念礼品，这会给新婚夫妇留下美好而难忘的印象。

阅读材料 3-1

酒店 VIP 等级

  酒店的 VIP 等级通常分为四个，按级别高低依次为 V1、V2、V3 和 V4（见表 3-5）。

表 3-5　酒店 VIP 等级

VIP 等级	VIP 的社会职务级别	酒店批准人
V1	国家元首、总统、副总统、总理、副总理	酒店总经理
V2	国家部委办司级领导	酒店总经理
	省级党政军四大班子主要领导	酒店总经理
	最高法院院长、最高检察院检察长	酒店总经理
	集团董事长、总裁	酒店总经理
	入住总统套房的宾客	酒店总经理
V3	政府部门领导、市级主要领导	酒店总经理
	市党政军四大班子主要领导	酒店总经理
	各分公司董事长、总经理	酒店总经理
	集团、企业高层管理者	销售部总监、前厅部经理
	社会名流（演艺界、体育界、文化界）	销售部总监、前厅部经理
	影视娱乐界著名演艺人员	销售部总监、前厅部经理
	省级国旅、中旅、青旅等旅行社总经理	销售部总监、前厅部经理
	对酒店有过重大贡献的社会人士	销售部总监、前厅部经理
	入住酒店总裁套房的宾客	销售部总监、前厅部经理
V4	各个集团分公司高层管理者	销售部总监、前厅部经理
	市级国旅、中旅、青旅等旅行社总经理	部门经理以上
	同星级酒店董事长、总经理	部门经理以上
	酒店邀请的宾客	部门经理以上
	入住酒店行政商务套房的宾客	大堂副理以上
	个人入住酒店商务套房 3 次以上的宾客	大堂副理以上
	个人入住酒店客房 10 次以上的宾客	大堂副理以上

（三）客人抵店当天的准备

客人抵店当天早上，开房员根据抵店客人名单提前预分好房间，并把钥匙信封、住房登记单准备好。将有关细节通知有关部门，以搞好接待工作，共同完成客人抵店前的各项准备工作。

第四节　超额订房及订房纠纷处理

预订客人抵店后，可能会因各种原因，就订房问题与酒店发生纠纷，酒店应酌情积极妥善地处理这些纠纷，以保障双方合法权益，维护酒店的良好声誉。

一、超额订房

客人向酒店订房，并不是每个人都做保证类订房的。即使酒店的订房率达到 100%，也会有订房者因故不到、临时取消，或者住客提前离店，使酒店出现空房的状况。酒店为了追求较高的住房率，争取获得最大的经济效益，有必要实施超额订房。

所谓超额订房，是指酒店在订房已满的情况下，再适当增加订房数量，以弥补少数客人因预订不到、临时取消或提前离店而出现的客房闲置。

超额订房通常出现在旅游旺季，而旺季是酒店经营的黄金季节。如果搞好超额订房，使酒店在黄金季节达到最佳出租率和最大效益，同时保持良好的声誉，对酒店经营管理者来说，这确实是胆识与能力的体现，但同时又是一种冒险行为。因此，一定要做好超额订房管理，即对超额订房实施有效控制，避免或最大限度地降低由于决策失误而造成的经济损失和客人的不满。这里要解决好如下两个问题：一是如何确定超订数量；二是一旦超额过度怎样补救。

（一）超订数量的确定

超额订房应该有个"度"的限制，超订不足会使部分客房闲置，超订过度则会使部分预订客人不能入住。这个"度"的掌握是超额订房管理成功与否的关键，超额订房应是有根据的，这个根据来自经验，来自对市场的预测和对客情的分析。

确定超额订房数量须根据订房资料统计下列客人数量和比率：

（1）预订不到者；

（2）临时取消者；

（3）提前离店者；

（4）延期住宿者；

（5）提前抵店者。

掌握了上述资料，可根据下列公式计算超额订房的数量：

$$X = (A - C + X) \cdot r + C \cdot f - D \cdot g$$

$$X = \frac{(A - C) \cdot r + C \cdot f - D \cdot g}{1 - r}$$

式中：X 表示超额订房数；

A 表示酒店可供出租客房总数；

C 表示续住客房数；

r 表示预订不到及临时取消和变更的比率；

D 表示预期离店客房数；

f 表示提前离店率；

g 表示延期住宿率。

例如，某酒店有可供出租客房 400 间，未来 9 月 10 日续住客房数为 140 间，预期离店客房数为 75 间。根据以往预订统计资料分析，预订不到及临时取消、变更的比率为 12%，提前离店率为 4%，延期住宿率为 6%，问预订处 9 月 10 日可超额订房多少？

根据上列计算公式，得：

$$X = \frac{(A - C) \cdot r + C \cdot f - D \cdot g}{1 - r}$$

$$= \frac{(400 - 140) \times 12\% + 140 \times 4\% - 75 \times 6\%}{1 - 12\%}$$

$$= 36（间）$$

即该酒店 9 月 10 日可超额订房 36 间。这个计算结果仅供参考，因为它是依据酒店以往的经营统计数据计算的，未来状况会怎样，还要做具体分析，还要考虑其他各种影响因素，如团队订房和散客订房的比例、酒店的信誉度等。

酒店要根据自己的实际情况，做好资料的收集、积累工作，认真总结经验，合理地确定超额订房的数量或幅度，既要能使酒店最大限度地销售产品、增加收益，又要能满足客人的订房需要，不至于产生订房纠纷。根据国际酒店管理经验，超额订房的比率一般可在 5%～15%。

（二）超订过度的补救措施

超额订房处理是订房管理艺术的最高体现，处理得好会提高客房出租率，增加酒店的经济收益。但超订数量毕竟是根据过去的经营统计资料和人们主观分析的结果计算出来的，而未来将要发生的事情中很多因素的变化是难以准确预料的。所以，同任何决策都可能出现失误一样，超额订房的失败也时有发生。如果发生超订过度，客人持有酒店的预订确认书，又在规定的时限内抵达酒店，酒店却因客满无法为他们提供所订住房，必然引起客人极大的不满，这无疑会给酒店带来很大麻烦。因为接受并确认了客人的订房要求，就是酒店承诺了订房客人具有得到"自己的住房"的绝对权利。发生这种情况，就是酒店方的违约行为。所以，必须积极采取补救措施，妥善安排好，以消除客人的不满，挽回不良影响，维护酒店的声誉。

补救超额订房的一般做法包括以下几种。

（1）同本地区酒店同行加强协作，建立业务联系。一旦超订过度出现超员，可安排客人到有业务协作关系的同档次、同类型酒店暂住。

（2）客人到店时，由主管人员诚恳地向其解释原因，并赔礼道歉。如有必要还应由总经理亲自出面致歉。

（3）派车免费将客人送到联系好的酒店暂住一夜。如房价超过本店，其差额部分由本酒店支付。

（4）将客人姓名及有关情况记录在问讯卡条上，以便向客人提供邮件及查询服务。

（5）对需要连住又愿回本店的客人，应留下其大件行李。次日排房时，优先考虑此类客人的用房安排。次日一早将客人接回，大堂副理在大厅迎候并致歉，陪同办理入住手续。

（6）客人在店期间享受贵宾待遇。

二、订房纠纷处理

酒店因客满不能安排预订客人入住，或客人抵店时所提供的房间不尽如人意等情况时有发生。一旦发生订房纠纷，酒店应根据不同情况妥善处理。

（一）常见引起订房纠纷的原因

日常发生的订房纠纷，除了如前所述因酒店实施超额订房引起的，还有以下几个原因。

（1）客人抵店时间已超过规定的截房时间，或未按指定的航班、车次抵达，事先又未与酒店联系，酒店无法提供住房。

（2）客人打电话到酒店要求订房，预订员同意接受，但事后并未寄出确认书，客人抵店时无房提供。

（3）客人声称自己办了订房手续，但接待处没有订房记录。

（4）客人因价格问题与酒店发生争执或因不理解酒店入住和住房方面的政策而对酒店产生不满。

（二）常用处理订房纠纷的措施

酒店在处理上述订房纠纷时，既要分清责任，维护自身的合法权益，又要耐心、诚恳，设身处地为客人着想，帮助客人解决问题。注意"情、理、法"三者兼顾。

（1）上述第一种情况虽为确认订房，但已超过了酒店规定的留房时限。显然，因这几种情况发生纠纷，责任不在酒店一方。但是对客人同样要热情接待，耐心解释，并尽力提供帮助，绝不可与客人争吵。如果酒店没有空房，可与其他酒店联系安排客人入住，但酒店不承担任何费用。

（2）第二种情况，虽无书面凭证，但从信义上讲，口头承诺应同书面确认一样生效。遇到这种情况，应向客人道歉，尽量安排客人在本酒店住宿，实在无房提供，可安排客人在附近酒店暂住，次日接回并再次致歉。最忌讳借口未确认而对客人失礼。

（3）遇到第三种情况，接待处要与预订处联系，设法找到客人的订房资料，看是否放错或丢失，或是其他原因。如经查找，确认客人是前一天的订房客人，但未能按时抵店或是客人提前抵店，在酒店客满的情况下，总台接待人员应尽力提供各种帮助，为客人解决面临的困难。如经查找，确认客人是当天抵店的订房客人，但酒店此时已无法提供客房，必须将客人安排在其他酒店，按超订过度的补救方法处理。

（4）遇到第四种情况，总台接待人员必须耐心而又礼貌地向客人做好解释工作，使其既接受现实又不致产生不满情绪，无论如何不能与客人发生争执。

总之，处理订房纠纷是一件复杂的工作，有时甚至很棘手。总台服务人员要注意平时多积累经验和技巧，善于把握客人心理。为了做好善后工作，防止类似纠纷的不断发生，还应记录酒店负有失约责任的住客名单，呈报管理部门，并填入有关客史档案。

客房预订工作业务量大，渠道、方式多且经常出现订房变更，所以很容易出现工作失误。预订人员在订房的全过程要认真负责，按规范要求细致地处理每一个问题，以保证预订工作的准确性，减少差错和纠纷。

案例 3-1

预订晚到的客人如何处理

"十一"小长假的一天，某酒店除套房外，客房全部住满客人了。晚上 9 点左右，一对青年夫妇来到酒店总台要求住宿，并出示了他们的客房预订确认单。他们是旅行结婚，在半个月之前就在该酒店预订了 3 天的一套大床间。因天气不好，飞机误点，才刚刚抵店。面对这种情况，总台接待员只好一再向客人道歉，一边安抚客人，一边请示酒店值班经理怎么办。

【分析提示】

尽管客人抵店时间已超过了酒店规定的截房时间，但还应以灵活的方式处理此事。可以先把客人安排到套房，并按订房确认书上的价格收费，使客人满意，酒店也受益。事后应查找原因，防止类似的事情发生。

 思 政 园 地

改革开放与中国客房

改革开放 40 年，我国酒店业变化巨大。1988 年我国旅游饭店数量增至 1500 家，客房

22 万间；1998 年旅游星级饭店达 3248 家；2008 年旅游星级饭店达 1.4 万家。在如今大众旅游时代，与高档酒店相比，中端酒店、经济型连锁酒店等有着更大规模的客户群。麦肯锡预计，2022 年，中国中产阶级数量将从 2012 年的 1.74 亿家庭增长至 2.71 亿家庭，中国中端酒店市场的潜在消费人群有望以年增长率 10% 左右的速度持续扩大。目前，国内大型酒店集团首旅如家、锦江、华住等都在大力发展中端酒店。

中国酒店集团规模排名前 5 的依次是锦江国际集团、华住酒店集团、首旅如家酒店集团、格林酒店集团、东呈集团。锦江国际集团排在榜首位置，客房数 1 043 705 间，门店数 10 694 家。锦江国际集团总部位于上海，是国内规模最大、全球领先的综合性酒店旅游企业集团，客房数量超过百万间，全球会员数量约 1.8 亿。围绕"深耕国内、全球布局、跨国经营"战略，加快传统业态的创新转型。集团投资和管理酒店旗下维也纳国际、郁锦香、康铂、7 天系列、锦江都城、锦江之星等知名酒店品牌。锦江 WeHotel 在统一的锦江会员架构下，积极推进建设可支撑锦江各产业板块独立发展及运营的子会员计划，对标国际一流酒店，努力建设世界知名的酒店管理集团。

思政思考题：
我国酒店集团酒店客房数量增长如此快速的原因是什么？

 练习题

一、简答题

1. 客房预订的任务是什么？
2. 客房预订的种类有哪些？
3. 客房预订的基本程序是什么？
4. 决定是否受理一项订房要求，需要考虑哪几个因素？
5. 超订过度应采取哪些补救措施？

二、选择题

1. 根据国际惯例，酒店会为预先订房的客人保留房间直至抵店当天的（　　）。
   A. 上午 10 时
   B. 中午 12 时
   C. 下午 2 时
   D. 下午 6 时
2. 对保证类预订，酒店在没有接到订房人取消的通知时，应为其保留房间到（　　）。
   A. 抵店日中午
   B. 抵店日下午 6 时
   C. 次日退房时间
   D. 次日下午 6 时
3. 根据国际酒店管理经验，通常酒店超额订房的百分比应在（　　）。
   A. 1%～10%
   B. 5%～15%
   C. 20%～30%
   D. 35%～45%

三、判断题

1. 客房预订是客房商品销售的中心环节。　　　　　　　　　　　　　（　　）
2. 酒店有义务以预订确定的价格为客人提供所需客房。　　　　　　　（　　）

3. 预订员在接受预订时，必须给客人以具体房间号码的许诺。（　　　）

4. 调查表明，大多数取消预订的客人在后来的旅行中不会再来该酒店预订。（　　　）

四、实务题

1. 当客房的可供状况不能满足客人的订房要求时，预订员应如何处理？

2. 客人要求更改订房，预订员应如何处理？

3. 客人声称自己办了订房手续，但接待处没有订房记录，怎么办？

五、案例分析

2018 年 7 月的一天，一位香港客人来北京某酒店前台办理入住登记，负责接待的员工按照酒店的入住程序向客人询问其所需要的房间类型，但因客人不会说普通话，而该员工粤语水平又欠佳，在尝试用蹩脚的粤语向客人解释后，客人仍听不懂。于是该名员工趁客人转身拿证件时，向精通粤语的行李员求救，请他们帮忙与客人沟通，由于行李员不了解情况，按照无预订人员请客人进行了登记。客人本想与酒店再争辩一番，可一看时间确实很晚了，再加上自己又很累，只好勉强答应。客人入住后便立即投诉网络公司不给自己预订酒店，随后网络公司又投诉酒店未给客人及时预订。经查证，网络公司于当日晚 8 时 36 分将信息发至酒店预订部，而此时预订员已经下班不在岗。而前台接待员在从计算机里没有查到预订通知的情况下，便告诉客人没有预订，造成了客人投诉网络公司而网络公司投诉酒店的情况，导致网络公司和酒店之间不必要的纠纷，损害了双方的利益及合作关系。

（资料来源：黄秀琳，林春容. 酒店服务与管理教学案例集萃[M]. 厦门：厦门大学出版社，2020.）

问题：

1. 请问本案例会出现这样的问题的原因是什么？

2. 前台的接待员应该怎样正确处理这种情况？

第四章　前台接待

学习目标

通过本章学习，掌握前厅接待工作的程序：从接待前的准备、客房状况的显示及控制、宾客的入住登记到客房商品的推销；熟悉入住接待登记的各种表格和内容；了解推销客房的技能要求，进一步了解前厅接待的意义和在酒店经营中的作用。

核心概念

酒店 VIP　客房现状显示系统　空房　走客房

引例

总台接待员的困惑

一个从上海入境的美国旅游团队在上海的一家豪华酒店下榻一天后，修改了来华旅游的日程安排，允许团员分散活动，其中有两名男青年慕名乘火车来到北京的一家中外驰名大酒店，这家酒店总台接待员热情地接待了这两名美国青年，当接待员查验他们的护照时，发现没有入境签证，美国青年连忙解释说他们是持团体签证从上海入境的，他们认为抵达中国后有无签证无关紧要，离开上海来京时忘记随身携带团体签证复印件了。

请问按办理住宿手续的程序和规定，总台接待员能给这两名美国青年办理入住登记手续吗？

从上述的案例我们了解到，前台工作人员担负着直接为宾客服务的任务，仅有微笑和热情的服务是不够的，他们还要按照酒店前台的接待程序开展这些日常系列服务工作。

第一节　接待准备

前台接待一般位于酒店的前台中央，它的主要任务是负责对客的服务接待和客房的销售，是前厅服务与管理的重要内容。前厅接待处的接待员应掌握接待业务程序和标准，接待处应与酒店的有关部门协调一致，做好入住客人的接待工作。

一、接待准备工作的内容

前厅接待处的主要职责是接待散客和团队的客人，完成他们的入住登记，并根据不同地区和国家的客人的住宿要求，合理地安排房间。为了缩短办理入住登记的时间，提供准确、快捷的服务，接待员应做好接待前的准备。

（一）制订用房预分方案

为了方便宾客，同时对客房的分配进行有效管理，接待人员应对事先预订的散客和团队根据预订确认书中要求的房间类型和数量，提前制订用房预分方案。通常可按照以下顺序进行分房。

1. 团队用房的预分

按照"团队接待通知单"的用房要求，填写排房名单，团队用房要尽量安排得相对集中，避免分散带来的不便。依据已掌握的信息，事先将已知的内容填入"团队客人登记表"，并按分配表为每位客人制作房卡、准备好钥匙。

2. VIP客人用房的预分

根据VIP客人的接待规格分配不同类型的房间。在房间的选择上应是同类客房中方位、视野、景致、环境、房间保养等方面处于最佳状态的客房，并注意客房的保密与安全。将装有欢迎卡和钥匙的信封及登记表放至大堂副理处。

3. 常客用房和有特殊订房要求的客房预分

（1）对于常客用房，接待人员应根据"住客资料"卡片代为填写入住登记表，只留客人签名一项空白，待客人到达时由客人亲自填写。

（2）对有特殊要求的订房，接待人员可根据实际情况，尽量满足客人的要求，如对于老、弱、伤残和带小孩的客人，一般应安排在低楼层、离服务台或电梯较近的房间，以便服务人员对其照顾，方便客人的出入。

4. 已付定金等保证类预订客人的客房的预分

可根据这类客人的订房要求预先分配客房。

（二）检查待出售房间状况

对预留的房间，接待人员要同客房部保持联系，注意电脑终端客房状况的变化，尽快使待出售房间进入销售状况。特别是对VIP客人的房间，要由大堂副理亲自检查。前台主管要复查预分房间是否合适，有无差错。

1. 准备好可销售房间

酒店除了要接待已提前订房的客人，还要接待相当部分未预订而直接抵店的客人，所以，接待人员必须查明当日可供出租的房间总数，以及近期的客房状况和客情，以决定当日有多少房间可向未预订客人提供。

2. 准备入住资料

将登记表、欢迎卡、客房钥匙（现在大多数酒店已由磁卡代替）、账单和其他有关单据、表格等按一定的顺序摆放，待客人入住登记时使用。

前厅销售与服务前的准备工作做得好坏，直接影响接待效率、销售成果和客人的满意程度。前厅部经理必须亲自检查各项准备工作，如发现问题，立即纠正并予以解决。

二、客房状况的显示及控制

目前酒店的客房状况显示系统一般有两种，即客房现状显示系统和客房预订状况显示系统。

（一）客房现状显示系统

客房现状显示系统又称客房短期状况显示系统，可显示每一间客房的即时状态。前台接待处的排房和房价等工作完全依赖此系统提供的状况。一般营业中的酒店，其客房可能处于以下几种状态。

（1）空房：客房已经打扫干净，一切准备就绪，随时可出租使用。

（2）住客房：该客房已出租，正由客人占用，尚未离店。

（3）走客房：客房的客人已退房，现正由客房服务员打扫整理，就绪后可供出租。

（4）待修房：该客房将要或目前正在进行内部整修，近期不能出租。

（二）客房预订状况显示系统

客房预订状况显示系统又称长期状况显示系统，可显示未来某段时间内，某种类型客房的可销售状况。

酒店电脑联网系统是用电脑设备系统综合显示客房状态的一种最先进的方法，广泛适用于各种类型的酒店。在前台接待处、前台收银处及客房值班中心配有联网的电脑终端机，各部位可通过操作终端机了解、掌握、传递有关客房状况的信息。这不仅能加快相互沟通、联络的速度，还能提高工作效率，避免工作差错。同时，酒店电脑联网系统不仅仅用于显示客房状况，它还具有帮助建立客史档案、管理客账、形成各种报表、汇总营业收入等功能，可用于前台及整个酒店的管理工作。

三、客房状况报表

由于前台的工作量大，且客房时常处于变化之中，虽然很多酒店通过电脑查询，可以知道目前的房态情况，但为了避免由于工作上可能出现的差错，而造成前台接待处的房态与楼层实际房间状态的不符，出现"重房"或"漏房"现象，造成前台客房销售及客房服务的混乱，及时对房态的核对、检查是十分必要的。对于房态的检查，是电脑查询与参考相关客房状况报表并用的。

客房状况报表大致包括以下几部分内容。

（一）客房状况报表

客房状况报表是接待处根据客房状况或电脑所显示的客房状况以及订房资料，每天定时制作的。制作此表的目的是通过定时统计来确定客房的现状以及预订状况，如图4-1所示。

（二）客房状况调整表

将未经预订直接抵店、延期离店和换房等情况汇集起来，便可形成客房状况调整表。它的作用主要体现在两点：一是用于预订处与接待处的信息沟通，使预订处依据调整表中的内容，更改并建立新的客房预订汇总表。二是调整表上的统计数字可以使接待处掌握有多少临时取消住店、已预订但未到店、提前离店和逾期离店的客人，以及他们所占客源的百分比。这些数字对客房的销售起了很大作用，如表 4-1 所示。

饭店状况 HOTEL STATUS		客房部状况 HOUSEKEEPING STATUS	
饭店客房总数 ROOMS IN HOTEL	435	住客房 OCCUPIED	197
待修房 OUT OF ORDER	13	尚未打扫 DIRTY	168
不使用房 OUT OF INVENTORY	0	扫描完毕 CLEAN	29
可出租房 RENTABLE ROOMS	422	空房 VACANT	225
住客房 OCCUPIED	197	尚未打扫 DIRTY	25
预计离店 CUT OUT	15	打扫完毕 CLEAN	200
今晚可租房 AVAILABLE TONIGHT	240	住客统计 IN HOUSE STATISTICS	
确认类订房团队 GTD: GROUP	0	实际抵店 ACTUAL ARRIVALS	29
散客 INDIVIDUAL	7	实际离店 ACTUAL DEPARTURES	100
		延期离店 EXTENDED STAYS	2
非确认类订房团队 NON-GTD: GROUP	2	提前抵店 EARLY ARRIVALS	0
散客 INDIVIDUAL	41	提前离店 EARLY DEPARTURES	5
		住客人数 CURRENT OF GUESTS	470
尚未订出的客房数 NOT RESERVED	190	成人 CURRENT OF ADOOS	456
现时出租率 CURRENT OCCCPANCY	45%	儿童 CURRENT OF CHILDREN	14

图 4-1　酒店现时状况表

表 4-1　客房状况调整表

ROOM ADJUSTMENT
星期 DAY_____日期 DATE_____

房号 ROOM NO.	类型 TYPE	姓名 NAME	需作调整的日期 PERIOD TO BE ADJUSTED		备注 REMARKS
			自 FROM	至 TO	

备注 REF：未经预订，直接抵店　N/R　　=Non. Reservation (Walk-in)
　　　延期离店　　　　　　EXT.　　=Extention (Overstay)
　　　取消　　　　　　　　CNL.　　=Cancellation
　　　提前离店　　　　　　UX-DEP　=Unexpected Departure (Under-stay)
　　　订了房，但未抵店　　NS　　　=No Shows

（三）接待情况汇总表

接待情况汇总表是指接待处将实际客房状况显示及电脑中所显示出的客房状况记录下来而形成的接待情况报告。它的作用主要是为制作客房营业报表以及前厅的统计分析报表提供依据，如表 4-2 所示。

表 4-2　每日接待情况表
DAILY SITUATION CHART

预期到达 　　　　　　　　　　　　　　　　　　　　　　　　　日期
EXP'D ARR. 　　　　　　　　　　　　　　　　　　　　　　　Date_____
预期离开及空房
EXP'D DEPT. & VACANT ROOMS
房间情形
ROOM SITUATION

每日到达 DAILY ARR.	如期离开 ORL. DEPT.		提早离开 ADV. DEPT.	延期至 EXT. TILL	取消空订 CANC N/S	转房 ROOM-CHANGE				表数 CHART FIG.	备注 REMAR-KS	负责人员签署 C/I
	房号 RM. NO.	日期 DATE	日期 DATE	日期 DATE		由 FROM	到 TO	−	+			

（四）VIP 客人或团队名单

VIP 客人或团队客人名单是接待员根据客房状况显示系统提供的资料制作完成的。它的作用是使酒店及时掌握在店的和即将抵店的贵宾、团队客人的信息，以便酒店做好各方面的准备工作。

（五）住店客人名单

一般酒店编制住客名单主要采用两种方法：一是按照酒店客房房号的顺序排列；二是按住客姓名的首写字母的顺序排列。住店客人名单的作用是便于前台各部门的对客服务。

（六）预期离店客人名单

预期离店客人名单，是根据客人在填写入住登记表时填写的离店日期汇总而成的。此表一般按楼层、房号的顺序排列，其作用主要是为前台各部门和客房部提前做好客人离店准备工作和客房的重新预订销售提供依据。

 案例 4-1

细心的大堂副理

秋季某日，大连某五星级酒店大堂，两位外国客人向大堂副理值班台走来。大堂副理立即起身，面带微笑地以敬语问候，两位客人忧虑地讲述起他们心中的苦闷："我们从英国来此地负责一项造船工程，大约要待两个月，可是我们离开了翻译就好像没有了行动自由，有什么办法能让我们尽快消除这种陌生感呢？"大堂副理微笑着用英语答道："感谢两位先生的光临，这座城市也同样欢迎两位先生的光临，你们在街头散步的英国绅士风度，也一定会博得市民的赞赏。"熟练的英语所表达的亲切的情意一下拉近了彼此间的距离，气氛变得活跃起来，于是外宾更加广泛地询问了当地的生活环境、城市景观和风土人情，从城市的十大景观到战争遗址，从当地民俗风情到地方风味。大堂副理无一不细细数说，外宾中的一位马斯先生还兴致勃勃地谈到中国的有趣生肖，"我是中国虎年 11 月 10 日出生的"。

说者无心，听者有意，谈话结束之后，大堂副理立即在备忘录上做了记录。一个月后的 11 月 10 日的那天一早，大堂副理就买了鲜花，并代表酒店在早就预备好的生日卡上写下英语贺词，请服务员将鲜花和生日卡送到了马斯先生的房间，马斯先生从珍贵的生日贺卡中获得了意外的惊喜，激动不已，连声答道："谢谢，谢谢贵店对我的关心，我深深体会到这贺卡和鲜花之中，隐含着许多难以用语言表达的情意，我们在贵店逗留期间，感受到了中国人民的热情好客。"

【分析提示】

案例中，大堂副理对待两位客人的做法是站在客人的立场上，提供优质服务的范例。两位英国客人身处异国他乡时间较长，语言不通，深感寂寞，大堂副理细致观察，准确地抓住了外国客人的心理需求，充分发挥他的英语专长，热情欢迎外国客人的光临，还特别称赞了他们的绅士风度，进而自然而然地向客人介绍了当地的风土人情，使身居异乡的外国客人获得了一份浓浓的温情。

富有职业敏感性，善于抓住客人的相关信息。大堂副理的可贵之处在于，在与客人交谈中客人无意透露自己的生日时，他能及时敏锐地记住这条重要信息，从而成功地策划了为外国客人赠送生日贺卡和鲜花的优质服务和公关活动，把与外国客人的感情交流推向了更深的层次，这也是酒店管理者和服务人员应该具备的可贵素质。

第二节　入　住　登　记

在整个前台接待工作中，入住登记是对客接待服务全过程中的一个必要的、关键的环节，同时，入住登记也是客人同酒店之间建立正式、合法关系的开始。

一、入住登记的内容

酒店制作入住登记表必须满足下列几个条件。

（1）国家法律对中外宾客所规定的登记项目：国籍、姓名、出生日期、性别、护照和证件号码；签证种类、号码及期限；职业、停留事由、入境时间和地点及接待单位。

（2）酒店运行与管理所需的登记项目：房间号码、每日房价、抵离店时间、结算方式、住址、住客签名、接待员签名、酒店责任声明。

入住登记表的有关内容如表 4-3 所示。

表 4-3　临时住宿登记表

英文姓 Surname in English		英文名 Name in English	
中文姓名 Name in Chinese		性别 Sex	出生年月 Date of birth
房号 Room No.		国籍 Nationality	
证件种类 Type of travel document		证件号码 No. of travel document	
签证种类 Type of visa		签证有效期 Date of expiry	
永久地址 Permanent address			
何日何处抵 Date of arrival Where form		何日去何处　　　　　拟住天数 Days Date of departure Where to	
停留事由 Purpose of stay		接待单位 Received by	
请用正楷填写 Please fill in block letters.		宾馆名称	
工作处所		职业·职务	籍贯　省　　市　　区
ON CHECKING OUT MY ACCOUNT WILL BE SETTLED BY: 离店时我的账目结算将由 □CASH 现金 □TRAVELLERS CHEQUE 旅行支票 □CREDIT CARD 信用卡 □T/A VOUCHER 旅行社凭单 □OTHERS 其他		ROOM RATE 房价	
		CHECK OUT TIME IS 12：00 NOON 还房时间是中午十二时正 账单编号 FOLIO NO. CUEST SIGNATURE 宾客签字	
MONEY, JEWELS AND OTHER VALUABLES MUST BE PLACED IN A HOTEL SAFETY DEPOSIT BOX. THE MANAGEMENT WILL NOT BE RESPONSIBLE FOR ANY LOSS. 金钱、珠宝及其他贵重品必须放在宾馆的保险箱内，宾馆将对任何遗失不负责任。			
REMARKS 备注		CLERK'S INITIAL 职员签名	

二、入住登记的程序

通常宾客入住酒店的具体登记程序如表 4-4 所示。

表 4-4　入住登记程序

步　　骤	1	2	3	4	5	6
内　　容	识别客人 有无预订	填写 登记表	排房 定房价	决定 付款方式	完成入住 登记手续	制作有关 表格

1. 预订散客入住登记

预订散客入住登记的程序与标准如表 4-5 所示。

表 4-5　散客入住登记

程　序	标　准
（1）接待有预订散客	① 当客人抵达酒店时，首先表示欢迎，有礼貌地问明客人姓名并以姓名称呼 ② 客人到达前台，但你正在忙碌时，应向客人示意，表示他不会等候很久（如客人已等候多时，应首先向客人道歉） ③ 在办理入店手续时，要查看客人是否有留言及特殊要求及注意事项
（2）为客人办理入住手续	① 请客人在登记卡上填写所需内容，问清付款方式，并请客人在登记卡上签字 ② 核对一切有关文件，包括护照、身份证、签证有效期、信用卡签字的真实性等 ③ 为客人分配一间符合其要求的房间，并与其确认房价和离店日期
（3）提供其他帮助	入住手续完毕后，询问客人是否需要行李员帮助；告诉客人电梯的位置，并祝愿客人在住店期间过得愉快
（4）信息储存	① 接待客人完毕后，立即将所有信息输入计算机，包括客人姓名的正确书写、地址、付款方式、国籍、护照号码、离店日期等 ② 检查信息的正确性，并输入客人的档案 ③ 登记卡要放到客人入住档案中，以便随时查询

2. VIP 客人入住登记

VIP 客人入住登记的程序与标准如表 4-6 所示。

表 4-6　VIP 客人入住登记

程　序	标　准
（1）办理入住手续	① 准确掌握当天预抵 VIP 客人的姓名 ② 以客人姓名称呼客人，及时通知大堂副理，由大堂副理亲自迎接 ③ 大堂副理向客人介绍酒店设施，并亲自将客人送至房间 ④ 在房间内为 VIP 客人办理入住登记手续
（2）信息储存	① 复核有关 VIP 客人资料的正确性，并准确输入计算机 ② 在计算机中注明 VIP 客人以提示其他部门或人员注意 ③ 为 VIP 客人建立档案，并注明身份，以便作为订房和日后查寻的参考资料

3. 未预订客人入住登记

未预订客人入住登记的程序与标准如表 4-7 所示。

表 4-7　未预订客人入住登记

程　序	标　准
（1）接受无预订客人入住要求	① 当客人办理入住手续时，首先要查清客人是否有预订；若酒店出租率较高，需根据当时情况决定酒店是否可接纳无预订客人入住 ② 确认客人未曾预订，酒店仍可接纳时，表示欢迎客人的到来，并检查客人在酒店是否有特殊价或公司价 ③ 在最短的时间内为客人办理入住手续

续表

程　　序	标　　准
（2）确认房费和付款方式	① 办理手续时和客人确认房费 ② 确认客人付款方式，并按照酒店规定收取押金
（3）收取押金	① 若客人以现金结账，酒店预先收取客人的定金 ② 若客人以信用卡结账，接待人员按规定核对并影印客人信用卡，把信用卡的卡号输入计算机，并与登记表订在一起放入客人档案
（4）信息储存	① 接待客人完毕后，应将所有信息输入计算机系统，包括客人姓名的正确书写、地址、付款方式、国籍、护照号码、离店日期等 ② 检查信息的正确性，并输入客人的档案 ③ 登记卡要放到客人入住档案，以便随时查询

4. 团队入住登记程序

在团队客人抵达前，前台接待要做好先期相应的准备工作，在团队客人抵店时的接待服务过程中，要做到热情、礼貌、快速、准确。以下为其基本程序。

（1）团队客人抵店时，大堂副理及销售部的联络员一同礼貌地把团队客人引领到接待处，并向客人表示欢迎和问候。

（2）团队联络员告知团队领队及客人有关事宜，其中包括早、中、晚餐地点及酒店其他设施。

（3）接待人员与团队领队、导游进一步核查、确认房数，及特殊服务安排。经确认无误后，团队领队及接待人员要在"团队人员住宿登记表"上签字认可（见表 4-8）。

（4）将团队客人的房卡、钥匙交给团队领队，由其分发给客人。

（5）手续完毕后，前台接待人员要将准确的房号、名单送到行李部。

（6）将团队接待单或相关服务要求送交有关部门，同时制作团队主账单及个人消费分账单，送收银处。

表 4-8　团体人员住宿登记表
REGISTRATION FORM OF TEMPORARY
RESIDENCE FOR GROUP

团体名称：日期　年　月　日　至　月　日
NAME OF GROUP DATE YEAR MON DAY TILL MON DAY

房号 Room No.	姓名 Name in full	性别 Sex	出生年月日 Date of Birth	职业 Profession of Occupation	国籍 Nationality	护照号码 Passport No.

何处来何处去
Where from and to

留宿单位：　　　　　　　　　酒店　　　　　　　　接待单位：

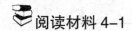
阅读材料 4-1

服务人性化更受欢迎

法国曾对旅客最关心的接待因素做了较深入的调查，结果是：接待情感因素（如听到欢迎光临的话语、工作人员的笑容、被认出并用姓名称呼等）和接待"更实用"因素（如总服务台的服务、接待人员会多种语言、设大门迎宾员等）。调查表明，绝大部分酒店的顾客都不赞成任何形式的自动化接待服务，都希望有酒店工作人员来接待，这体现了酒店接待服务人性化的特征。

第三节　客房商品推销

为了增加客房销售的收入，接待员还应做好面对面的对客销售。前台销售工作的成功与否，直接影响客人对酒店的认识、评价和是否再次光顾，最终影响酒店的经营效果。为了做好前台销售工作，前台接待员必须了解自己酒店所销售的产品和服务的特点及其销售对象的需求。

一、成功推销客房的前提

前台接待人员必须具备良好的素质，掌握相应的知识和信息，才能在接待过程中成功地将客房及酒店其他产品推销给客人。具体来讲，成功推销客房的前提应当包括以下几个方面。

（一）良好的职业素质

酒店产品是有形设施设备和无形服务的结合，从客人的角度讲，购买酒店产品实质上就是客人购买的一段住宿体验。所以，酒店员工就构成了酒店产品的一部分。客人初到酒店时，对酒店的了解和产品质量的判断通常就是从前台接待人员的仪容仪表和言谈举止开始的。因此，前台接待人员必须表现出良好的职业素质，面带微笑，以正确的姿态、热情的态度、礼貌的语言、快捷规范的服务接待每一位客人。这本身就是对酒店产品的有形展示，是成功推销酒店产品和服务的基础。

接待人员要遵守职业道德，敬业爱岗，要具有热情、开朗的性格。个人的精神风貌在推销过程中也会对推销效果产生很大的影响。

（二）熟悉酒店的基本情况

熟悉酒店的基本情况包括：酒店所处的地理位置及交通情况；酒店建筑、装饰、布置的风格及特点；酒店的等级与类型；酒店的服务设施与服务项目的内容及其特色；酒店产品的价格与相关的销售、推广政策和规定等。掌握上述信息是做好客房销售工作的先决条件，同时要对酒店的客房有完整的了解，如各类房间的面积、色调、朝向、楼层、特点、价格、设施和设备等。只有接待员对以上内容充分了解了，才能向客人详细介绍，才有助于进一步推销客房商品。

（三）了解竞争对手酒店的情况

接待人员在详细了解酒店产品情况的基础上，更要熟悉竞争对手的有关情况。掌握本酒店与竞争对手在酒店产品的质量、内容、特点、功能、便捷情况以及价格等方面的异同，扬长避短，找出自己酒店的特点和优势，着重加以宣传。

（四）熟悉本地区的旅游项目与服务设施

接待人员通过宣传本地区的城市功能特点，以及相关的在此地举行的活动内容使客人对本地区产生兴趣，增加其在本地区逗留的时间及机会；也使酒店在客人心目中的印象加深，增加了客人重复入住的次数和酒店的服务收入。

（五）认真观察、掌握客人的心理及需求

销售客房看似简单，实质上却包含着很强的艺术性、技巧性。它来源于对客人言谈举止的细心观察、判断；取决于接待人员对客人消费心理和需求的正确把握，掌握了这些就便于同客人沟通、交流，有利于成功地推销客房及其他酒店产品。

二、客房商品的推销技巧

前台接待人员的工作不仅要接受客人的预订，为客人安排房间，还要善于推销客房及其他产品，最大限度地提高客房出租率；增加综合营业收入。要做到这一点，接待人员在推销时要掌握推销的技巧，主要内容有以下几方面。

（一）推销时突出客房产品的价值

在销售客房产品的过程中，接待人员应强调客房的价值（即客房的使用价值），而不单是价格。因为客人购买的是产品价值，而不是价格，但客房价值的大小是通过客房价格体现的，两者只有相对平衡，客人感到物有所值时，才能说是公道合理的，才可能成交。

正常情况下，等级越高、质量越好的房间，其价格也越高。比如，在与客人洽谈价格的过程中，要根据客房的特点及客人自身的需要，对客房的使用价值加以描述。如"刚刚装修的，十分舒适、豪华""房间是面向大海的，窗外的风景十分优美""最大的、顶层的、带有民族特色的"等。当然在突出客房价值的同时，也应注意避免过分夸张、错误地介绍。

（二）推销时要给客人提供可比较、选择的范围

如果客人没有具体说明想要哪一类型房间，接待人员可向客人提供两种或两种以上不同房型、价格的客房，方便客人比较、选择，增加推销成功的概率。

（三）推销时要正面介绍，以引导客人

这里所说的采用正面介绍，是指在推销客房过程中，接待人员要着重介绍各类型客房的特点和优势给客人带来的方便和好处，以及与众不同之处。假如酒店目前只剩一间客房，客人无法选择，也应对客人说："您的运气真好，现在正好还有一间不错的房间。"而不能

直说："这是最后一间空房了。"让客人觉得是别人剩下的东西。

（四）推销要有针对性

1. 向查询、问价的客人推销

许多客人是初次抵店，有的是因为不满意其他酒店的客房及服务，而来本店查询客房类型、价格及相关服务项目等。对此类客人，接待人员一定要抓住这一良好推销时机，设法让客人对酒店的客房及服务项目产生兴趣，从而留下来。

针对此类客人，接待人员在推销过程中，首先要积极热情地接待，询问其旅行的目的，从中大致了解其住店的需求，并借机有的放矢地推销酒店的某类客房或某些服务项目；其次，要从客人提出的问题中了解哪些客房适合其口味，并对这类客房详加介绍、说明，供其选择。同时，对客房的报价也要有层次性，从高到低，请客人挑选。在整个接待、推销的过程中，接待人员都要做到耐心、周到。

2. 对犹豫不决的客人多给予建议

有些客人尤其是初次抵店的客人，即使听了接待员对客房及服务项目的介绍，仍不能决定自己需要住什么样的房间，或者并不完全相信接待人员的介绍。在此情况下，接待人员要认真观察客人的表情变化，仔细分析客人的心理活动，设法理解客人的真正意图，了解客人的喜好和特点，尽量消除客人的疑虑，有针对性地为其进行客房的介绍。必要情况下，也可带客人参观几种不同类型的客房，当然带客看房时，应先带客人看条件、价格较高的客房，如果客人满意了，就不必再带客人看低价位客房了。

3. 对消费能力有限的客人的推销

在接待的过程中，客人们并不都是高消费者，很多人的消费能力及选择范围是有限的。对于这部分客人，接待人员不能有丝毫的怠慢和歧视。在推销过程中，也不能只为其报低价位房间及片面强调折扣及优惠，也应提供各类价格、状况不同的房间供其选择。同时，即使此次选择有限，也使客人了解酒店客房及服务的更多信息，以便于客人入住参考和信息的外部传播。

4. 注重推销酒店其他服务项目

不是所有的客人都十分清楚酒店的设施及服务项目，尤其是初次抵店的客人。前台接待员在宣传、推销客房的同时，不应忽视推销酒店的其他产品，要让客人感到酒店产品的综合性及完整性。同时，如果接待人员的推销服务内容正好迎合了客人的需求，那么客人不仅乐于接受，更会对接待人员细致、周到的服务表示感激。

 **案例 4-2**

巧妙促销豪华套房

前厅部的接待员小王接到一位外国客人从异地打来的电话，想预订收费每天 80 美元的标准间，并于当天下午到达。

小王马上查阅了客房状况表，答复客人标准间已经全部订满。可外国客人说："我人地两生疏，只知道你们酒店，还是希望你能想想办法。"

小王暗自思量以后，用商量的口气说："感谢您对我们酒店的信任，我建议您和朋友准时来本地，先住一两天我们的豪华套房，每套每天收费也不过 180 美元，在套房内可以眺望海滨的优美景色，室内有红木家具和古玩摆设，可提供上乘的服务，相信你们住了以后一定会满意。"

小王讲到这里，故意停顿一下，以便等待客人的回话。对方似乎犹豫不决，小王又趁势引导说："我想您是在考虑这套房是否物有所值，请告诉我您什么时间到，我们将派车去接您，到店后我陪您和您的朋友先参观一下套房，然后再做决定也不迟。"

客人听小王这么讲，一时难以拒绝，最后欣然答应先预订两天豪华套房。

【分析提示】

前厅接待员在自己的岗位上有很多促销机会。促销客房，一方面要通过热情的服务来体现；另一方面有赖于巧妙而合理的促销手段，了解客户心理、掌握语言技巧往往能够及时奏效。

思　政　园　地

高品质服务筑牢全球豪华酒店实力，富力酒店顺利完成冬奥接待

2022 年 3 月 17 日，北京富力万达嘉华酒店收到了一封来自北京 2022 年冬奥会和冬残奥会组织委员会的感谢信，北京奥组委对北京富力万达嘉华酒店在奥运会期间，围绕新冠肺炎疫情防控和住宿服务，做出的最高标准、最实措施表示赞许和感谢。

作为此次冬奥会的三大赛区之一，北京赛区在冬奥期间进行冰壶、冰球、滑冰三大赛事，其中，短道速滑、花样滑冰项目是中国的优势夺金项目。富力集团旗下北京富力万达嘉华酒店作为奥运会官方合作酒店，接待了中国短道速滑、花样滑冰团队，因高质量、贴心、专业的服务得到奥组委和奥运金牌团队的称赞。酒店高品质服务筑牢富力集团全球豪华酒店实力，为区域价值提升助力。

安保、防护细致培训

北京富力万达嘉华酒店位于北京西长安街延长线—首都休闲娱乐中心（CRD），毗邻首钢滑雪大跳台、万事达中心、北京射击馆、奥运小轮车馆。得益于优越的地理位置，酒店具备接待各类运动员得天独厚的优势。

2021 年 10 月，酒店提前开启了冬奥会接待的准备工作。按照冬奥组委规定，酒店增加测温和防疫设备，对各项设备设施进行逐一检查和保养。2022 年 1 月 6 日，酒店驻店保障组对酒店全局的监控设备区域进行检查，还进行了外币兑换演练，确保兑换流程顺畅。面对疫情带来的不确定影响，酒店邀请了专业医护人员对酒店员工进行防护培训和系统的酒店清洁。酒店为每个房间准备了冬奥服务手册，以保证酒店能够提供贴心服务。

北京市石景山区政府领导多次检查酒店的准备工作，认真听取冬奥驻店保障组及酒店汇报工作。石景山区政府领导认为，酒店各项准备工作有条不紊，得到政府的充分肯定。

闭环内运营是对酒店经营能力的一次大考。2022 年 1 月 20 日，北京富力万达嘉华酒店在冬奥开幕前就开始进行闭环管理。按照客人的具体需求，积极拥抱变化、保持高标准服务，将客人的体验感放在酒店运营的首要位置。

获冬奥会金牌团队感谢

2022 年 1 月 21 日，北京富力万达嘉华酒店迎来首位入住外宾。欧米茄团队的 Mr.Stephan Roese 办理入住手续，酒店总经理亲自迎接并为他送上鲜花和礼品。自此，北京富力万达嘉华酒店正式开启了冬奥住宿服务保障工作。

　　冬奥接待周期从 2022 年 1 月 21 日至 2 月 23 日，为期 34 天，其中 1 月 31 日至 2 月 17 日为高峰日期，为期 18 天，每天占用房间高达 274 间。酒店服务人员灵活适应外宾要求，及时关注客人各种需求。驻店保障团队及时与中外工作团队沟通住宿信息、航班信息、核酸数据等重要信息；中餐团队加班加点，为中方技术团队、保障人员、酒店员工每天准备盒饭近千盒；为适应不同国家的客人和运动员比赛时间，厨师按照客人需求数次调整供餐时间，调整菜品口味，准备了丰富的冬奥菜单，供客人选择。过年期间，厨师准备了美味的水饺，元宵节时准备了丰富多彩的汤圆，细致的服务获得各国客人的好评。冬奥会期间，酒店共接待来自加拿大、英国、美国、澳大利亚、德国、瑞士等多个国家的客人近 280 人。

　　面对突发情况，酒店也尽最大努力为客人排忧解难。1 月 24 日晚 11 时，英国客人 Mr. John Paul Goodall 将手机落在机场大巴上，焦急万分。酒店礼宾部主管乘坐闭环内出租车前往机场，经多方协调，在 3 个小时内就把丢失的手机找到。英国客人非常感谢礼宾部主管的辛勤努力。

　　2 月 5 日，中国短道速滑团体夺得中国体育代表团首金。2 月 7 日，男子短道速滑 1000 米再次夺金。2 月 19 日，花样滑冰双人滑为中国拿下第九金。酒店准备了香槟、巧克力蛋糕、水果拼盘，为冬奥团队归来庆祝胜利。

　　为此，冬奥会短道速滑队全体队员、冬奥会花样滑冰全体队员在感谢信中表示，酒店全体工作人员辛勤工作，满足了每一位客人的需求，让每一位入驻酒店的客人享受到了优质的服务。

承担社会责任

　　北京冬奥会最受热议的场地——首钢大跳台距离北京富力万达嘉华酒店距离仅 6.4 千米。首钢滑雪大跳台成为世界首例永久性保留和使用的滑雪大跳台场馆，在一年四季都将被充分利用。凭借着独特的区位优势，北京富力万达嘉华酒店将为运动爱好者和游客提供更加优质高效的服务。

　　除北京富力万达嘉华酒店外，富力集团联手万豪集团在延庆城区打造了北京延庆万豪酒店、北京延庆源宿酒店两家高端酒店，作为冬奥期间接待国际奥委会注册官员、境外注册记者的官方合作酒店，也为奥运会的成功举办贡献了自己的力量。

　　截至 2021 年年底，富力运营中的酒店已达 93 家，总房间数 28 192 间，是全球最大的豪华酒店业主。2021 年，富力酒店营业额由 2020 年度的 44.63 亿元增至 50.70 亿元。富力酒店在高质量经营、为股东创造业绩的同时，也在为社会持续创造价值。

　　富力酒店抓住了此次北京冬奥会契机，以最高标准、最实措施、最佳状态的专业服务，再一次筑牢了全球第一豪华酒店实力。

　　（资料来源：高品质服务筑牢全球豪华酒店实力 富力酒店顺利完成冬奥接待[EB/OL].（2022-04-06）. https://finance.sina.com.cn/stock/observe/2022-04-06/doc-imcwiwst0170924.shtml?finpagefr=p_115.）

思政思考题：
富力万达嘉华酒店是在怎样的外部、内部环境下完成冬奥会的接待服务的？

 练习题

一、简答题

1. 简述前台准备工作的基本内容。

2. 如何进行 VIP 客人用房的预分？

3. 入住登记的步骤有哪些？

4. 成功推销客房的前提是什么？

二、选择题

1. 客人与酒店之间建立正式的合法关系的基本环节是（   ）。

    A. 客房预订   B. 前台服务

    C. 入住登记   D. 结账服务

2. 前厅部接待员在销售客房时，重点向客人讲解的内容应该是（   ）。

    A. 客房的价格   B. 客房的价值

    C. 客房的等级   D. 客房的种类

3. 旅游旺季，住店客人要求延期居住，而当天酒店客房已预订满，前厅员工应（   ）。

    A. 把住店客人赶走   B. 将抵店客人安排在其他酒店

    C. 劝住店客人调房   D. 向抵店客人说明情况，调整其预订房的类型

三、判断题

1. 预订客人抵店时，总台接待员应礼貌地请其填写事先准备好的空白住宿登记表。

                    （   ）

2. 走客房是指客房的客人已退房，随时可出租使用的房间。 （   ）

四、案例分析

满足阿拉伯客商的需求

穆罕默德是一位来自阿拉伯国家的商人。一日在其随从的保护下，一行 4 人来到五星级的某大酒店。这家酒店素有"商旅之家"美誉，是一家很受商务、公务客人青睐的酒店，它拥有各类豪华客房。穆罕默德提出 4 人合住一高楼层、较静的豪华四间套的要求。不巧，酒店的该种豪华套间正准备改造，墙纸和地毯都已揭去，电梯也已关闭。因此总台服务员向客人提出了两个替代方案：一是提供两个相邻的两间套；二是穆罕默德本人租用一个豪华的两间套，三位随从可使用与此相连通的一个标准间，再另加一张床。但穆罕默德一行不允，坚持想先实地看看准备装修的四间套是什么状况，再做决定。总台服务员立即与大堂经理取得了联系，大堂经理引导他们看了房间，不料客人感到满意，执意要求住这个四间套。大堂经理及时向上级做了汇报，上级批示：尽快恢复房间服务，满足客人要求。酒店有关方面立即行动起来，地毯、家具就位，电话接通，电梯开通……而此时，穆罕默德一行 4 人暂在另两个标准间里稍做休息。

问题：

1. 为什么穆罕默德一行执意要求租住一个四间套房？

2. 这个案例带给我们前台接待人员哪些启示？

第五章　前厅系列服务

学习目标

通过本章学习，掌握前厅系列服务内容和要求；理解"金钥匙"服务的内涵；了解前厅各项服务的基本规程；熟悉门卫服务、行李服务、问讯服务、总机服务、商务中心和行政楼层服务的基本程序；了解各项服务的技能要求，进一步认识前厅部在酒店中的作用。

核心概念

礼宾服务　"金钥匙"服务　叫醒服务　行政楼层

引例

留下犹豫不决的客人

下午 6 时左右，某酒店总台来了三位客人，当客人提出要开特价房时，接待员很礼貌地告诉客人："对不起，先生，这种房间已售完，其他房间可以吗？"话音刚落，客人就不高兴了："怎么会没有呢，是不是你们骗我？"接待员耐心地向客人解释："先生，我们这种房间数量是有限的，每天只推出十几间，今天是周末，订这种房的客人比较多，一般到了下午这个时候就已订满了。如果您提前打电话跟我们预订，我们就可以帮您留出来。不过，您这次的房价我可以按贵宾的优惠给您打折，您看怎么样？"客人有些犹豫，但另外两位同伴已经不耐烦地说道："不住这里了，到××宾馆去，那里肯定有。"不过这位客人似乎对接待员的一番话有点儿心动，对他的同伴说："难得小姐这么热情地接待，就住这里算了。不过，说实在的，我最主要的还是觉得你们酒店客房特别安静，没有骚扰电话。"

原来不只是前台接待员的服务留下了客人，还有总机接线员的服务给客人留下了好印象。酒店总机接线员除了认真做好日常接线工作外，在客房电话控制上下了不少功夫，完全杜绝了那种扰人清梦的骚扰电话。她们的工作得到了客人的肯定。

上述案例从一个侧面告诉我们，作为"酒店形象代表"的前厅部员工在提供这些日常系列服务工作时，其服务水准关系到客人的满意程度。本章将介绍前厅系列服务的主要内容、基本程序和要求。

第一节 礼宾服务

为了体现酒店的档次和服务水准，许多高档次酒店都设立礼宾部，下设迎宾员、行李员、机场代表、委托代办等岗位。其职责范围有迎送宾客服务、行李服务、递送邮件、留言单以及客人委托代办的各种服务等。礼宾部的员工是在酒店最先迎接客人和最后送走客人，并向客人推销酒店和宣传酒店的服务群体，他们的服务直接关系到宾客对酒店的第一印象和最后印象。

一、店门迎送服务

店门迎送服务主要由门卫负责，门卫也称迎宾员或门童。他们一般穿着高级华丽、标志醒目的酒店制服，站在正门处，代表酒店欢迎来店客人并送走离店客人。门卫工作责任重大，他们象征着酒店的礼仪，代表着酒店的形象，起着仪仗队的作用。所以门卫在岗时，要着装整洁，精神饱满，思维敏捷，动作迅速，姿势规范，语言标准。同时，要热情、讲礼貌，创造一种热情欢迎客人的气氛，满足客人受尊重的心理需求。门卫通常由高大英俊的青年男子担任，这样可以与高档雄伟的酒店建筑和门面相融合。但也有些酒店启用气质好、仪表端庄的漂亮女性或具有绅士风度的长者做门卫。还有的酒店雇用外国人做门童，使酒店更具异国情调，可增强酒店对国内外宾客的吸引力。

门童主要有如下职责。

（一）迎接宾客

（1）客人抵店时，向客人点头致意，表示欢迎，并道声"欢迎光临"。如客人乘车，应把车辆引导到客人容易下车的地方，车停稳后，替客人打开车门，然后热情地向客人致意并问候。对重要客人及常客应能礼貌、正确地称呼客人的姓名。

开车门时，要用左手拉开车门成70度左右，右手挡在车门上沿，为客人护顶，防止客人碰伤头部（但对信仰佛教或伊斯兰教的客人不能护顶）。关车门时，也要小心，注意勿夹、触碰客人的手或脚，同时要注意扶老携幼。

（2）准确、及时地为客人拉开酒店正门（自动门、旋转门则可不必），如果客人的行李较多，应帮助客人提拿行李，在进入大厅前交给行李员。

（3）住店客人进出酒店时，同样要热情地招呼致意，要努力记住重要客人和常客的姓名，以示尊重。

（4）如遇雨天，应打伞为客人服务，并礼貌地请客人擦干鞋底后进入大厅。客人随身携带的雨伞，也应锁在伞架上。酒店还要向客人提供使用雨伞的服务，以方便客人。

（5）团体客人到店前，应做好迎接的准备工作，团体大客车到店时，应维持好交通秩序，迎接客人下车。对一般客人要点头致意并问好，对行动不便的客人要扶助他们下车，对随身行李较多的客人，应帮助提行李。客人下车后，要示意司机把车开走，或停在酒店附近适合停车的地方。

（二）送别宾客

（1）客人离店时，主动热情地为客人叫车，并把车引导到合适的位置。等车停稳后，拉开车门，请客人上车、护顶，并向客人道别，感谢客人的光临，预祝客人旅途愉快。然后，等客人坐稳后再关上车门。

（2）客人如果有行李，应协助行李员将行李装好，并请客人核实。

（3）当客人的汽车启动时，挥手向客人告别，目送客人，以示礼貌和诚意。

（4）送别团队客人时，应站在车门一侧，向客人点头致意，并注意客人的上车过程，如发现有行动不便的客人，扶助其上车。等人都到齐后，示意司机开车，并向客人挥手道别，目送客人离店。

（三）其他日常服务

1. 安全服务

（1）与保安部人员一起，注意出入者的动向，保持高度的警惕性，对个别形迹可疑者谢绝入内，必要时通知保安部甚至公安部门处理，确保酒店安全。对于衣冠不整者，应尽可能地劝其穿戴整齐后再进入大厅。

（2）随时注意酒店大门上所有部件的完好程度，如发现故障，随时排除或迅速通知维修人员修理。确保无碰撞、挤压客人和行李等现象发生。

2. 回答客人问讯

门卫因工作岗位的位置特殊，经常会遇到客人问讯。对此，要以热情的态度准确地答复客人。如果对客人的问题没有把握，应向客人表示歉意，并礼貌地请客人到问讯处询问。要注意，绝不可用"不知道""不清楚"这样简单生硬的否定性语言答复客人，对于自己不确定的答复应引导客人咨询酒店的问讯台。

3. 调度门前交通

掌握酒店门前交通、车辆出入以及停车场的情况，准确迅速地指示车辆停靠地点，确保酒店门前车道通畅。负责大门口附近的清理工作。

案例 5-1

迎宾员小李哪里做错了？

一辆高级轿车向酒店驶来，停靠在酒店门前。迎宾员小李看清车上有三位欧美客人，两位男士坐在车后，一位女士坐在前排副驾驶位上。小李上前一步，以麻利规范的动作为客人打开后门，做好护顶，并向客人致意问候。客人下车后，关好后门，小李又迅速走到前门，准备以同样的礼仪迎接那位女士下车。但那位女士满脸不快，这使小李不知所措。

【分析提示】

通常后排为上座。优先为重要客人提供服务是酒店服务程序的常规，但女士优先又是西方国家社交场合应遵循的礼仪与习惯。作为服务员应灵活执行服务程序，正确处理服务规范与文化传统的关系。

二、行李服务

行李服务是前厅部向客人提供的一项重要服务。由于散客和团队客人有许多不同的特点，所以其行李服务的程序也不相同。

（一）散客行李服务

1. 散客入住行李服务

（1）客人乘车抵店时，行李员主动上前迎接，向客人表示欢迎。客人下车后，迅速卸下行李，请客人清点行李件数，查看行李有无破损，并记住客人所乘坐到酒店的车辆的车牌号码。

（2）引导客人进入前厅至总台。当客人行李件数少时，可用手提；行李多时，要使用行李车。对客人的贵重物品及易碎品，如相机、手提包等，不必主动提拿；如果客人要求行李员提拿，则应特别小心，防止丢失和破损。装行李车时，注意大件行李和重的行李要放在下面，小而轻的行李放在上面，并要注意易碎及不能倒置的行李的摆放。

引领客人时，行李员要走在客人的左前方，距离两三步，步伐节奏要与客人保持一致，拐弯处或人多时，要回头招呼客人。

（3）等候客人。引领客人到接待处后，行李员放下行李，站在总台边侧客人身后 1.5 米处，等候客人办理住宿登记手续。

（4）引领客人至客房。客人办完入住登记手续后，行李员要主动上前从接待员手中领取房间钥匙，帮助客人提行李，并引领客人到房间。途中，要热情主动地问候客人，向客人介绍酒店的服务项目和设施。

（5）乘电梯。引领客人到达电梯口时，放下行李，按电梯按钮。当电梯门打开时，用一只手扶住电梯门，请客人先进入电梯，然后进梯靠边侧站立并按楼层键。出电梯时，请客人先出，然后继续引领客人到房间。

（6）敲门进房。到达房间门口，要先按门铃或敲门，房内无反应再用钥匙开门。开门后，立即打开电源总开关，退至房门一侧，请客人进房间。将行李放在行李架上或按客人吩咐放好，将钥匙交还给客人。要注意行李车不能推进房间。进房后，如发现房间有客人的行李或未整理，或是客人对房间不满意，要立即向客人致歉，并与前台联系，为客人换房。

（7）介绍房间设施及使用方法。放好行李后，简要介绍房内的主要设施及使用方法，如房间朝向、空调开关及棉被的位置、冰箱的位置及小酒吧的使用方法，床头控制开关的使用方法，等等。如果客人以前住过本店，则不必介绍。

（8）退出房间。介绍房间完毕，询问客人是否还有其他需求。在客人无其他要求时，向客人道别，并祝客人在本店住得愉快。迅速离开，将房门轻轻拉上。

（9）离开房间后迅速走员工通道返回礼宾部，填写散客入住行李搬运记录。

2. 散客离店行李服务

（1）站在大门口两侧及前台边侧的行李员见到有客人携带行李离店时，应主动上前提供服务。

（2）当客人用电话通知礼宾部要求派人运送行李时，应有礼貌地问清房号、姓名、行李件数及搬运时间等，并详细记录。然后按时到达客人所在的楼层。

（3）进入房间前，要先按门铃，再敲门，征得客人同意后才能进入房间，并与客人共同清点行李件数，检查行李有无破损，然后与客人道别，迅速提着行李（或用行李车拖行李）离开房间。如果客人要求和行李一起离开，要提醒客人不要遗留物品在房间，离开时要轻轻关门。

（4）来到大厅后，要先到收银处确认客人是否已结账，如客人还未结账，应有礼貌地告知客人收银处的位置。客人结账时，要站在离客人身后 1.5 米处等候，待客人结账完毕，将行李送到大门口。

（5）送客人离开酒店时，再次请客人清点行李件数后再装上汽车，提醒客人交回房间钥匙，向客人道谢，祝客人旅途愉快。

（6）完成行李运送工作后，将行李车放回原处。填写散客离店行李搬运记录。

（二）团队客人行李服务

团队行李通常由接待单位从车站、码头、机场等地装车运抵酒店。团队离店时的行李也由接待单位运送。而酒店的工作是按团名清点行李件数，检查行李有无破损，并做好交接手续，做好店内的行李运送工作。

1. 团队行李入店服务

（1）团队行李到达时，负责交接的行李员应与送行李的来人清点行李件数，检查行李的破损及上锁情况，在该团"团队行李记录表"（见表 5-1）中写上行李到店的时间、件数，按编号取出该团的订单。核对无误后，请送行李的来人签名。如行李有破损、无上锁或其他异常情况（提手、轮子损坏，行李裂开，行李潮湿），须在记录表及对方的行李交接单上注明，并请来人签字证明。

表 5-1　团体行李记录表
BAGGAGE RECORD FOR GROUP

房号 ROOM NO.	行李数量 PIECES	房号 ROOM NO.	行李数量 PIECES	NAME OF GROUP：团体名称	
				DATE & TIME：日期及时间	
				DELIVERED BY：递送人	
				COLLECTED BY：收集人	
				入住数量 IN AMOUNT	迁出数理 OUT AMOUNT
				REMARKS：备注	

（2）清点无误后，立即在每件行李上系上行李牌；如果该团行李不能及时分送，应在

适当地点码放整齐，用行李网将该团所有行李罩在一起，妥善保管。要注意将入店行李与出店行李，或是几个同时到店的团队行李分开摆放。

（3）在装运行李之前，再次清点检查一次，检查无误后才能装车，走行李通道送行李上楼。装行李时应注意同一楼层的行李集中装运。同时送两个以上团队行李时，应由多个行李员分头负责运送或分时间单独运送。

（4）行李送到楼层后，应将其放在门一侧，轻轻敲门三下，报称"行李员"。客人开门后，主动向客人问好，把行李送入房间内，等客人确认后，热情地向客人道别，迅速离开房间。如果客人不在房间，应将行李先放到房间行李架上。

（5）行李分送完毕，经员工通道迅速回到礼宾台，填写团队行李进出店登记表。

2. 团队行李离店服务

（1）按接待单位所定的运送行李时间或在已确定的所乘交通工具出发之前两小时，带上该团队订单和已核对好待登记行李件数的记录表，取行李车，上楼运行李。

（2）到达团队的楼层后，按已核对的团队订单上的房号逐间收取行李，并做好记录，收取行李还要辨明行李上所挂的标志是否一致。

若按时间到楼层后，行李仍未放到房间门口，要通知该团陪同，并协助陪同通知客人把行李拿到房门口，以免耽误时间。对置于房间内的行李不予收运。

（3）行李装车后，立即乘行李专梯将行李拉入指定位置，整齐排好。找陪同（或领队）核对行李件数是否相符，有无错乱；如无差错，请陪同在团队订单上签名，行李员同时签字。

（4）行李离店前，应有人专门看管，如行李需很长时间才离店，须用绳子把它们拴起来。团队接待单位来运行李时，须认真核对要求运送的团名、人数等，核对无误后才将行李交给来人，并请来人在团队订单上签名。

（5）行李完成交接后，将团表交回礼宾部并存档。

（三）客人换房时行李服务

（1）接到总台换房通知，要问清客人房间号码，并确认客人是否在房间。

（2）到客人房间时，要先敲门，经过客人允许方可进入。

（3）与客人一起清点要运送的行李及其他物品，将它们小心地装上行李车。

（4）带客人进入新房间后，帮助客人把行李放好，然后收回客人的原房间钥匙和住房卡，将新房间的钥匙和住房卡交给客人，如客人没有其他服务要求，向客人道别，离开房间。

（5）将客人的原房间钥匙和住房卡交给总台服务员。

（四）客人存取行李服务

（1）客人要求寄存行李时，要礼貌地向客人征询所住房号、姓名等。原则上只为住店客人提供免费寄存服务，若团队行李需要寄存时，应了解团号、寄存日期等信息。

（2）礼貌地询问客人所寄存物品的种类，向客人说明贵重物品，易燃、易爆、易碎、易腐烂的物品或违禁物品不能寄存。

（3）请客人填写一式两份的行李寄存卡，或由客人口述，行李员代为填写，请客人过目后签字。行李寄存卡的形式通常由两份相同的表格组成，下面的一份交给客人，作为取行李的凭证，上面的一份系在所寄存的行李上（见图 5-1）。同时做好行李暂存记录（见表 5-2）。

行李寄存收据
LUGGAGE CLAIM

	No 002034
姓名 Name	
日期 Date	房号 Room No.
行李件数 No. of Bags	
提取日期 Date of claim 宾客签名 Guest Signature	
经手人 Handled by	
	No 002034
寄存日期 Date stored	房号 Room No.
姓名 Name	
行李件数 No. of Bags	
经手人 Handled by	

图 5-1 行李寄存收据

表 5-2 行李暂存记录

暂存记录   日期
TEMPORARY STORAGE RECORD   Date:
住客必须使用行李保管条提取暂存之行李：
STORAGE TAGS MUST BE PRESENTED TO RECLAIM BAGGAGE

客人姓名 Guest Name	房号 Room No.	存放时间 In Time	件数 Pcs	保管条号 Tag No.	存放人 In By	提取人 Out By	客人签署 Guest Signature	提取时间 Out Time	备注 Remark

（4）将行李放入行李房中，分格整齐摆放。同一客人的行李要集中摆放，并用绳子串在一起。行李房要上锁，钥匙由行李领班或礼宾主管亲自保管。

（5）客人提取行李时，先请客人出示行李寄存凭证，然后与系在行李上的寄存卡核对，如果两者完全符合，当面点清行李件数，然后把行李交给持寄存凭证的客人，并请客人在行李暂存记录上签名。

（6）如果需要客人等待，应按行李寄存卡上的姓名称呼客人，请客人稍候。

（7）如客人丢失寄存卡，一定要凭借足以证实客人身份的证件放行行李，并要求客人写出行李已取的证明。如不是客人本人来领取，一定要请他出示证件，并登记上证件号码，否则不予放行。

（8）帮助客人运送行李至指定地方，向客人道别。

三、酒店代表服务

酒店代表在机场、车站、码头等主要出入境口岸迎接客人，提供有效的接送服务，及时向客人推销酒店产品，是酒店整体服务的向外延伸及扩展，也是酒店对外的宣传窗口。酒店代表的服务将给客人带来酒店服务的最初印象。

为了树立酒店的良好形象，争取更多的客源，酒店代表必须具有强烈的责任心、自觉性、灵活性及独立工作能力和较强的业务推销能力，要着装整洁、仪表端庄，形象气质良好。以下为酒店代表服务的一般内容和程序。

（1）定时从预订处取得需要接站的客人名单，掌握客人到达航班或车次。

（2）确认客人抵达安排无误后，在客人抵达的当天，根据预订的航班、车次或船次时间提前做好接站准备，写好接站告示牌，安排好车辆，整理好仪表仪容，提前半小时至一小时到站等候。

（3）到站后，注意客人所乘航班、车（船）次到站时间的变动情况，若有延误或取消，应及时准确通知酒店前台。

（4）迎接到客人时，要主动问好，表示欢迎，并向客人介绍自己的身份和任务。同时，帮助客人提拿行李，引领客人上车。

（5）随时掌握客房可利用的信息，准确掌握各种交通工具到站时间。对无预订的散客，要主动同客人联系，介绍酒店的产品和服务，推销客房。

（6）在行车途中，要提醒客人注意安全，并简要介绍酒店的服务项目和城市风貌。

（7）将客人接到酒店后，引领客人到总台办理入住手续，并询问客人是否需要提供离店服务。

（8）VIP客人接站到店后，请客务关系经理或大堂副理为客人办理入住登记手续。若没有接到VIP客人或指定要接的客人，要立即与酒店接待处取得联系，查找客人是否已乘车抵达酒店。返回酒店后，要立即与前台确认客人具体情况并弄清事实及原因，向主管汇报清楚，并在接站登记簿上和交班簿上写明。

（9）准确掌握 VIP 客人和其他需送站客人的离店时间以及所乘交通工具的航班、车（船）次和离站时间。主动安排好车辆，并提前10分钟在酒店门口恭候客人。

（10）按时将客人送到机场、车站或码头，主动热情地向客人道别，并祝客人一路平安，使客人产生亲切感、惜别感。

案例 5-2

"机场管家"服务

中国大酒店把机场与酒店之间的服务称为"机场管家"。只要预订了该酒店的机场轿车接送服务，就可以免费享受机场管家服务。这种服务最大的特点是"方便、快捷、安全"，客人一下飞机就能看到专门的迎接人员已经等在那里，他们会帮助客人办理入境手续、行李检查和通关事宜，不仅避免了时间的浪费，同时又能保证客人的安全，也不会因为语言不通造成不便。能够体验这种服务的大多以商务客人为主，他们是一群非常注重服务质量的高品位者，体验过的客人都非常满意。有些客人甚至与接待人员成了朋友，宾客与服务人员之间没有距离感和生疏感。

【分析提示】

将酒店的整体服务延伸到机场，使客人一走出机舱口就开始体验"机场管家"热情、细致、周到的贴身服务，保证了客人出行的安全和顺利。这种服务超越客人的需求，让客人喜出望外。客人从这里就已经对酒店产生了美好印象。

四、"金钥匙"服务

（一）金钥匙的概念

"金钥匙"起源于法语单词 concierge，原意为"钥匙保管者"，指古代酒店的守门人，负责迎来送往和酒店的钥匙的保管。在现代酒店业中，金钥匙已成为向客人提供全方位、一条龙服务的代称。只要不违反道德和法律，任何事情金钥匙都尽力办到，而且要办好，以满足客人的需要。

金钥匙的服务内容涉及面很广：向客人提供市内最新的流行信息、时事信息和举办各种活动的信息，并为客人代购歌剧院和足球赛的入场券；或为城外举行的团体会议作计划；满足客人的各种个性化需求，包括计划安排在国外城市举办的正式晚宴；为一些大公司作旅程安排；照顾好那些外出旅行客人和在国外受训的客人的子女；甚至可以为客人把金鱼送到地球另一边的朋友手中。

（二）国际金钥匙组织

1929 年 10 月，金钥匙协会在法国巴黎成立。创立者为当地几家大酒店的 11 位委托代办，他们认为联合起来组成一个同心协力的团体，就会有更高的效率来提升服务品质。随后，欧洲其他国家也相继开始建立类似的协会。

1952 年 4 月，来自欧洲九个国家的礼宾司代表在法国东南部的戛纳举行了首届年会并创办了"欧洲金钥匙大酒店组织"（Union Europeene des Portiers des Grand Hotel，UEPGH）。来自法国巴黎 SCRIBE 酒店的礼宾司费迪南德·吉列特先生被推选为该组织的主席。作为金钥匙组织的主要创始人，吉列特先生一生为金钥匙事业呕心沥血，后被尊称为"金钥匙之父"。

1970 年，"欧洲金钥匙大酒店组织"更名为"国际金钥匙大酒店组织"（Union International Portiers Grand Hotel，UIPGH），这标志金钥匙组织从欧洲范围扩大到整个世界，成为一个国际性组织。在 1997 年又变成了今天的名称"国际金钥匙组织"（Union International des Concierges Hotels，UICH）。

国际金钥匙组织的标志是两把金光闪闪的交叉金钥匙。它代表着酒店金钥匙的两种职能：一把金钥匙用于开启酒店综合服务的大门，另一把金钥匙用于开启城市综合服务的大门。也就是说，酒店金钥匙成为酒店内外综合服务的总代理。国际金钥匙组织利用遍布全球的会员所形成的网络使金钥匙服务有着独特的跨地区、跨国界的优势。万能的金钥匙可以帮助客人解决一切难题。在国际上，"金钥匙"已成为高档酒店个性服务的重要标志。

国际金钥匙组织现在发展到 36 个国家和地区，成为国际化、网络化、专业化、个性化的服务品牌，已成为越来越多旅客入住酒店的第一选择。

（三）中国酒店金钥匙的服务理念

中国酒店金钥匙的服务理念是在不违反当地法律和道德观的前提下，使客人获得"满意+惊喜"的服务，让客人自踏入酒店到离开酒店，自始至终都感受到一种无微不至的关怀和照料。

特别是目前中国的旅游服务必须考虑到客人的吃、住、行、娱、游、购六大内容。酒店金钥匙的一条龙服务正是围绕着宾客的需要开展的。例如从接客人订房、安排车到机场、车站、码头接客人；根据客人的要求介绍各特色餐厅，并为其预订座位；联系旅行社为客人安排好导游；当客人需要购买礼品时帮客人在地图上标明各购物点；等等。最后当客人要离开时，在酒店里帮助客人买好车、船、机票，并帮客人托运行李物品；如果客人需要的话，还可以订好下一站的酒店并与下一城市酒店的金钥匙落实好客人所需的相应服务。让客人从接触酒店开始，一直到离开酒店，自始至终都感受到一种无微不至的关怀。人们不难想象酒店金钥匙对城市旅游服务体系、酒店本身和旅游者带来的影响。

对中外商务旅游者而言，酒店金钥匙是酒店内外综合服务的总代理，一个在旅途中可以信赖的人，一个解决麻烦问题的人，一个个性化服务的专家。

中国酒店金钥匙服务理念的核心，是在实现社会利益和团体利益最大化的同时实现个人利益的最大化，追求社会、企业、个人三者利益的统一。满意加惊喜是中国酒店金钥匙的服务目标；用心极致是中国酒店金钥匙的服务精神；快乐工作是中国酒店金钥匙的人生追求。由此可见，中国酒店金钥匙的服务观是建立在肯定人性作用的基础上的，把服务他人作为快乐之源，是中国酒店服务人员的最高职业境界。

"金钥匙"在中国最早于1995年出现在广州白天鹅宾馆。如今，中国酒店金钥匙组织已发展到相当大的规模。有关资料显示，中国金钥匙是全球唯一的网络化、专业化、个性化和国际化的品牌服务体系。它致力于培养宾客生活和旅途中最可信赖的人，是全球跨界的极致服务产品和极致服务的提供组织。

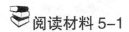

阅读材料 5-1

金钥匙服务哲学

金钥匙始终信奉"心甘情愿地服务，满怀自豪地服务"的服务哲学，并一以贯之。

金钥匙的价值观极致、简约，而又有深刻内涵。"传承友谊，用心服务"意味着要始终如一地相互帮助、相互友善。"我们一言九鼎，言而有信"诠释着信任。"今天我的客人就是明天你的客人"描述了世界各地的金钥匙如何携手合作。

国际金钥匙组织的前任荣誉主席马乔里·西尔弗曼也曾是一名金钥匙。他最早界定了金钥匙的六大特征：

好奇心（curiosity）：金钥匙对他人、世界、旅行和旅游行业充满好奇。

创造力（creativity）：金钥匙乐于创新并积极主动。

自信心（confidence）：金钥匙始终保持自信，绝不会犹豫不决。

感召力（charisma）：这个词来自希腊语，意思是一个人拥有的魅力天赋。

胜任力（competence）：金钥匙切实且高效。他们理解自身的角色，并使之与酒店的服务使命密切吻合。

彬彬有礼（courteousness）：金钥匙始终展现出文明礼貌。

中国酒店金钥匙会员资格及入会考核标准包括以下几点。

（1）只有在酒店大堂柜台工作的前台部或礼宾部高级职员才能被考虑接纳为金钥匙组织的会员。

（2）年龄21岁以上，人品优良，相貌端庄。

（3）从事酒店业5年以上，其中3年必须在酒店大堂工作，为酒店客人提供服务。

（4）有两位中国酒店金钥匙组织正式会员的推荐信。

（5）申请人所在酒店总经理的推荐信。

（6）过去和现在从事酒店前台服务工作的证明文件。

（7）掌握一门以上的外语。

（8）参加过由中国酒店金钥匙组织提供的服务培训。

 案例 5-3

跨国界服务的金钥匙

2021年4月的一天，A酒店的"金钥匙"打电话给广州B宾馆的"金钥匙"，称该店一名已赴广州的住客误拿了一位新加坡客人的行李，当新加坡客人发现时，这位客人已经在飞往广州的途中，请求广州B酒店方面帮忙协助查找。广州B酒店的"金钥匙"立即赶赴机场截回了被误拿的行李。但当他们回复A酒店时，A酒店方面却告知这名新加坡客人已飞赴香港。于是，他们又与香港某酒店的"金钥匙"联系，香港"金钥匙"接报后，马上到香港启德机场找到了新加坡客人，告知他的行李找到了。而这位客人因急于赶回国则要求他们将其行李从广州直接寄运至新加坡。于是，广州B酒店的"金钥匙"就用特快专递将客人的行李发送新加坡，然后再次与新加坡的同行落实此事。两天后，新加坡"金钥匙"发来传真，告知这件几经周折的行李已完璧归赵，安全送到客人手中。至此，一个中外酒店"金钥匙"携手合作的故事画上了一个完美的句号。

【分析提示】

这是一个典型的跨国界跨地区酒店"金钥匙"多点合作的成功案例。酒店金钥匙的服务不是一般意义上的服务，而是竭尽所能为客人排忧解难。现在国际酒店金钥匙组织在全球已经形成网络，这种网络将使金钥匙服务发挥出更加巨大的优势。

（四）金钥匙的服务项目

"金钥匙无所不能，在合法的基础上，客人的任何要求都能满足。"这意味着金钥匙服务是无疆界和无止境的。从中国酒店业发展趋势来看，金钥匙将会越来越受重视。中国酒店金钥匙服务项目包括以下几种。

（1）行李及通信服务，如运送行李，发电报、传真、电子邮件及提供人工传递服务。

（2）问讯服务，如指路等。

（3）快递服务，如国际托运、国际邮政托运、空运、紧急包裹、国内包裹托运等。

（4）接送服务，如汽车服务、租车服务、接机服务。

（5）旅游，如个性化旅游服务线路介绍。

（6）订房服务，如根据房价、房类、折扣信息订房或取消预订。

（7）订餐服务，如推荐餐馆。

（8）订车服务，如汽车及轿车等租赁代理。

（9）订票服务，如飞机票、火车票、戏票。

（10）订花服务，如鲜花预订、异地送花。

（11）其他，如美容、按摩、跑腿、照顾儿童等。

五、其他服务

礼宾部的服务范围较广，各酒店根据自身实际情况服务内容有所不同，比较常见的服务项目有以下几种。

1. 呼唤找人

应住客或访客的要求，行李处的服务人员可举着写有客人姓名的寻人牌（牌上装有低音量铃铛或蜂鸣器），在酒店规定的公共区域内呼唤找人。在提供此项服务时，服务人员应注意自己的步伐节奏和音量控制，以免影响大堂的气氛。

2. 递送邮件与留言

为了不打扰客人，服务人员一般是将客人的留言条、普通信件或报纸从门缝底下塞入房间。但传真、挂号信、包裹、汇款单等重要邮件的递送，则一定要面交客人，并请客人在登记本上签收。在提供此项服务时，需注意以下几点：不得延误；在邮件及留言单上打上时间；不得拆阅客人的邮件或留言；完成任务后，须填写工作任务记录表；如需将邮件送给餐厅或大堂的客人时，最好用托盘。

3. 预订出租车

服务人员应将客人的订车要求准确及时地填写在出租车预订表内，书面通知本酒店或出租汽车公司的预约服务台，并留意落实情况。如所订的车辆未能准时抵达，应迅速另找车辆代替，同时把车辆未能准时到达的情况记录下来。

4. 代客人泊车

有些酒店专设泊车员（Car Park Valet）负责客人的车辆停放。客人驾车来到酒店，泊车员将车辆钥匙寄存牌交给客人，并将客人的车开往停车场。提供此项服务时，要注意检查车内有无遗留的贵重物品，车辆有无损坏之处。车辆停妥后，应将停放车辆的地点、车位、车号、经办人等内容填写在记录本上。客人用车时，经出示寄存牌，泊车员去停车场将客人的汽车开到酒店大门口，交给客人。

第二节 问 讯 服 务

住店客人来自四面八方，必然有很多情况需要了解、需要询问，酒店的每一位员工都应随时回答客人的询问，协助解决客人的困难。酒店在前台设有问讯处，就是为了方便客人、帮助客人，使酒店服务达到完美的境界。问讯处除了向客人提供问讯服务，还要受理客人留言，处理客人邮件，等等。

一、咨询服务

客人要询问的问题很多，包括酒店内部信息和酒店外部信息。

（一）酒店内部信息的咨询服务

有关酒店内部信息的咨询通常涉及以下几个方面。

（1）中西餐厅、酒吧、商场、商务中心所在的位置及营业时间。

（2）会议、展览会举办场所及时间。

（3）酒店提供的其他服务项目、营业时间及收费标准，如健身服务、娱乐服务、洗衣服务等。

问讯员要做出使客人满意的答复，必须熟悉本酒店所有的服务设施、服务项目和经营特色，以及酒店的各项有关政策，并积极、热心地向客人宣传和推销酒店产品。

（二）酒店外部信息的咨询服务

客人对酒店外部信息的咨询涉及面非常广，这就要求问讯员必须有较宽的知识面，并掌握大量的相关信息。比如，要懂得外事接待礼仪、礼节和沟通技巧；熟悉主要客源国历史、地理及风土人情；掌握当地主要餐馆、康乐场所和购物中心的营业时间、交通情况、电话号码；掌握酒店附近银行、邮局、教堂、医院的情况；了解飞机航班、车次的到离时间；熟悉当地各级政府机关、社会团体、外事机构的办公地点和电话号码；等等。

为了提供准确的咨询服务，柜台要配有相关资料、电脑等设备用品，并对资料不断地更新补充。在回答客人询问时，问讯员要接待热情、主动、耐心，做到百问不厌。答复要肯定而准确，语言流畅、简明扼要。不能做出模棱两可的回答，更不可推托、不理睬客人，或简单回答"不行""不知道"。对不能回答或超出业务范围的问题，应向客人表示歉意并迅速查阅电脑或有关资料，或者请示有关部门后再作回答。

随着互联网的普及，智慧手机的使用，对酒店外部信息的咨询逐渐减少了。

二、查询服务

这里的查询是指非住店客人查找住店客人的有关情况，对此应在不涉及客人隐私的范围内予以回答。

（一）查询住店客人有关情况

查询住店客人情况的主要内容有：客人的房号；客人是否在酒店；有无他人来访问客人。对这些查询，问讯员应先问清来访者的姓名，与住店客人的关系，等等。然后打电话到被查询者的房间，经该客人允许后，才可以让来访者去找住店客人；如果住客不在房内，切不可将住客的房号及电话号码告诉来访者，也不可以让来访者到房间找人，以保护客人的隐私权，避免出现差错和纠纷。如果查明客人尚未抵店，请对方在客人预订抵店的日期再来询问；如果查明客人已退房，则向对方说明情况。除已退房客人有委托外，一般不可把客人离店后的去向和地址告诉来访者。

（二）电话查询住店客人情况

接到店外打来的查询住店客人的电话时，问讯员必须注意了解以下几方面内容。

（1）客人姓名。中文名字要问清楚每个字的发音；英文名字的查询应更加仔细，认真地区别易读错的字母，要特别注意普通话发音与广东话发音的区别，以及华侨、外籍华人使用英文名字、汉语拼音姓氏的情况。

（2）查到了客人的房号，应征求客人意见，看客人是否愿意听电话，经客人同意后，才可将电话接到房间。

（3）若房间没有人接听电话，可建议打电话者留言或稍后再打电话来查询，不可将住客房号告诉打电话者。

（4）团队客人的查询电话，要问清客人的国籍、旅行团名称、何时到店等信息，具体查询要求与散客相同。

（三）客人要求房号保密的处理

有时住店客人由于某种原因，会要求酒店对其房号进行保密。做好这项服务工作，小则可防止住客受到不必要的干扰，大则可以保证客人的住店安全和预防各类案件的发生，问讯员在未征得客人同意时，是不可泄露其房号的，这时可采用以下几种处理办法。

（1）客人要求房号保密时，要问清保密程度，例如，是绝对保密，还是只接听某些电话、只接待某位客人的来访等。

（2）记录需保密的房号、起止时间和其他特殊要求。

（3）电话总机做好保密工作。例如来电查询要求保密的客人时，接线员应告诉来电话者该客人未入住本店。

（4）电脑上设保密标记。

（5）当有人来访问要求保密的客人时，一般以客人没有入住为理由予以拒绝。

（6）当客人要求解除保密或改变保密程度时，要认真做好记录，取消或更改电脑上的标记，并通知电话总机。

 **案例 5-4**

为住店客人保密

一天，有两位外宾来酒店总台，要求协助查找一位叫帕特森的美国客人是否在此下榻，并想尽快见到他。总台接待员立即进行查询，果然有位叫帕特森的先生。接待员于是接通客人的房间电话，但长时间没有应答。接待员便和蔼地告诉来访客人，确有这位先生住宿本店，但此刻不在房间，也没有他的留言，请来访者在大堂休息等候或另行约定。

这两位来访者对接待员的答复不太满意，并一再说明他们与帕特森先生是相识多年的朋友，要求总台接待员告诉他的房间号码。总台接待员和颜悦色地向他们解释："为了住店客人安全，本店有规定，在未征得住店客人同意时，不得将房号告诉他人。两位先生远道而来，正巧帕特森先生不在房间，建议您可以在总台给帕特森先生留个便条，或随时与酒店总台联系，我们乐意随时为您服务。"来访客人听了接待员这一席话，便写了一封信留下来。

晚上，帕特森先生回到酒店，总台接待员将来访者留下的信交给他，并说明为安全起见和不打扰客人休息的缘由，总台没有将房号告诉来访者，敬请先生原谅。帕特森先生当即表示予以理解，并表示这条规定有助于维护住店客人的利益，值得赞赏。

【分析提示】

"为住店客人保密"是酒店服务的原则，但要处理得当。这位接待员始终礼貌待客，耐心向来访者解释，并及时提出合理建议。由于解释中肯，态度和蔼，使来访者提不出异议，并且对这家酒店严格的管理留下深刻的印象。从这个意义上讲，维护住店客人的切身利益，以安全为重，使客人放心，这正是酒店的一种无形的特殊服务。

三、留言服务

来拜访住客的来访者未见到住客，或者住客外出前未见到约定的来访者，都可以通过问讯处的留言服务及时帮助他们传递信息，保证客人活动的正常安排。

（一）访客留言

当被访的住店客人不在酒店时，问讯员应主动向来访者建议留言。如果客人愿意留言，将"访客留言单"交给客人填写，然后由问讯员过目后由客人签名；也可由客人口述，问讯员记录，客人过目签名。访客留言单一式三联，填写好后的留言单第一联放在钥匙架上；第二联送电话总机，由接线员开启客房电话机上的留言指示灯；第三联交行李员从客房门下送入客房。

由于留言具有一定的时效性，所以留言服务的基本要求就是：传递迅速、准确。有的酒店规定问讯员每隔一小时打电话到客房通知客人留言内容。这样可以保证客人在回房间一小时之内得知留言的内容。为了对客人负责，对不能确认是否住在本店的客人，或是已退房离店的客人，不能接受访客留言，除非离店客人有委托。

（二）住客留言

住客留言是住店宾客给来访者的留言。宾客离开客房或酒店时，希望给来访者留言，问讯员应请宾客填写"住客留言单"。住客留言单通常一式两联，问讯处与电话总机各保存一联。来访客人到达酒店后，问讯员或话务员可将留言内容转告来访者。提供住客留言服务时应注意以下几点。

（1）为了确保留言内容的准确性，尤其在受理电话留言时，应注意掌握留言要点，做好记录，并向对方复述一遍，以得到对方的确认。

（2）交接班时，要将留言受理情况交代清楚。

四、邮件服务

邮件的种类很多，包括信件、传真、包裹等。处理进出店的邮件也是问讯处的一项服务工作。

（一）进店邮件处理

处理进店邮件的基本要求是细心、准确、快捷、保密。特别是商务客人的商务信函、邮件等，直接关系到客人的生意进展程度，处理正确与否关系重大。

（1）收到邮局送来的当日邮件时，应仔细清点，并在邮件收发登记簿上登记。然后将邮件分类，分为酒店邮件和客人邮件两类。酒店邮件请行李员送到有关部门。

（2）对寄给住店客人的邮件根据邮件上的信息查找客人，按客人房号发一份住客通知单，通知客人来取。

（3）寄给住店客人名单上查无此人的邮件，应根据不同情况进行处理：① 对寄给已离店客人的一般邮件，如果客人离店时留下地址，并委托酒店转寄邮件，酒店应予以办理，否则应按寄件人的地址退回。客人的电报、电传等，通常应按原址退回。② 预订但尚未抵店客人的邮件，应与该客人的订房资料一起存档，待客人入住时转交。③ 如果客人订房后又取消了订房，除非客人有委托，并留下地址，一般要将邮件退回。④ 对客人姓名不详或查无此人的邮件，急件应立即退回；平信可保留一段时间，经过查对，确实无人认领后再退回。

（二）出店邮件处理

（1）接受客人交来准备寄出的邮件时，应首先仔细检查邮件的种类，对确实难以办理的邮件应礼貌地向客人解释。

（2）检查邮件是否属于禁寄物品，不能邮寄时要耐心解释；检查邮件是否超重，字迹是否清楚，项目是否填全，要请客人当面处理好。

（3）礼貌地询问客人邮件的寄出方式，并在邮件上注明。

（4）将所有要寄出的邮件进行分类，每日在指定时间前送邮局统一办理邮寄，并做记录。

（5）将邮局开出的收据送交客人。

（6）每班结束工作时，清点邮票数目和账款。

第三节　总　机　服　务

电话总机是酒店内外信息沟通联络的通信枢纽。总机话务员以电话为媒介，直接为客人提供各种话务服务，其服务工作质量的好坏，直接影响客人对酒店的印象，也直接影响酒店的整体运作。

一、总机话务人员的素质要求

话务员每天要处理成百上千个电话业务，大多数的公众对酒店的第一印象，是在与话务员的第一次不见面的接触中所形成的，话务员热情、礼貌、快捷、高效地对客服务是通过悦耳的嗓音展现出来的。因此，话务人员在酒店对客服务中扮演着重要的角色，必须具备较高的素质，具体包括以下几个方面。

（1）口齿清楚，态度和蔼，言语准确，嗓音甜美，使客人有舒适感。

（2）听写迅速，反应灵敏。

（3）工作认真，记忆力强。熟练掌握本店、本市和国际国内500个以上常用电话号码。

（4）有较强的外语听说能力，能用三种以上外语提供话务服务。

（5）精通业务，热爱本职工作。熟悉总机房工作程序、工作内容和各项业务操作方法，熟悉酒店各种服务项目和有关问讯的知识。

（6）有良好的职业道德素养，自觉遵守酒店的各项规章制度，自觉维护酒店的声誉和利益，严守话务秘密。

二、总机服务的内容和基本要求

酒店总机所提供的服务项目主要包括店内外电话接转服务、长途电话服务、叫醒服务、代客留言与问讯服务、店内传呼服务、紧急情况下充当临时指挥中心等。

（一）店内外电话接转服务

为了能准确、快捷、有效地接转电话，话务员必须熟记常用电话号码，了解本酒店的组织机构以及各部门的职责范围，正确掌握最新的住客资料，坚守工作岗位，并尽可能多地辨认住店客人、酒店管理人员及服务人员的姓名和嗓音。

（1）电话铃响三声必须提机，主动向客人问好，自报店名或岗位。外线应答："您好，××酒店。"内线应答："您好，总机。"

（2）仔细聆听客人的要求，迅速准确地接转电话，并说"请稍等"。若没有听清楚，可礼貌地请客人重说一遍。

（3）对无人接听的电话，铃响半分钟后（五声），必须向客人说明："对不起，电话无人接听，请问您是否需要留言？"需要给房间客人留言的电话一律转到问讯处。给酒店管理人员的留言，一律由话务员记录下来，并重复、确认，通过寻呼方式或其他有效方式尽快转达。

（4）如果通话者只告诉客人姓名，应迅速查找电脑，找到房号后接通电话，如果通话者只告诉房号，应首先了解受话人的姓名，并核对电脑中相关信息，再根据酒店的具体规定，判断是否直接接通房内电话。

（5）电话占线或线路繁忙时，应请对方稍候，并使用音乐保留键，播出悦耳的音乐。

（6）对要求房号保密的客人，如果并没有要求不接任何电话，可问清来电话者姓名、单位等，然后告诉客人，询问客人是否接听电话。如果客人表示不接任何电话，应立即通知总台在电脑中输入保密标志，遇来访或电话查询，即答客人未住本酒店。

（7）如果客人做了"免电话打扰"，应礼貌地向来电话者说明，并建议其留言或待取消"免打扰"之后再来电话。

（8）如果客人错打电话进来，应有礼貌地对客人说："对不起，您打错了。"如果是客人在房间或酒店内公共场所打错电话，应耐心地问清客人的要求，再将电话转出。

案例 5-5

电话接转的技巧

某公司的蔡先生是苏州某三星级酒店的商务客人。他每次到苏州,肯定入住这家酒店,并且每次都会提出一些意见和建议。可以说,蔡先生是一位既忠实友好又苛刻挑剔的客人。

某天早晨 8 点,再次入住的蔡先生打电话到总机,询问同公司的王总住在几号房。总机李小姐接到电话后,请蔡先生"稍等",然后在电脑上进行查询。查到王总住在 905 房间,而且并未要求电话免打扰服务,便对蔡先生说:"我帮您转过去。"说完就把电话转到了 905 房间。此时 905 房间的王先生因昨晚旅途劳累还在休息,接到电话就抱怨下属蔡先生不该这么早吵醒他,并为此很生气。

【分析提示】

总机李小姐应该考虑到早上 8 点通话是否会影响到客人休息;应迅速分析客人询问房间号码的动机,必要时可以委婉地提醒客人,是否可以晚些时候再通话。

(二)电话开通服务

住店客人呼叫总机直拨国际长途(IDD)和国内长途(DDD),受理计算机会自动计时;通话结束后,计算机能自动计算出费用并打印出电话费用单。

对没有开通长途电话的房间,客人要求总机接拨国际或国内长途时,话务员要请客人先挂断电话稍等,然后问询总台能否为该房间开通长途电话。如不能,打电话至房间告知客人需补办"长途电话押金"方能开通;如可以开通,打电话通知客人如何使用。

整个服务过程要做到热情周到、受理清楚、接挂快速准确、计时收费手续规范,给客人以方便感。

(三)叫醒服务

电话叫醒服务是酒店对客服务的一项重要内容。它涉及客人的计划和日程安排,特别是叫早服务往往关系到客人的航班和车次。如果叫醒服务出现差错,会给酒店和客人带来不可弥补的损失。酒店叫醒服务分为人工叫醒和自动叫醒两种。

1. 人工叫醒

(1)接受客人叫醒要求时,问清房号、叫醒时间,并与对方核对。

(2)填写叫醒记录,内容包括叫醒时间、房号等;记录时要求信息准确,以防出现差错。

(3)在定时钟上准确定时。

(4)定时钟鸣响即接通客房分机,叫醒客人:"早上好(您好),现在是××点,您的叫醒时间到了。"

(5)如无人应答,5 分钟后再叫醒一次,如果仍无人应答,则通知客房服务中心,弄清原因。

2. 自动叫醒

(1)准确记录叫醒客人的姓名、房号和叫醒时间。

（2）把叫醒信息输入自动叫醒计算机。

（3）客房电话按时响铃唤醒客人。计算机进行叫醒时，须仔细观察其工作情况，如发现计算机出现故障，应迅速进行人工叫醒。

（4）查询自动打印记录，检查叫醒工作有无失误。

（5）若无人应答，可用人工叫醒方法补叫一次。

（6）把每天的资料存档备查。

无论是人工叫醒，还是自动叫醒，话务员在受理时，都应认真、细致、慎重，避免差错和责任事故的发生。一旦出现失误，不管责任在酒店还是在客人都应给予高度重视，积极采取措施，而不要在责任上纠缠。同时，还应注意叫醒的方式。例如，用姓名加尊称称呼客人，对 VIP 客人派专人人工叫醒，尽可能使客人感到亲切。若能在提供叫醒服务时将当天的天气变化情况通报给客人，并询问是否需要其他服务，则会给客人留下美好的印象。

（四）代客留言与问讯服务

1. 代客留言

客人来电话找不到受话人时，话务员应主动问通话人是否需要留言。

（1）问清留言人姓名、电话号码和受话人姓名、房号。

（2）记录留言内容并复述一遍，尤其注意核对数字信息。

（3）答应在指定的时间内将留言转交受话人，请对方放心。

（4）开启客人房间的留言信号灯。

（5）受话人回来后打电话询问时，把留言念给客人听。

（6）关闭客人房间的留言信号灯。

2. 问讯服务

店内外客人常常会向酒店总机提出各种问讯，因此，话务员要像问讯处员工一样，掌握店内外常用的信息资料，尤其是酒店各部门及本市主要机构的电话号码，以便对客人的问讯、查询做出热情、礼貌、准确而迅速的回答。

（五）店内传呼服务

现代酒店特别是大型酒店设有店内计算机控制的店内呼机系统，话务员利用它提供店内传呼服务，为此，话务员应熟悉传呼机携带者的呼叫号码，并了解他们的工作区域、安排及去向。店内外客人或店内员工提出寻呼要求时，话务员询问并键入寻呼者姓名、分机或总机号码，服务要准确及时，耐心周到。

（六）紧急情况下充当临时指挥中心

总机除了提供以上服务，还有一项重要职责，即酒店出现紧急情况时，应成为酒店管理人员采取相应措施的指挥协调中心。

酒店的紧急情况是指诸如发生火灾、水灾、伤亡事故、恶性刑事案件等情况。紧急情况发生时，酒店领导为迅速控制局面，必然要借助电话系统，话务员要沉着、冷静，提供高效率的服务。

（1）接到紧急情况报告的电话，应立即问清事件发生的地点、时间及简单情况，问清报告者姓名、身份，并迅速做好记录。

（2）即刻通报酒店领导和有关部门，并根据现场指挥人员的指令，迅速与市内有关部门（如消防、安全等）紧急联系，并向其他话务员通报情况。

（3）严格执行现场指挥人员的指令。

（4）在未接到撤离指示前，不得擅自离岗，保障线路通讯的畅通。

（5）继续从事对客服务工作，并安抚客人、稳定情绪。如有人打听情况（如火情），一般不做回答，转大堂副理答复。

（6）完整记录紧急情况的电话处理细节，以备事后检查。

第四节　商务中心服务

为满足客人的需要，现代酒店尤其是商务型酒店都设立了商务中心。通常，商务中心应设在客人前往方便而又安静、舒适、优雅的地方，并有明显的指示标记牌。它是商务客人常到之处，其服务的好与坏直接影响客人的商务活动和酒店客人的光临。

一、商务中心的服务项目

商务中心是商务客人"办公室外的办公室"，其主要职能是为客人提供各种秘书性服务，为客人提供或传递各种信息。先进的服务设施、设备，齐全的服务项目，加之高素质的专业或一专多能型的服务人员，是商务中心提供高水准、高效率对客服务的基本保证，也是现代高档次酒店的重要标志之一。

商务中心的服务项目很多，主要有：会议室出租服务、电子邮件和传真服务、复印服务、打字服务、秘书服务和设备（用品）出租服务等。商务中心还可以提供翻译、名片印制、租车预订、票务预订、休闲活动预订、商业信息查询、快递服务、手机充电等。

为满足客人对商务服务的需要，商务中心应配备齐全的设施、设备和用品，包括会议室、洽谈室、复印机、打印机、传真机、扫描仪、直拨电话、联网的电脑、碎纸机、多媒体投影仪、白板、录像机、大屏幕电视机及其他办公用品（如激光教鞭、U盘、录音笔等），同时还应配备一定数量的办公桌椅、沙发，以及相关的查询资料如商务刊物、报纸、经济年鉴、企业名录大全、电话簿、地图册、各语种词典、最新航班（车船）时刻表等。

二、商务中心服务程序

由于商务中心工作的特殊性，商务中心的人员应热情礼貌、业务熟练、耐心专注、服务快捷、严守秘密，并主动与酒店各部门、长住商务机构及客人协商配合，为客人提供高品质的服务。

（一）会议室出租服务

1. 会议室预订

（1）接到预订，要简明扼要地向客人了解以下内容：预订人姓名或公司名称、酒店房间号码或联系电话、会议的起始时间及结束时间、人数及要求等，并做好记录。

（2）告知租用该室的费用（包括免费的服务种类，如茶、咖啡、文具、麦克、投影机、音响、录放机等），并邀请客人参观会场，介绍服务设施设备。

（3）确认付款方式，并要求对方预付50%定金。预订以收到定金时开始生效。

（4）填写会议室出租预订单，并在交班本上做好记录。

（5）预约鲜花，如同时需要设备出租，也要做好预约工作。

2. 会议前准备工作

（1）按参加会议人数准备好各类合格的饮具、文具用品及会议必需品，待布置会场时使用。

（2）按参加会议人数摆放好椅子并摆设饮具及会议各类文具。

（3）主管或领班要亲临现场指挥和督导员工按需求布置会场，发现问题及时纠正。

3. 会议接待服务

（1）服务人员站立门口恭候客人，并将其引至会议室坐下。

（2）按先主位、后次位的原则，逐一为客人提供所需饮品。

（3）会议过程中要做好添茶倒水、更换烟灰缸等服务工作。

4. 送客离场

（1）会议结束时，服务人员应在门口站立，并礼貌地说"再见""欢迎下次光临"等告别敬语，目送客人离去。

（2）客人离开后，迅速进入会场仔细检查，如发现有客人遗忘的物品，须立即设法追送，追送不到时，速交主管或大堂副理。

（3）清理会场。

（二）办公类服务

1. 传真发送

（1）主动、热情地问候客人，问明发往国家和地区。

（2）核对客人的传真稿件，查看发往国家或地区传真号、页数及其他要求。

（3）确认无误后，将传真稿件放入传真机发送架内进行发送操作。在发送过程中任何一步出现差错时，都要停止操作并重新开始。

（4）发送完毕，核对打印报告与发送传真号是否一致。

（5）根据显示发传时间计算费用，办理结账手续。

（6）向客人道谢。按要求在"宾客发传真登记表"上登记。

2. 传真接收

（1）当传真机接收到发来的传真时，首先应与总台确认收件人的姓名及房号，并核对份数、页数等。

（2）将核对过的传真分别装入信封，在信封上注明收件人姓名、房号、份数、页数，并通知客人来取，或派行李员送到房间，记录通知时间、通知人。

（3）若收件人不在房间，必须及时通知问讯处留言，留言单上注明请客人回来后通知商务中心，以便派行李员将传真送到房间。

（4）在"宾客来传真登记表"上登记，以备查用。

（5）按规定的价格计算费用，办理结账手续。

3．复印服务

（1）主动、热情问候客人。

（2）接过客人的复印原件，问明客人要复印的数量和规格，并告知客人复印的价格。

（3）按操作要求进行复印。如要多张复印，或者需放大或缩小，应先印一张，查看复印效果，如无问题，才可连续复印。

（4）将原件退给客人并清点复印张数，按规定价格计算费用，办理结账手续。

（5）若客人要求对复印件进行装订，则应为客人装订好。

4．打字服务

（1）主动、热情问候客人。

（2）接过客人的原稿文件，了解客人要求（字体、格式和其他特殊要求），浏览、查看、核对原稿有无不清楚的地方或字符。

（3）告知客人打字的收费标准。

（4）告知客人大概交件时间。

（5）打字完毕后认真核对一遍，并请客人亲自核对，修改后再检查、打印。

（6）将打印好的文件交给客人。按规定价格、页数、字数为客人开单收费。

（7）向客人道谢。

5．租用秘书服务

（1）了解客人的要求：需要何种秘书服务，要求服务时间、工作地点等。

（2）告知客人收费标准。

（3）明确人身份，如姓名、房号、付款方式等。

（4）向客人道谢。

6．设备用品出租服务

酒店一般只向住店客人提供设备出租服务，而且只限在本酒店范围内使用。可供租用的设备用品种类很多，如笔记本电脑、台式电脑、激光打印机、彩色喷墨打印机、传真机、电视机、录像机、幻灯机、胶片投影机和多媒体投影仪等设备，以及激光教鞭、U 盘等办公用品。

（1）了解客人要求，并填写清楚下列内容：使用时间、地点、客人姓名、房号；设备用品名称、规格、型号。

（2）租用设备用品。① 租用音响设备：打电话到音响组了解情况；通知音响组人员派人安装、调试。② 租用笔记本电脑、传真机：由商务中心人员负责安装、调试。

（3）要求客人签单或预付款项。

（4）向客人道谢。在交班本上做好记录。

三、商务中心职能的转变

随着信息技术的飞速发展，客人都拥有自己的手机，越来越多的客人也拥有自己的笔记本电脑，在客房内也可以通过互联网直接订票，发送、接收电子邮件和传真，一些高档酒店还在客房内配备了打印机、复印机和传真机，因此，客人对酒店商务中心的依赖程度已经大大降低。商务中心必须研究客人需求的变化，转变服务职能，推出新的服务项目。

例如：提供现代化商务设施设备出租服务，提供计算机技术服务，为各类商务活动和会议提供支持和帮助的秘书性服务等。

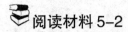 **阅读材料 5-2**

酒店商务中心的功能转化

在社会科技进步的大趋势下，酒店商务中心在对客服务的整个过程中所扮演的角色需要改变。"商务中心客房化"是目前酒店客房总体的发展趋势，它的核心是将商务中心的职能融入客房中，使酒店客房增加远程通信、收发传真、远程办公等功能，将酒店客房"写字楼化"。这样一来，酒店商务中心的全部功能几乎都将有机地分解到酒店客房中。而酒店的商务中心在酒店中的角色也将随之发生变化：一是将从原有的提供商务服务转向提供商务设施的出租服务。为了方便客人在房内办公，可以根据客人需要出租一些客房内可能缺少的商务设备，如扫描仪、投影仪等。二是商务中心转向商务技术支持和帮助。尽管越来越多的客人喜欢用自己的计算机在客房办公，但并非每一个客人都是计算机专家，酒店的商务中心可以帮助客人解决办公过程中遇到的技术问题，从而提高酒店的综合竞争能力，增加客人在酒店的附加价值，获得客人的良好印象。三是从简单的商务服务提供转向大批量复制、激光打印、四色打印、文本高级装订等高端服务项目，突出酒店商务中心产品自己的优势。四是从被动式提供服务转向主动发现客人需求并为客人提供相关支持和帮助。商务中心不能再被动地等着客人上门，而要主动、热情、全面地为客人考虑，挖掘客人的显性和隐性需求，从而提高经营业绩。

第五节　前台收银处

前台收银处的隶属关系视酒店而定。通常，其业务方面直接归口于酒店财务部，其他方面则由前厅部管理。前台收银处位于酒店大厅显眼处，且与接待处和问讯处相邻。在酒店经营中，前台收银处是确保酒店经济收益的关键部门。

一、前台收银业务范围及其特点

前台收银处的主要工作任务就是处理住客账务，确保酒店应有经济效益的安全回收，并做好对客服务工作。

（一）前台收银业务范围

（1）开立住客账户。
（2）负责业务分析并累计客账。
（3）办理客人的离店结账手续。
（4）处理住客信贷和夜间审计。

（5）提供外币兑换服务业务。

（6）管理客用贵重物品保险箱。

（二）前台收银特点

前台收银业务是一项十分细致复杂的工作。为了方便客人，现代酒店一般采用一次性结账方式。所谓一次性结账，就是指宾客在酒店花费的全部费用在离店时一次结清。

酒店里每天的赊欠账单很多，这些账单最终从客房、餐厅、洗衣房、电话总机、商务中心等处转到前台收银处。而住店客人会随时离店结账，为能迅速准确地给离店客人结账，避免跑账、漏账的发生，酒店要求对客服务的各个部门，必须密切配合，将客人的各种消费账单及时传递到前台收银处，迅速入账。因此，前台收银工作具有较强的协助性和时间性。

二、结账服务

客人在办理离店手续过程中对酒店产生的最后印象是至关重要的，它可以决定客人是否再度光临并带来新的客人。因此，在为客人办理离店手续时，收银员应热情、礼貌、快捷而准确地提供服务。

（一）散客结账

（1）客人离店要求结账时，应主动迎接客人，表示问候，问清客人姓名、房号，找出账卡，并重复客人的姓名，以防拿错，同时收回客房钥匙。

（2）通知客房服务中心派客房服务员检查客房状况，是否有客人遗留物品、客房物品是否齐全及有无损坏等。

（3）委婉地询问客人是否有最新消费，如长途电话费、早餐费等，并在电脑上查阅以免漏账。

（4）打出客人消费账单，并将账单呈请客人检查、确认并请客人在账单上签字。

（5）根据客人的不同付款方式进行结账。

（6）向客人表示感谢，祝客人旅途愉快。

（7）将客人的登记表盖上时间戳送交接待处，以更改客房状况。

（二）团队结账

（1）在团队结账前半小时做好结账准备，提前将团队客人每天的房租、餐费等账目逐一核对，结出总账和分类账。

（2）团队客人（领队或陪同等）前来结账时，主动、热情问好。

（3）打印团队账单，请客人审核、签字。

（4）有些费用需客人自付，如洗衣费、长途电话费、minibar的酒水费用等，由客人用现金支付。

（5）向客人表示感谢，祝客人旅途愉快。

三、外币兑换服务

酒店为方便客人，经中国银行授权，根据国家外汇管理局公布的外汇牌价，代办外币兑换业务。

以下为外币兑换服务的程序和要求。

（1）客人前来兑换外币，应热情问好，了解客人的需求，问清客人兑换外币币种，同时请客人出示护照和房卡。

（2）清点客人需兑换的外币及金额。

（3）使用货币识别机，鉴别钞票的真伪，并检查其是否属现行可兑换的外币。

（4）认真填写兑换水单。根据当日现钞牌价，将外币名称、金额、兑换率、应兑金额及姓名、房号等准确填写在水单相应栏目中。

（5）兑换时按当日牌价实行收款员核算和复核员审核两级控制制度，以确保兑换数额清点准确。

（6）请客人在水单上签字。

（7）将水单及现金交给客人清点，并礼貌地向客人道别。

整个服务过程，要求收银员热情、礼貌、周到、细心，外币兑换准确及时，手续完善，不发生私换外币，以及票据和现金出现差错的情况。目前，中国银行除办理收兑外国货币现钞业务，还办理旅行支票、信用卡等收兑业务。前台收银员应了解这方面的业务知识，并接受技术技能的培训，以做好外币兑换服务工作。

四、贵重物品保管服务

酒店为保障住店客人的财产安全，通常在总台收银处后面或旁边一间僻静的房间，设有贵重物品保管箱，由收银员负责，免费为客人提供贵重物品保管服务。每个保管箱有两把钥匙，一把由收银员负责保管，另一把由客人自己保管，只有这两把钥匙同时使用，才能打开或锁上保管箱。以下为此项服务的程序。

（1）客人前来保管贵重物品时，收银员应主动迎接问好，并向客人介绍保管方法和注意事项。

（2）问清客人姓名、房号、请客人填写"保管箱房客签名单"（见图5-2），一式两联（第一联作存根，第二联给客人），并在计算机上查看房号与客人填写的是否一致。

（3）审查单据、物品件数与签字，将一把钥匙交给客人，双方共同开启保管箱，请客人自由存放物品，再由双方同时上好锁，并向客人告别。

（4）客人前来领取保管的物品时，请客人出示保管单并签字，经审核签字准确无误后，与客人共同拿出钥匙同时开启保管箱，物品由客人自取。

（5）若客人终止存放，将物品全部取走，必须收回第二联保管单和客人钥匙，并请客人在终止栏内注明日期、姓名，以免出麻烦。

（6）若客人钥匙丢失，应迅速通知保安部、工程部有关人员，四方在场，由工程部人员强行钻开保险箱，请客人取走所有物品。其钥匙丢失和修理的费用按酒店规定向客人收取，并做好记录，以备查核。

保管箱
房客签名单
SAFE DEPOSIT BOX
GUEST SIGNATURE CARD

部门专用 For Office Use
处理人 Handled by:
收账员 Cashier

兹收到保管箱钥匙编号 _____ 并同时声明使用保险箱时要根据下列条件：
I acknowledge receipt of key to Safe Deposit Box No. _____ and
I declare that the use of the Safe Deposit Box is subject to the following conditions:

姓名
Name _____
　　　　　　　姓（Surname）　　　　名（First）　　　　简写（Initial）

地址
Address _____
　　　　　　　街（Street）　　　　　　　　　城市（City）

　　　　　　　州（State）　　　　代号（Zip）　　　　国家（Country）

房号　　　　　　　　　　　　　　　日期
Room No. _____ Date _____

条例： 1. 保管箱只是供给本酒店客人免费使用
　　　 2. 如遗失或不能交回钥匙给 AA 大酒店，本人应缴付人民币壹仟元整。
　　　 3. 若有下列其中一个签名便可启用保管箱。
　　　 4. 若退房后 14 天内不能交回以上号码的保管箱钥匙，本人等于在这里授权 AA
大酒店可以破开上述保管箱，且不须负任何责任。

Conditions: 1. Safe Deposit Boxes are furnished without change to hotel guests only.
　　　　　　 2. If the key is lost or not surrendered to AA HOTEL. I/we will be charged RMB1000.00.
　　　　　　 3. Either one of the following signatures is accessible to the Safe Deposit Box.
　　　　　　 4. If the key to the above numbered Safe Deposit Box is not returned or surrendered
to AA HOTEL within 14 days after checking out. I/we hereby authorize AA HOTEL to
break open the said Safe Deposit Box without any liabilities whatsoever.

签名　　　　　　　　　　　　签名
Signature（1）_____ Signature（2）_____

（正面）
启用记录
ACCESS RECORD

日期 Date	时间 Time	签名 Signature	服务员 Clerk

本人现交回保管钥匙_____号，并声明已取回所有存放在保管箱的物品。
I hereby the Safe Deposit Box No._____and acknowledge that all my property placed therein
　　by myself.
日期/时间（Date/Time）　　　服务员（Clerk）　　　客人签署（Signature of Guest）

图 5-2　保管箱房客签名单

第六节　行政楼层服务

一、行政楼层及其服务要求

（一）行政楼层的概念

行政楼层是现代高档、豪华酒店为了接待对服务标准要求高，并希望有一个良好商务活动环境的高级商务人士等高消费客人，向他们提供贵宾式的优质服务而专门设立的特殊楼层。在很多酒店，行政楼层又被称为"商务楼层"或"豪华层"。

行政楼层提供的服务有别于普通客房楼层，被人们誉为"店中之店"。一位酒店专家有一个形象的比喻，如果把普通客房比作飞机的经济舱，而行政楼层就是飞机的公务舱。虽然价格稍高，但客人在这里感觉更舒适方便，也可以享受到更多、更个性化的服务。

（二）行政楼层的服务要求

行政楼层的管理由一套独立运转的接待服务系统完成，在行政管理上通常隶属前厅部。与普通客房楼层相比，行政楼层在设施格局上和服务模式上都有明显不同。它可以向商务客人提供更多、更细致、更具个性的专业化服务。

1. 单独设接待处

凡预订行政楼层的客人都可以在进店后直接在商务楼层快速办理登记入住，以及离店时在本层结账退房。接待处设计制作精巧，环境氛围轻松，旁边设置有沙发等休息座位，使得这种"一对一"式的轻松、开放专用的服务接待方式更显个性化，让客人倍感温馨。

2. 单独设酒廊

在行政楼层设置环境幽雅、独具匠心的专用酒廊，并提供冷饮、热饮、早餐、午茶，还可以安排鸡尾酒会及会晤朋友。这种酒廊的设置，强化了行政楼层客人始终被尊重的"身份感"，使客人体会到"家"的感觉。

3. 单独设商务中心

行政楼层一般设有专用商务中心及规格不等的会议室、洽谈室等设施，以供商务客人随时召开会议，或与客户会晤及洽谈生意。商务中心设备先进、种类齐全，从文件打印、复印、分拣至装订等一应俱全，而且服务效率高。

4. 提供个性化服务

商务客人之所以优先选择行政楼层，设施及环境的舒适条件固然是重要因素，但他们最看重的是行政楼层所提供的细致入微、个性化的服务。

在行政楼层从事接待服务的管理人员及服务人员，在形体、形象、气质、知识、技能及外语等方面条件突出，均接受过严格、系统的专业培训。他们在熟练掌握了前台预订、接待、结算等技能的同时，还掌握商务中心、餐饮方面的服务技能和技巧，尤其善于与宾客沟通，能够圆满地处理客务关系。

行政楼层的接待服务人员只要见过客人一次，第二次再见面时就可以称呼客人的姓名和头衔，客人由此产生被重视和被特别关照的心理满足感和荣誉感。

行政楼层的接待服务人员对每一位在此下榻的客人都要做详尽的客史档案记录，记录下客人的喜好和偏好，使客人每次下榻时都会惊喜地看到按自己的习惯和喜爱的方式所布置的房间，甚至连所喜爱的某种品牌或特殊规格的物品都已放在熟悉的位置。至于客人生病送上粥、费尽心思为客人过生日更是家常便饭，甚至连有的客人每次多要一根香蕉等小小的需求，服务员也都记得牢牢的。正是这些细致入微的服务才吸引了商务客人一次次地上门。因此，行政楼层的房价虽然高出普通客房的房价，但是不断吸引着众多的回头客及商务客人。

二、行政楼层的主要服务项目

（1）使客人轻松入住。由专人负责办理入住登记手续，气氛怡然。

（2）提供丰盛早餐。自助餐台上各种食品、饮品丰富，任客人自选，就餐酒廊环境幽雅，接待人员态度热情、动作敏捷、服务意识极强。

（3）为宾客提供时事资讯。附设有多种中外报刊，供客人选择浏览，同时播放国际卫星传输的电视新闻、专题节目等，使客人随时了解世界各地要闻及商业经济动态。

（4）提供悠闲下午茶。每天下午按时布置好茶水台，各种茶饮、茶具、软饮及点心免费供客人选用。

（5）鸡尾酒会。行政楼层在晚间还为本层客人精心安排免费的结识新老朋友、沟通交流的鸡尾酒会，让客人度过美好之夜。

（6）商务洽谈。行政楼层所设置的各种会议室和洽谈室及配置的复印机、传真机、电脑工作台、多功能投影仪等设备一应俱全，并提供打印、翻译、装订文件、发送文稿等商务秘书服务。

（7）委托代办。行政楼层为商务客人出行、中转提供票务、订房、订车等代办服务，使客人足不出户，便可享受快捷、方便的服务。

（8）快速结账。行政楼层接待服务人员可以为客人在本层或房间办理离店结账手续，并提前安排行李员代订交通工具。

───────────── 思 政 园 地 ─────────────

服务的"工匠精神"

工匠精神的基本内涵包括敬业、精益、专注、创新等方面的内容。工匠们喜欢不断雕琢自己的产品，不断改善自己的工艺，享受着产品在双手中升华的过程。工匠精神的目标是打造本行业最优质的产品，令同行无法匹敌。概括起来，工匠精神就是追求卓越的创造精神、精益求精的品质精神、用户至上的服务精神。

"金钥匙"起源于法国，它是一个以个人名义参加的民间组织，早在1929年，法国一群从事酒店的高级礼宾司就以个人名义将大家组织在一起讨论如何向宾客提供更好的个性化一条龙服务，这种一条龙服务主要体现在让客人住在店内就可以享受到多种服务项目。如旅游咨询服务、行李打包服务、代订客房、冲印、订花、订餐、快递等诸多服务项目。由于服务内容的范围较广，且服务项目已超过了一般酒店所提供的范围，并且均以客人委托、服务人员代办的形式来完成，所以，这种一条龙服务也叫"委托代办"服务。酒店业给能够提供这些服务的特殊群体起了一个非常形象的名字——"金钥匙"，所以"金钥匙"就这样应运而生。

孙东是中国金钥匙创始人，中国金钥匙基金理事会主席，中国旅游协会金钥匙分会会长。1983年，孙东入职白天鹅宾馆，从前厅基层干起。由于工作出色，很快被升任为礼宾部主管，管理行李组、票务组。不久，卓有远见的霍英东先生、杨小鹏总经理把国际服务的品牌组织——金钥匙组织引入了白天鹅宾馆，孙东及两位同事有幸成为中国最早的金钥匙会员。此后，孙东更加努力钻研业务知识，并前往美国的康奈尔学习酒店管理，在那里他积累了关于金钥匙的理论基础。1999 年，在全国成功引入国际金钥匙这个服务品牌后，孙东致力于培养各酒店的服务精英，把"先利人、后利己，在服务客人的过程中找到丰盛的人生"的服务观、处世观传递给每位服务人员，并利用编织起的金钥匙服务网络，为宾客提供全面化、个性化和人性化的优质服务。

自 1999 年 8 月至今，孙东一直致力于培育高端服务人才、品牌服务经理人，亲自在中国金钥匙会员资格培训班授课 130 多期、中国金钥匙总经理会员资格培训班授课 30 多期等。孙东先生接受采访时说："我热爱我现在从事的工作，因为我在这份工作中找到了真正的自我。我觉得当我满头白发，还依然身着燕尾服，站在大堂里跟我熟悉的宾客打招呼时，我会感到这是我人生最大的满足。我以我自己能终生去做一名专业服务人员而骄傲，因为我每天都在帮助别人，客人在我这里得到的是惊喜，而我也在客人的惊喜中找到了富有的人生。"

青年朋友们，富有的人生不难找，它就在我们生活的每一天当中，就在我们为别人带来的每一份惊喜当中。

金钥匙服务很好地诠释了工匠精神。

思政思考题：
学习了金钥匙服务的相关知识，你是如何理解我们当代提倡的工匠精神的？

 练习题

一、简答题

1. 酒店金钥匙服务理念的核心是什么？
2. 总机话务员的素质要求是什么？
3. 前台收银业务范围是什么？
4. 商务中心如何转变服务职能？
5. 行政楼层的服务要求主要包括哪些？

二、选择题

1. 行李员引领客人到总台，等候客人办理住宿登记手续或结账手续时，应站在客人的（　　　）。
　　A. 左侧 1 米处　　　B. 侧 1 米处　　　C. 身后 1.5 米处　　　D. 身后 3 米处
2. 通常，酒店前台收银处在业务方面直接归口于酒店（　　　）。
　　A. 前厅部　　　B. 财务部　　　C. 客房部　　　D. 总台
3. 来访者查询住店客人情况，而住店客人不在房间时，问讯员应该（　　　）。
　　A. 告诉他住客房号　　　　　　　B. 告诉他住客电话号码
　　C. 让他到房间找人　　　　　　　D. 切不可将房号和电话号码告诉他
　　E. 不可以让他到房间找人

三、判断题

1. 对客人的贵重物品及易碎品，行李员要主动、小心帮助提拿。　　　　　　　　（　　　）

2. 中国酒店金钥匙的服务理念是在不违反当地法律和道德观的前提下，使客人获得满意的服务。　　　　　　　　　　　　　　　　　　　　　　　　　　（　　　）

3. 留言服务的基本要求就是传递迅速、准确。　　　　　　　　　　　　（　　　）

4. 一次性结账就是宾客在酒店的全部费用在离店时一次结清。　　　　（　　　）

四、案例分析

金钥匙的魅力

某日上午，一位女住客急匆匆地来到酒店大堂的礼宾部，手里还拿着两张发票，她径直走到身着燕尾服的金钥匙服务员小李面前："您是酒店的'金钥匙'吗？有这样一件事您帮一帮我，今天早上我是乘出租车来到你们酒店的，刚才我收拾物品时才发现我把摄影机的架子忘在出租车的后排座位上了，更可气的是司机撕给我的发票是长途汽车的发票，而不是出租车的发票，这让我回去怎么报销呢？"客人语气急促地说。

小李说："女士，您别着急，让我们一起想一想办法。请问您早上大约几点到达我们酒店的？"

客人说："具体时间记不清了。"

"请出示一下您的住房卡，好吗？"小李接过客人递过来的住房卡并告诉客人在大堂吧稍候一下，随即到前台接待处，查询了这位客人办理入住的具体时间。又到大门口询问是谁帮助这位客人打开车门的。行李员小张说："是我接待这位女士的，当时我上前为这位女士拉车门、护顶，她示意让我到车后备厢取行李，打开后备厢后一共拿出了两个皮箱，当时我还仔细看了一下有没有其他行李，这时后面又有其他的出租车来了，我就赶紧关了车门并迅速在提示卡上记下了这辆出租车车号交给了她，帮着提着行李来到了前台。"小李分析，一方面，是客人自己遗失了一件行李，她可能怕把摄影架压坏或弄脏，自己坐在前排，摄影架没有放在车后备厢而单独放在了车的后排，下车时忘了提醒行李员；另一方面，行李员一时疏忽也没有检查一下。现在唯一的办法是看能不能找到出租车司机，那就要通过行李员留给客人的那张提示卡了。小李快步来到大堂吧，那位女士充满期盼地迎了过来。

小李说："让您久等了，我问一下早上您下车时，行李员给您的那张提示卡还在吗？"

客人："好像还在，我找一下。"客人在手提包里找到了一张团成一团的小小的提示卡。

"这张提示卡上面有那辆出租车公司的名字和出租车牌号。给我吧，我马上去和该公司联系一下。"小李微笑着说。

小李立即通过礼宾部联系到了出租车调配中心，找到了这家出租车公司的电话，在电话里向对方说明了情况，对方表示将以最快的速度找到司机，态度诚恳地做出了口头承诺："我们马上派人在半小时内把发票和摄影架送到酒店前厅部，绝不耽误客人的时间，抱歉了。"

20分钟后，一辆出租车停在酒店门口，司机把发票和摄影架送到了前厅部。小李迎上前去，对司机表示了感谢，司机也向客人表示了歉意。拿到摄影架和发票的女住客高兴地笑着说："太谢谢你们了，谢谢你们的细心和周到，还有这张给我留下美好回忆的提示卡。"客人感激不已，脸上露出了灿烂的微笑。

【分析提示】

这是一个帮助客人及时解决困难的服务案例。

在酒店服务程序中，很多酒店在客人上下出租车时，都要提供一个提示卡，上面写有出租车公司的名字和车牌号。虽然是一个简单的服务项目，关键时刻能起很大作用。在本案例中，小李接到客人的求助之后，就是从一张提示卡上打开了缺口，帮助客人拿到了摄影架和发票。这充分说明，酒店向客人发放的提示卡是完善酒店服务必不可少的项目，小小提示卡在酒店服务中起着重要作用。虽然比较烦琐，但应该坚持做。客人求助酒店完成本职以外的工作时，有关人员一定要尽力满足客人的要求，这是十分重要的。

求方便、及时、急人之所急是客人普遍的心理需求特征，无论持哪种服务消费目的的顾客，都希望能够得到尽量方便和及时的服务。

（资料来源：娄兰兰. 酒店服务与管理[M]. 郑州：黄河水利出版社，2019.）

问题：

1. 这件事给了你什么启发？
2. 假设客人将提示卡丢失了，如何处理此事呢？
3. 在金钥匙服务中，您体会到了什么？

第六章　房价管理与客房经营统计分析

学习目标

通过本章学习，了解客房价格的特点和种类，以及影响客房定价的主要因素；熟悉前厅主要统计报表的内容和客房经营重要统计指标的含义；掌握房价的各种确定方法；掌握客房经营主要分析指标的计算方法；具有根据市场和客房经营状况调整房价的能力；具有运用综合统计数据进行客房经营状况分析的能力。

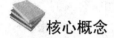

核心概念

客房出租率　实际平均房价　平均客房收益率　双开率　理想平均房价

引例

得不偿失的低价位竞争

某酒店是按四星级标准建造的，有客房 380 间，大小会议室 10 个，并拥有 KTV 包房、桑拿中心等休闲娱乐设施。酒店的目标市场定位以会议客源为主。开业时为了扩大影响、开拓市场，酒店以低价位进入市场，承诺开业后 3 个月内入住该酒店的顾客都可领到一张贵宾卡，持贵宾卡者均可享受房费 8 折、餐费 9 折、休闲娱乐消费 8.5 折的优惠。另外，酒店推行了全员营销策略，凡酒店员工介绍来的顾客，给予不同比例的奖励。同时，营销部又同许多单位签订了订房协议，享受房费 7 折的优惠，所以各会议团队的房价差异相对较大。结果，开业后半年内酒店虽然生意兴隆，但顾客投诉较多，平均房价和经济效益均大大低于同类酒店，且一年后业务逐步下滑，酒店经营陷入了困境。

上述案例告诉我们，在酒店客房经营中，仅仅靠低价位和高折扣是得不偿失的。一定要处理好客房出租率和平均房价的关系，使客房收益最大化。

第一节　房价管理

房价是指客人住宿一夜所应支付的住宿费用，它是客房商品价值的货币表现。客房收入作为酒店经济收入的主要部分，决定于有限时间内的客房出租率和单位客房的日出租收入两个因素。房价合理与否，直接影响酒店的市场竞争能力、经济收入和利润水平。因此，房价管理是酒店经营管理的关键性工作。

一、房价的种类与计价方式

酒店有多种房价类型和计价方式。酒店决策者应会同财务部、营销部、前厅部、客房部等有关部门和人员认真研究、合理制定房价。

（一）房价的种类

1. 标准房价

标准房价又称"门市价""牌价"，是由酒店管理部门制定的、价目表上明码公布的各类客房的现行价格。该价格不含任何服务费或折扣等因素。

2. 商务合同价

酒店与有关公司或机构签订房价合同，并按合同规定向对方客人以优惠价格出租客房。房价优惠的幅度视对方能够提供的客源量及客人在酒店的消费水平而定。

3. 团队价

团队价是酒店提供给旅行社团队、会议团队及航空公司机组人员等团队客人的一种折扣房价。其目的是确保酒店长期、稳定的客源，保持较高的客房出租率。团队价可根据旅行社等团队的重要性、客源的多少以及淡、旺季等不同情况确定。

4. 旺季价

旺季价是酒店在经营旺季所执行的客房价格。这种价格一般要在标准房价的基础上上浮一定比例，有时上浮的比例很大，以求得酒店的最大收益。

5. 淡季价

淡季价是酒店在经营淡季所执行的客房价格。这种价格一般要在标准房价的基础上，下浮一定比例，有时下浮的比例很大，以刺激需求，提高客房出租率。

6. 小包价

小包价是酒店为客人提供的一揽子报价，除房费，还可以包括餐费、游览费、交通费等其他费用，以方便客人。

7. 折扣价

折扣价是酒店向常客、长住客、订房客人或其他有特殊身份的客人提供的优惠房价。

8. 白天租用价

白天租用价是酒店为白天到酒店休息，不在酒店过夜的客人所提供的房价。白天租用价一般按半天房费收取，所以又称半日价，但也有一些酒店按小时收费。

9. 免费

为了促进客房销售，建立良好的公共关系，酒店还为某些特殊客人提供免费房。这些特殊客人主要包括社会知名人士、酒店同行、旅行代理商、会议主办人员等。按惯例还需对满 15 名付费成员的团队免费提供双人间客房的一张床位，即所谓十六免一。酒店免费提供客房的情况要严格控制，通常只有总经理才有权批准。

另外，还有家庭租用价、加床费等。

（二）酒店的计价方式

按国际惯例，酒店的计价方式通常有以下五种。

1. 欧式计价

欧式计价是指酒店标出的客房的价格只有房租，不包括其他服务费用的计价方式。这种计价方式源于欧洲，目前世界绝大多数酒店都使用这种计价方式。我国的旅游酒店也在采用这种计价方式。

2. 美式计价

美式计价是指酒店标出的客房价格不仅包括房租，而且包括每日三餐的全部费用的计价方式。因此，又被称为全费计价方式。这种计价方式多用于度假型酒店。

3. 欧陆式计价

欧陆式计价是指酒店标出的客房价格包括房租和每日一份欧陆式简单早餐的计价方式。欧陆式早餐主要包括果汁、面包、咖啡或茶等。有些国家把这种计价方式称为"床位加早餐"计价。

4. 百慕大计价

百慕大计价是指酒店标出的房价包括房租和每日一份美式早餐的计价方式。美式早餐除含有欧陆式早餐的内容，通常还包括火腿、香肠、咸肉等肉类和鸡蛋。

5. 修正美式计价

修正美式计价是指酒店标出的房价包括房租和一份午餐或晚餐（二者任选一个）的费用的计价方式。主要是为了适应客人的需要，使客人白天有较多时间自由活动。这种计价方式多用于旅行社组织的旅游团队。

二、房价的控制和调整

客房价格制定好之后，还要有各种政策和规定与客房价格的制定相适应，并要认真贯彻执行这些政策和规定，使房价具有连续性、一致性和相对稳定性。但是，房价又不是一成不变的，由于市场情况的变化，酒店需要对房价进行及时调整，使房价更适应客观实际。

（一）房价的控制

酒店制定的房价是由前厅部和营销部负责执行的。在前厅部的贯彻执行过程中，涉及前台销售、房价限制和团队房价限制三个方面的工作。

1. 前台销售

对于酒店制定的各类房价，前台服务人员要严格遵守。同时，酒店还须制定一系列的规章制度，以便于前台工作人员操作执行。这些规章制度要明确规定以下几方面内容的细则。

（1）对优惠房使用的报批制度。

（2）各类特殊用房留用数量的规定。

（3）与客人签订房价合同的责任规定。

（4）有关管理人员对浮动价格所拥有的决定权的规定。

（5）对优惠价格的享有者应具备的条件的规定。

（6）对一些优惠房种类和程度的规定。

以上是前厅销售过程中要重点注意的内容。

2. 房价限制

限制房价的目的是提高实际平均房价。如果根据预测，未来某个时期的客房出租率会很高，这时总经理或前厅部经理就会对房价进行限制。例如：限制出租低价客房或特殊房价客房；不接待或少接待团队客人；房价不打折；不接受住一天的客人；等等。

前厅部管理人员必须熟知本酒店客房出租率的动态，善于分析近期客房出租率的变化趋势，准确预测未来的各种客人对客房的需求量，及时做出限制某种房价的决定。

3. 团队房价限制

团队房价的调整，即进行团队房价的限制，这是前厅部与营销部的共同职责。营销部应逐日预测团队客人数量和客房需求数，并将预测结果通知有关人员。如果根据预测，某一时期的客房出租率可能会接近100%，这时，酒店就只应接待支付较高房价，甚至最高房价的团队客人。但是，酒店使用团队房价限制时，要谨慎行事。任意限制团队房价，会产生消极的影响，甚至破坏房价的完整性。有关人员必须对未来的客房出租情况做出正确的推测，并制订可行性计划，提出正确的团队和散客的接待比例，以保证酒店营业收入和经营利润目标的实现。

（二）房价的调整

酒店的客房价格制定之后，在实际运用过程中应保持相对稳定。但是，房价并不是一成不变的，由于季节和各种情况变化，酒店需及时调整房价，以使房价更适应客观现实。房价的调整有两种情况：一是调低房价；二是调高房价。

1. 调低房价

调低房价是酒店在经营过程中，为了适应市场环境或酒店内部条件的变化，而降低原有的房价。酒店降低房价的主要原因有以下几个。

（1）酒店业市场供大于求。在这种情况下，应通过加强促销活动、改进服务质量等途径来稳定客房的销售。如果成效不大，就只考虑调低房价。

（2）在激烈的竞争中，酒店的市场份额日趋减少。尤其是在竞争对手调低价格时，为了保持和提高本酒店的市场占有率，有时也要采取调低房价的方法，使房价与竞争对手的价格处于同一水平线上，从而提高竞争能力。

酒店希望通过降低房价，增加客房销售量，增加市场份额，争取客源，在市场确定牢固的地位。

案例 6-1

营 销 困 境

A酒店是京城一家四星级的商务型酒店，原有260间标准客房和各式套房，并拥有较为完备的商务和其他服务设施。酒店开业7年来，出租率一直稳定在80%以上，且平均房价一直居于同星级酒店的前列。为此，酒店对原有的另一幢非出租的内部公寓进行更新改造，使它增加了150间客房。与此同时，北京其他四星级酒店也纷纷进入市场，加上市场外部环境的影响，致使A酒店出租率下滑到不足40%。因此，该酒店管理阶层调整营销策略并采取各种方式来提升出租率。经过3个多月的努力，酒店的出租率上升了20多个百分点。然而，由于新增客源主要为旅行团队，致使平均房价由原来的 85 美元下滑至不足 50 美元。此外，原有酒店的老客户由于不满意目前的客源混杂现象，纷纷向酒店抱怨，有些长住客户决定搬出酒店。员工对接待旅游团也不适应，因而当来客登记和客人离店结账时大堂经常出现混乱现象，客房清理不及时和行李不能按时送达等现象也时有发生。这些都对酒店的经营提出了挑战。

【分析提示】

在市场形势发生变化之后，酒店相应调整原有营销策略，促使酒店走出经营困境，这是一种积极的和必要的选择。问题不在于是否应该调整，而是如何进行调整。本案例中所提到的管理决策调整重点在于提升出租率，这种做法从短期来看能够起到一定的推动作用，达到"人旺"的目标。然而，单靠这一策略，有可能使酒店陷入新的困境。

调低房价也会引起一些问题。例如，房价降低了，客房销售量不一定就会增加；即使销售量有所增加，营业收入的增加往往无法抵消价格下降的影响。价格降低了，客人会对酒店产品质量产生怀疑，从而会影响酒店自身在市场上的声誉，同时还会打乱酒店客源的类型。尤其要注意的是，靠降价竞争将会导致酒店之间的价格大战，如果大家都竞相降价，酒店会面临无法控制房价的局面，最终将导致酒店业的全行业亏损，这种竞争也就变得毫无意义。因此，酒店在降低房价的问题上，应采取慎重的态度，进行周密的分析和研究，只有在调低房价之后，酒店仍能实现所预期的销售量，并提高酒店的利润水平，降价才是有意义的。

2. 调高房价

一般来讲，调高房价往往会引起客人和代理商的不满，但是，如果调高房价被市场认可，就会极大地增加酒店的利润，对酒店而言是有利的。酒店调高房价时，要考虑的主要因素包括以下几个。

（1）客房供不应求。当客房需求量大于现有客房数量时，可以通过调高房价来限制需求量，实现供求平衡。

（2）市场物价上涨。由于物价上涨，酒店的成本费用不断增加。这时酒店须调高房价，并使调价幅度不低于市场物价上涨幅度，以保持或增加酒店的利润水平。

（3）酒店服务质量或档次有明显提高。服务质量、服务档次与价格有直接的联系。所以，如果其他因素不变，酒店的服务质量或服务档次提高，应该考虑适当提高房价。

无论是提价还是降价，都会对客房销售造成一定影响，引起客人和竞争者的各种反应。因此，酒店应充分考虑各种因素，做好准备工作，使房价的调整真正能够达到预期目标。

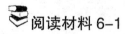 阅读材料 6-1

2020 年中国酒店行业市场现状与发展前景分析：中端酒店成长空间广阔

近年来，我国酒店行业保持良好的发展态势。酒店设施数量逐年增长，经济型酒店在所有酒店中是大头，占比较高。我国旅游市场规模不断扩大，旅游收入增长趋势明显。2012—2019 年旅游收入增速始终维持在 10% 以上，高于 GDP 的增速。

2020 年整体上处于新冠肺炎疫情后恢复阶段，2020 年第一季度至第三季度 GDP 同比步加快。同时，随着疫情情况的改善，旅游市场开始逐步复苏，十一黄金周国内出行人数已达到 2019 年同期的 8 成水平。预计未来中国旅游市场将继续保持稳定的增长趋势。

相关政策营造良好环境

随着我国经济的增长、居民生活品质的提升以及我国中产阶级的崛起，人们的旅游消费水平越来越高，我国的旅游业发展势头正强劲，消费升级带动需求增加，刺激着酒店业需求的增长。与此同时，国家政府部门也出台了一系列政策，以引导和规范酒店行业的发展，包括支持酒店住宿行业做大做强、对酒店的星级评定机制不断完善、规范酒店客房价格的制定、引导酒店绿色化和生态化发展等，近年来，还提出支持和鼓励酒店行业细分市场业态的发展。总的来看，主要以鼓励发展与产业结构调整的指导政策为主。

中国酒店市场规模大且呈金字塔型

2019 年，我国住宿和餐饮业增加值 18 040 亿元，增长 6.3%，酒店行业保持良好的发展态势，同时，我国酒店行业供给持续增长，中国酒店客房数量从 2016 年的 1410 万间增长到了 2019 年的 1762 万间，其间年复合增长率为 7.71%。

中国饭店协会统计数据显示，截至 2020 年 1 月 1 日，全国酒店业设施 338 021 家，客房总数 1762 万间，平均客房规模约 52 间，酒店业设施和客房数分别占我国住宿业的 56% 和 93%。

中端酒店增长迅速

我国庞大的中产阶级群体及中产阶级比重提升，消费升级及高端转移推动中端酒店需求增长，头部连锁酒店集团资源倾向快捷酒店的升级市场等众多因素，导致中端酒店市场依旧保持高速发展的态势，连续 2 年保持 50% 以上的增长。

美国与欧洲酒店市场呈橄榄型，高端、中端、经济型酒店品牌分布占比大致为 2∶5∶3。长期来看，我国连锁酒店仍面临发展机遇，尤其是中端酒店市场，截至 2020 年 1 月 1 日，我国三星级酒店的客房数约为 281 万间，仅占 16%。

全国旅游收入逐渐提升

我国旅游市场规模不断扩大，旅游收入增长趋势明显，2012—2017 年旅游收入增速维持在 15% 上下，2018 和 2019 增速稍有下滑但始终位于 10% 以上。2019 年我国国内旅游总收入为 5.72 万亿元，同比增长 11.65%。2020 年，整个旅游市场处于疫情后恢复阶段，出游人数减少，从而对酒店的需求有所下降。

随着疫情情况的好转，旅游市场开始逐步复苏，旅游人数与旅游开支逐渐增加，消费者对酒店的要求逐渐提高，从而会带动中端酒店的增长。

（资料来源：2020 年中国酒店行业市场现状与发展前景分析 中端酒店成长空间广阔[EB/OL]．（2021-01-20）. http://finance.sina.com.cn/stock/relnews/cn/2021-01-21/doc-ikftpnny0278225.shtml.）

第二节 客房经营统计分析

前厅部作为酒店经营活动的中心和信息中心，要利用经营与服务过程中所获得的统计信息资料，分析并研究客房商品经营状况和对策，这也是前厅管理的重要内容之一。

一、前厅统计报表

前厅统计报表是根据酒店经营管理的要求而设置的，它是酒店管理者了解经营情况的首要途径，是酒店管理者做出正确决策的依据，也是酒店其他各部门获取信息的重要来源，所以前厅统计报表不容忽视。

（一）客房营业日报表

前厅部每天需要向酒店及有关部门报送的表格数据种类很多，有些前面已经介绍过。在各种前厅报表中，最主要的是客房营业日报表。客房营业日报表又可称为每日客房统计表，是由接待处夜间值班员制作的一份综合反映每日客房经营状况的表格。此表一式数联，报送酒店总经理、副总经理、财务部、客房部等，是酒店管理人员了解情况、做出经营决策的重要依据。

客房营业日报表的格式与内容因酒店而异，但大都包括各类用房数、各类客人数、客房出租率、客房收入等方面的内容，如表 6-1 所示。

表 6-1　营业日报表

年　　月　　日

	今　天		本　月　累　计	与去年同期比较	
客房总数					
酒店自用房					
维修房					
免费房					
可出租客房					
已出租客房					
客房收入					
平均房价					
	人数	房数	今天在店	人数	房数
预订			散客		
预订未到			团队		
取消预订			长住客		
按预订已到			VIP		
其中：团队					
未预订开房			备　　注		
续住					
实际在店					
原定今天离店					
延长停留					
提前离店					
今天实际离店					
明天预期离店					
明天预测抵店					
明天预期在店					
预计明天空房					

制表人：＿＿＿＿＿＿＿＿＿＿

以下为主要营业统计数据计算方法。

1. 当日出租的客房数与在店客人数

（1）当日出租客房数。

当日出租客房数=昨天出租的客房数-当日离店客人用房数+当日抵店客人用房数

（2）当日在店人数。

当日在店客人数=昨天在店客人数-当日离店客人数+当日抵店客人数

2. 客房出租率和各类平均房价

（1）客房出租率。

$$日出租率 = \frac{日出租客房数}{可供出租客房数} \times 100\%$$

$$月出租率 = \frac{月出租客房天数}{可出租客房数 \times 月营业天数} \times 100\%$$

$$年出租率 = \frac{年出租客房天数}{可出租客房数 \times 年营业天数} \times 100\%$$

（2）平均房价。

$$总平均房价 = \frac{客房房租总收入}{已出租客房数}$$

$$散客平均房价 = \frac{散客房租收入}{散客占用客房数}$$

$$团队客平均房价 = \frac{团队客房租收入}{团队客占用客房数}$$

$$长住客平均房价 = \frac{长住客房租收入}{长住客占用客房数}$$

（3）客人的平均房价。

$$客人的平均房价 = \frac{客房房租总收入}{入住客人数}$$

3. 计算各类客人占用客房的百分比

（1）散客房间占用百分比。

$$散客房间占用百分比 = \frac{散客占用房间数}{已出租房间数} \times 100\%$$

（2）团队客房间占用百分比。

$$团队客房间占用百分比 = \frac{团队客占用房间数}{已出租房间数} \times 100\%$$

（3）免费房间占用百分比。

$$免费房间占用百分比 = \frac{免费占用房间数}{已出租房间数} \times 100\%$$

（4）预订客人占用房百分比。

$$预订客人占用房百分比 = \frac{预订客人占用房间数}{已出租房间数} \times 100\%$$

4. 计算各类订房变化的比率

（1）空订百分比。

$$空订百分比 = \frac{预订不到客人数}{预订客人数} \times 100\%$$

（2）取消预订的百分比。

$$取消预订的百分比 = \frac{取消预订客人数}{预订客人数} \times 100\%$$

（3）提前离店客用房百分比。

$$提前离店客用房百分比 = \frac{提前离店客用房数}{预期离店客用房数} \times 100\%$$

（4）延长停留客用房百分比。

$$延长停留客用房百分比 = \frac{延长停留客用房数}{预期离店客用房数} \times 100\%$$

二、客房经营主要指标分析

以下为酒店管理者及前厅部人员应掌握的客房商品经营主要分析指标。

（一）客房出租率

客房出租率是反映酒店经营状况的一项重要指标，它是已出租的客房数占酒店可以提供租用的房间总数百分比。其计算公式为

$$客房出租率 = \frac{已出租客房数}{可供出租客房总数} \times 100\%$$

上式比值越大，说明实际出租客房数与可供出租的客房数之间的差距越小，也就说明酒店的客源市场越充足，在一定程度上表明了酒店经营管理的成功。

我们知道，客房收入是酒店经济收入的主要来源，所以，客房出租率是酒店经营管理中所要追求的重要经济指标，它直接关系到酒店的盈亏状况。为此，酒店的盈亏百分比也是以客房出租率表示的，即保本出租率。

一家酒店的保本出租率可根据财务部门提供的数据进行计算。其计算方法为

$$保本出租率 = \frac{保本营业率 \div 平均房价}{可供出租客房天数} \times 100\%$$

其中：$保本营业额 = \dfrac{固定成本总额}{1 - 变动成本率 - 税率}$

例如，某酒店拥有客房 200 间，年固定成本 1000 万元，变动成本率 12%，营业税税率 5%，当年每间客房平均房价为 300 元，则

$$客房保本营业额 = \frac{1000}{1 - 12\% - 5\%} = 1204.82（万元）$$

$$保本出租率 = \frac{12\,048\,200 \div 300}{200 \times 365} \times 100\% = 55\%$$

计算结果表明，这家酒店的保本出租率是 55%。如果出租率低于 55%，酒店会亏损；

反之，高于 55%，酒店就能赢利。

保本出租率的掌握对酒店的经营管理有着重要的指导作用，如果本酒店的保本出租率高于竞争对手，则要考虑如何降低成本；如果本酒店的保本出租率低于竞争对手，则可适当考虑利用价格优势争夺客源市场。

显而易见，酒店要获得更多的盈利，必须扩大客房销售，提高客房出租率。但是，这并不是说客房出租率越高越好。因为酒店要想严格控制质量，在市场竞争中保持长久的实力，就必须有意识地控制客房使用情况，为客房维修和全面质量控制创造机会。若一味地追求高出租率，一方面设施设备超负荷使用，长此下去，必然会因为设施设备得不到必要的保养维修，出现用具功能失灵、建筑物使用寿命缩短等问题。另一方面，常年过高的出租率必然使客房服务人员被牢牢地固定在服务工作岗位，无暇参加培训，加之工作疲劳，使服务质量下降，造成管理工作的极大困难。除此之外，酒店还要考虑一些具体的经营安排。例如酒店要留有用于交际往来的免费房间，要留有房间以保证临时光临宾客的需要，还要留有房间以备紧急情况下调剂使用，等等。为此，一些专家提出，较为理想的年平均客房出租率是在 80%左右，最高不能超过 85%。

 案例 6-2

追求高客房出租率的后果

北方某城市一家集住宿、餐饮、旅游、娱乐和客运于一体的三星级旅游酒店于 1990 年开业。当时正值中国经济快速增长时期，酒店业处于全面快速发展阶段，加之该酒店服务热情周到，所以生意一直很好，客房出租率连年居高不下，取得了经济效益和社会效益的双丰收。该酒店曾先后荣获国家质量管理奖、全国用户满意单位、全国餐饮业经济效益最佳单位、省旅游综合实力评价 10 强酒店、优秀星级酒店等 30 余项殊荣。

但是，由于多年来该酒店经营者只抓经营，只强调软件服务，不注重硬件设施的建设与改造，使设施设备长期超负荷运行，维修保养不到位，几年下来，该酒店的外墙面、中央空调系统以及前厅、餐厅、后厨、客房等重要部位的设施设备损坏和老化现象十分严重，客人抱怨越来越多，难以为住店客人提供必要的三星级服务，只能靠不断降价来勉强维持经营。针对这种状况，市旅游局多次对这家酒店进行检查和通报，并下达限期整改通知，直至 2012 年 11 月取消了该酒店的三星级资格。

【分析提示】

酒店一味地追求客房出租率，使设施设备长期超负荷运行，致使设施设备得不到必要的维修保养，这是一种破坏性经营，最终必然走向服务运行上的恶性循环。这种硬件的超负荷运行会使服务人员工作疲劳，无暇参加培训，而且在这样的环境下工作，服务员也会慢慢地失去自豪感和服务热情，降低服务质量水准。

（二）双开率

双开率即双倍客房出租率，是指两位客人同住一个房间的房数占所出租房间总数的百分比。其计算公式为

$$双开率 = \frac{客人总数 - 已出租客房数}{已出租客房数} \times 100\%$$

例如，某酒店下榻客人数为 390 人，当日出租客房数 280 间，其客房双开率为

$$双开率 = \frac{390 - 280}{280} \times 100\% = 39.3\%$$

双开率指标可以反映客房的利用状况，是酒店增加收入的一种经营手段，其前提是一个房间（单人间除外）划出两种价格。比如，一个标准间住一位客人时，房价 90 美元，住两位客人时，每位只收 60 美元。这样，客人可节省约 1/3 的房费开销，而酒店又增加了 1/3 的收入，同时，酒店的经营成本的增加却很少。但是客房双开率只有与客房出租率配合使用才有意义。在客人有限的情况下，总台接待员应首先考虑多销售客房、提高客房出租率，而不是有意提高双开率。

（三）实际平均房价

实际平均房价是酒店经营活动分析中仅次于客房出租率的第二个重要指标，它是客房总收入与实际出租客房数的比值。其计算公式为

$$实际平均房价 = \frac{客房总收入}{出租客房数}$$

例如，某酒店某日客房总收入为 36 000 元，当日出租的客房总数 150 间，则实际平均房价为

$$实际平均房价 = \frac{36\,000}{150} = 240 \;（元）$$

实际平均房价的高低直接影响酒店的经济收益。影响实际平均房价变动的主要因素是实际出租房价、客房出租率和销售客房类型结构。酒店的实际出租房价与门市价有较大的差别，由于优惠、折扣、免费住宿等原因，会使实际出租房价低于门市价，有时会低得多。只有在经营旺季执行旺季价时，才会接近甚至高于门市价。

实际平均房价与客房出租率密切相关。一般来说，要提高客房出租率，会使平均房价降低；反之，要保持较高的平均房价，会使客房出租率下降。因此，处理好客房出租率和平均房价的关系，既能得到合理的平均房价，又能保持较高的客房出租率，使客房收益最大，这是酒店经营管理的艺术。片面追求某一方面，都是不正确的。

销售客房类型结构的变化也是影响实际平均房价高低的一个重要因素。目前大多数酒店都确定 4~5 个等级的房间。房间等级不同，价格也不相同。一般来讲，酒店标准间要占酒店客房数的大部分，其价格基本上趋于平均房价，是酒店前厅部、营销部主要向客人推销的客房。在其他因素不变时，高档客房销售增加，则平均房价就会提高，所以总台接待员应掌握一定的推销技巧，以成功地推销较高档次客房。

（四）平均客房收益

平均客房收益（revenue per available room，RevPAR），即平均每间可供出租客房收入，其计算公式为

$$平均客房收益 = 客房收入/可供出租客房数$$
或
$$平均客房收益 = 客房出租率 \times 平均房价$$

平均客房收益是衡量酒店客房经营水平和投资回报的一项重要指标。在国际通用的酒店教科书中，在国际酒店管理集团采用的统计体系中，以及酒店投资业主、酒店经营者、与旅游和酒店相关的资讯公司都将平均客房收益作为非常重要的指标来使用。

如前所述，客房出租率和实际平均房价是酒店经营活动分析中两个非常重要的指标。但是，如果单从客房出租率，或是单从实际平均房价分析或考核客房的经营业绩，则是片面的，甚至会得出相反的结论。而平均客房收益将这两项重要分析指标结合起来，能够合理地反映客房的经营质量。

例如，某酒店有 400 间可供出租的客房，其客房出租率和平均房价如表 6-2 所示。

表 6-2　平均客房收益计算分析表

时间	平均每天售出房数	客房出租率	平均房价/元	收入/万元	平均客房收益/元
2018 年 7 月	320	80%	400	396.8	320
2018 年 8 月	200	50%	600	372.0	300
2019 年 7 月	280	70%	600	520.8	420

从表 6-2 可以看出，2019 年 7 月的经营效益明显高于 2018 年同期。如果仅用客房出租率来分析，比 2018 年同期出租率低了 10 个百分点，与平均客房收益的评价结果是相反的。同样，因为客房出租率的影响，单就平均房价而言，不一定高就会效益好。这家酒店 2018 年 8 月调高了房价，但由于出租率受房价调高影响大幅度下降，虽然平均房费提高了 200 元，房费收入却减少了 24.8 万元，而平均客房收益为 300 元，显然比上月低 20 元。

（五）理想平均房价

理想平均房价是指酒店各类客房以现行牌价按不同的客人结构出租时可达到的理想的平均房价。它是一定时间内，从最低价出租客房价格和从最高价出租客房价格得出的平均值。计算理想平均房价时，要结合客房出租率、双开率及客人牌价进行。

例如，某酒店共有客房 400 间，其类型及出租牌价如表 6-3 所示。预计未来酒店客房出租率可达 80%，双开率 30%，求其理想平均房价。

表 6-3　某酒店客房类型与牌价

客 房 类 型	数量/间	牌价/元	
		1 人住	2 人住
单人间	50	140	—
标准间	300	200	260
普通套间	40	300	400
高级套间	10	450	600

以下为理想平均房价计算方法。

1. 从低档到高档，计算平均房价

为客人排房时，先从最低档的单人房开始，依次向高一档的客房类型递进，直到把客人全部安排完为止（酒店平均每天开房数为：400×80%=320 间）。由此计算出的平均房价为低价出租客房平均房价。

（1）某日客房收入为

$$140×50=7000（元）$$
$$200×270+60×96=59\ 760（元）$$

某日客房收入总计为

$$7\ 000+59\ 760=66\ 760（元）$$

（2）平均客房价格为

$$66\ 760÷320=208.6（元）$$

2. 从高档到低档，计算平均房价

为客人排房时，先从最高档的高级套房开始，依次向低一档的客房类型递进，直到把客人全部安排完为止。由此计算出的平均房价为高价出租客房平均房价。

（1）某日客房收入为

$$450×10+150×3=4950（元）$$
$$300×40+100×12=13\ 200（元）$$
$$200×270+60×81=58\ 860（元）$$

某日客房收入总计为

$$4950+13\ 200+58\ 860=77\ 010（元）$$

（2）平均客房价格为

$$77\ 010÷320=240.7（元）$$

（3）将低价出租客房平均房价与高价出租客房平均房价加以简单平均，即得理想平均房价，为

$$(208.6+240.7)÷2 = 224.7（元）$$

理想平均房价为 224.7 元，即酒店在未来一个时期内的平均房间标准收益是 224.7 元。将实际平均房价与这个标准收益进行比较，可以较为客观地评价客房经营的收益程度，如果实际平均房价高于理想平均房价，说明经济效益好，酒店可获得较为理想的盈利。这种比较也可以在一定程度上反映牌价是否符合市场情况的需要，如果二者相差甚远，说明牌价可能过高或过低，不符合市场状况，需要调整。

前厅部作为酒店经营活动的中心和信息中心，要利用经营与服务过程中所获得的统计信息资料，分析和研究客房商品经营状况和对策，这也是前厅管理的重要内容之一。

思　政　园　地

华住集团简介

华住集团（NASDAQ: HTHT；01179.HK）是全球领先的酒店集团，创立于 2005 年，始终以成就美好生活为使命，专注于为消费者提供高品质、丰富多彩的出行体验。

截至 2022 年 12 月 31 日，华住集团在 17 个国家经营 8543 家酒店，拥有 809 478 间在营客房，近 14 万名员工。华住集团旗下有 31 家酒店及公寓品牌，覆盖从豪华到经济型市场，品牌包括：禧玥、花间堂、瑞贝庭公寓酒店、桔子水晶、漫心、美仑、美仑国际、城际、美居、全季、桔子、星程、CitiGO 欢阁、汉庭、宜必思、海友、你好、城家公寓等，另有合作品牌诺富特、美爵和馨乐庭公寓。

华住已经成为全球发展最快的酒店集团之一。2010 年，华住在美国纳斯达克成功上市；

2020 年 9 月，华住在香港联交所主板实现二次上市。根据美国 *HOTELS* 杂志公布的"2020 全球酒店集团 225 强"（HOTELS 225）的最新排名，华住集团位列第 7；同步发布的"世界 50 大酒店品牌榜单"中，华住旗下汉庭、全季、你好品牌均上榜。华住旗下汉庭品牌连续 六年蝉联 BrandZ 最具价值中国品牌 100 强。

华住会作为华住集团推出的会员俱乐部，也是一个高效的酒店预订平台，正为近 1.7 亿 会员提供住宿和旅途服务。在创始人季琦的带领下，华住已经成为全球发展最快的酒店集 团之一。

（资料来源：根据华住会官网上的资料整理）

思政思考题：

请在网络上查阅华住集团旗下的品牌酒店客房的价格，比较同类产品的房价和服务， 分析其发展迅速的原因。

练习题

一、简答题

1. 客房价格的种类有哪些？
2. 酒店的计价方式有哪些？
3. 如何限制团队房价？
4. 客房营业日报表的基本内容是什么？
5. 客房出租率和实际平均房价有何关系？

二、选择题

1. 标准房价又称（　　）。
   A. 标准间价格　　　　　　B. 门市价
   C. 牌价　　　　　　　　　D. 合同价　　　　　　E. 团队价
2. 美式计价方式多用于（　　）。
   A. 商务型酒店　　　　　　B. 度假型酒店
   C. 旅游团队　　　　　　　D. 大多数酒店
3. 在各种前厅报表中，最主要的是（　　）。
   A. VIP 接待通知单　　　　B. 客房营业日报表
   C. 一周客情预报表　　　　D. 客人住宿登记表
4. 较为理想的年平均客房出租率应在（　　）。
   A. 60%～65%　　　　　　B. 65%～70%
   C. 80%～85%　　　　　　D. 95%～100%

三、判断题

1. 房价是指客人住宿一天所应支付的住宿费用。　　　　　　　　　　　　（　　）
2. 投资成本是影响客房定价的基本要素。　　　　　　　　　　　　　　　（　　）
3. "千分之一法"是以客房建造成本为基础计算的。　　　　　　　　　　（　　）

4. 为使酒店获得更多的盈利，必须扩大客房销售，所以客房出租率越高越好。

(   )

四、计算题

1. 一座新建酒店拥有 500 间客房，总造价为 4500 万美元，按照千分之一法计算平均房价。

2. 某酒店下榻客人数为 400 人，当日出租客房数 300 间，计算客房双开率。

3. 某酒店有 300 间可供出租客房，其 3 年的平均售出房数和平均房价如表 6-4 所示。

表 6-4 某酒店 3 年平均售出房数和平均房价表

时　　间	平均每天售出房数	平均房价/元	客房出租率	平均客房收益/元	收入/万元
2017 年	165	400			
2018 年	240	300			
2019 年	234	380			

请计算客房出租率、平均客房收益指标和收入并加以分析。

五、案例分析

管理出效益

东海大酒店是东海之滨 N 城市的第一家四星级酒店。酒店开业以来，在经营上碰到了一系列的问题：第一，260 间客房中有 230 间是标准房，12 间套房，因此无法接待大量的商务客人。而商务客人总是希望能够入住高星级饭店的商务房。第二，酒店有 4 个大餐厅，各为本地特色餐厅、西餐厅、宴会厅、粤菜厅。生意最好的是本地特色餐厅，经常是高朋满座。生意最差的是粤菜厅，可以说是惨淡经营。可见当地客人和外来客人都不是很喜欢粤菜。第三，管理沟通不顺，服务质量水平不高，部门间的沟通和信息往往脱节，比如，预订是在销售部，可是前厅部往往得不到预订信息，而房务中心和总台的房态有时也会不一致。当陆续有新的高星级酒店进入市场后，东海大酒店的市场优势就不存在了。针对这种情况，饭店管理层意识到应该调整管理模式来改变饭店目前的状况。于是，饭店在管理上做出了几个重大的调整：第一，改造客房，把一部分标准房改造成商务房，使商务房的数量达到总数的 34%，其中有两个是商务楼层。商务房都配备了网络接口和 Wi-Fi，部分客房还配备了传真机。商务楼层的客房都设置了客控系统，卫生间全部干湿区分开，以满足高档市场的需要。商务房几乎天天客满。第二，取消粤菜厅，改为半隔断的本地特色餐厅，并把粤菜中的一些高档菜进行地方化改造后向市场推出。根据需要，这个餐厅还不定时地举行美食节，很快生意就火爆起来。同时，把其中一个餐厅改造成为全日制餐厅兼咖啡厅，除了供应自助餐还兼有咖啡厅的功能。第三，改造管理系统，建立管理信息系统。饭店引进智能化系统，把互联网和物联网的功能充分运用到饭店中。饭店实现了 Wi-Fi 全覆盖，网络订房，支付宝扫码自动结账，方便宾客，深受欢迎。完善饭店的运作制度和运作体系，强化控制职能。第四，建立螺旋式培训体系和培训制度，科学培训员工，以提高服务质量。第五，实行管理人员的"四现场"，即现场管理、现场指挥、现场考核、现场带班。实施这几项措施后，酒店的市场定位准了，客源走向高档化。餐厅基本能够满足需要，且效益很好。员工素质的提高直接带来了服务质量的提高。结果，饭店的利用率、平均房价、营业收入、利润都有了很大的提高在最近的星级复核中，该饭店被评为全市综合效益最佳饭店。这就是管理出效益。

（资料来源：蒋丁新. 饭店管理概论[M]. 6 版. 大连：东北财经大学出版社，2018.）

问题：

1. 为什么东海大酒店会陷入经营困境？
2. 东海大酒店在哪些方面表现出了管理出效益？
3. 怎样理解管理人员的"四现场"？

第七章　前厅部的沟通协调

学习目标

通过本章学习，掌握沟通协调的基本原理，了解前厅部与酒店各部门沟通协调的主要内容，培养正确处理各种宾客投诉的能力；掌握处理客人投诉的原则、程序和技巧；了解客史档案的内容与管理方法。

核心概念

宾客投诉　客史档案

引例

优质服务赢得顾客的心

泰国的曼谷东方酒店堪称亚洲酒店之最。其令人叫绝的几近完美的服务，靠的就是顺畅的沟通协调机制和完善的客户管理体系。

在泰国曼谷，清晨走出东方酒店客房，一名漂亮的服务员小姐微笑着向我打招呼："早上好，余先生。"

"你怎么知道我姓余？"

"余先生，我们每一层的当班小姐都要记住每一个房间客人的名字。"

我心中很高兴，乘电梯到了一楼，门一开，又有一名服务员小姐站在那儿，她说："早上好，余先生。"

"啊，你也知道我姓余，你也记住了我的名字，怎么可能呢？"

"余先生，楼上打电话说您下来了。"原来她们腰上挂着对讲机。

于是她引领我去吃早餐，餐厅的服务人员给我上菜，都称呼我余先生，这时来了一盘点心，点心的样子很奇怪，我就问她："中间这个红红的是什么？"这时我注意到一个细节，那位小姐看了一下，就后退一步告诉我那个红红的是什么。"那么旁边这一圈黑黑的呢？"她上前又看了一眼，又后退一步告诉我那黑黑的是什么。这个后退一步就是为了防止她的口水溅到食物里。

我退房离开的时候，服务员刷卡后把信用卡还给我，然后再把我的收据折好放在信封里，还给我的时候说："谢谢您，余先生，真希望第七次再看到您。"第七次再看到？原来我这是第六次下榻这里了！

3 年过去了，我再没去过泰国。有一天我收到一张卡片，发现是曼谷东方酒店寄来的。"亲爱的余先生，3 年前的 4 月 16 日您离开以后，我们就没有再看到您，公司全体上下都想念得很，下次经过泰国一定要来看看我们。"下面写的是：祝您生日快乐！

原来那天是我的生日。

这种优质的服务无疑赢得了一个顾客的心。

（资料来源：东方饭店成功秘诀：完善的客户关系管理体系[EB/OL].（2012-04-23）. http:// jiudian. jiameng. com/news/47728_1.htm.）

上述案例告诉我们，在酒店客房的对客服务中，仅仅为宾客提供优质的客房商品是不够的，一定要在对客服务的交流中，使用礼貌用语，提供有个性化的对客沟通和超常的服务，使宾客感受极致化。

第一节　前厅部与其他部门的沟通协调

前厅部作为酒店的"神经中枢"，必须始终保持与酒店其他部门的联系，加强沟通协调，以保证酒店每个部门、每个环节都能高效运转，保证酒店对客服务的整体质量。

一、前厅部与总经理办公室之间的沟通协调

由于前厅部的前台与总经理办公室的工作联系较多，因此，不少酒店前台的位置靠近总经理办公室。前厅部除了应向总经理请示、汇报对客服务过程的重大事件，平时，还应与总经理办公室沟通以下信息。

（一）有关接待工作

（1）房价的制定与修改。

（2）免费、折扣、定金、贵宾接待规格、客房销售等项政策的呈报与批准。

（3）每日递交"在店贵宾/团队表""预期离店客人名单""客房营业日报表""营业情况对照表"。

（二）预订工作

（1）定期呈报"客情预报表"。

（2）每日递交"客情预测表""次日抵店客人名单"。

（3）递交"贵宾接待规格审批表"，报告已预订客房的贵宾情况，贵宾抵店前，递交"贵宾接待通知单"。

（4）每月递交"房价及预订情况分析表""客源分析表""客源地理分布表"。

（三）问讯工作

转交有关邮件、留言。

（四）电话总机工作

（1）了解经理的值班安排及去向。

（2）提供呼叫找人服务。

二、前厅部与客房部之间的沟通协调

许多酒店的前厅部与客房部同属于房务部。这两个部门被看作不可分割的整体。可以想象，这两个部门之间保持良好的沟通具有何等重要的意义。

（一）接待工作

（1）为了协调好客房销售与客房管理之间的关系，"楼层报告""客房状况差异表"就成了最重要的信息沟通工具。

（2）团队客人抵店前，送交"团队用房分配表"。

（3）用"特殊服务通知单"将客人提出的房内特殊服务要求通知客房部。

（4）把客人入住及退房的情况通知客房部。

（5）用"房间/房价变更通知单"把客人用房的变动情况通知客房部。

（6）每日送交"预期离店客人名单""在店贵宾/团队表""待修房报告"。

（二）预订工作

（1）每日送交"客情预测表"。

（2）书面通知房内布置的要求。

（3）书面通知订房客人所需的房内特殊服务要求。

（4）贵宾抵店前，递交"贵宾接待通知单"。

（5）贵宾抵店的当天，将准备好的欢迎信、欢迎卡送交客房部，以便客房部做贵宾房的布置。

（三）问讯工作

（1）客房部应将离店客人房内所发现的遗留物品的情况通知问讯部。

（2）团队客人抵店，如问讯部采取把钥匙插在门锁上的方法，应事先与客房部沟通。客人离店后，如客店服务员发现离店客人房内有客房钥匙，应及时与问讯组联系。

（四）大厅服务

（1）上楼层递送报纸，或将需递送的报纸及"报纸递送单"交客房部。

（2）递送抵店的团队客人行李或其他客人物品时，如客人不在客房，请客房服务员打开房门，以便把行李或客人用品放入客房。

（五）电话总机

白天时如发现客人对叫醒通知无反应，应请客房部派员工前去探视。

三、前厅部与销售部之间的沟通协调

前厅部与销售部都对酒店的客房销售工作负有责任。销售部不但对眼前的客房销售负有责任，更重要的是对酒店长时期的、整体的销售，尤其是对团队、会议的客房销售负责，所以不少酒店将负责接待团队客人的团队联络员归到销售部。前厅部对零星散客，尤其是当天的客房销售工作负有更直接的责任。前厅部与销售部之间必须加强信息沟通，才能圆满完成客房销售任务。

（一）接待工作

（1）组织明年客房销售预测前的磋商。

（2）超客预订情况发生时的磋商。

（3）团队客人抵店前，将团队客人的用房安排情况书面通知销售部。

（4）团队抵店后，销售部的团队联络员将客人用房等变更情况书面通知开房组。

（5）每日送交"在店贵宾/团队名单""预期离店客人名单""客房营业日报表""营业情况对照表"。

（二）预订工作

（1）旺季来临，为避免超客预订情况发生，及时与销售部沟通，研究决定团队客人与散客的接待比例。

（2）销售部将已获总经理室批准的各种订房合同的副本交预订组。

（3）销售部将团队客人的订房资料、"团队接待通知单"通知预订组。

（4）核对年度、每日客情预报。

（5）每日递交"客情预测表""贵宾接待通知单""次日抵店客人名单""房价及预订情况分析表""客源分析表"。

（6）每月递送"客源地理分布表"。

（三）问讯工作

（1）将了解到的团队客人需提供叫醒服务的时间通知电话总机。

（2）团队客人客房钥匙的发放与回收。

（3）了解团队活动日程安排，以便回答客人的询问。

（四）大厅服务

（1）团队客人抵离店时，核对行李件数。

（2）了解离店团队的取出行李时间及离店时间。

（五）电话总机

（1）了解团队客人需要提供的叫醒服务的时间。

（2）团队活动的日程安排。

四、前厅部与财务部之间的沟通协调

为了保证对客服务的质量及客房销售的经济效益的正确回收，前厅部应加强与财务部（包括前台收款）之间的信息沟通。

（一）接待工作

（1）对给予散客的信用限额进行沟通，控制客人住店期间的信用限额。

（2）根据酒店政策收取预收款。

（3）将打印好的已抵店的散客的账单及登记表送交收款处。

（4）送交压印好的信用卡签购单。

（5）送交打印好的已抵店的团队客人的总账单与分账单。

（6）送交"房间/房价变更通知单"。

（7）每日送交"预期离店客人名单""在店客人名单""在店贵宾/团队表""客房营业日报表""营业情况对照表"。

（8）对过了离店时间后退房的客人的超时房费收取问题进行沟通。

（9）客房营业收入的夜审核对工作。

（二）预订工作

（1）对定金（预付款）的收取问题进行沟通。

（2）对订房客人信用限额问题进行沟通。

（3）每日递交"客情预测表""贵宾接待通知单"。

（三）问讯工作

（1）送交"电传收费单"及"电传营业收入日报表"。

（2）将邮票售卖记录交财务部审核。

（3）离店客人钥匙的回收。

（四）大厅服务

（1）大厅行李员通知收银处即将离店的客人房内小酒吧用量。

（2）填写已结账客人的离店单。

（3）如已结账的客人再次发生费用，收款组与大厅服务组应及时沟通，以便大厅服务人员采取恰当的方法提醒客人。

（4）递送"服务费收入日报表"。

（5）根据客情预测，每月递交报纸订购预算申请。

（五）电话总机

（1）递交"长途电话收费单"与"长途电话营业日报表"。

（2）负责已结账的客人挂拨长途时的沟通。

五、前厅部与餐饮部之间的沟通协调

"食""宿"是住店客人最基本的需求，也是酒店两大主要收入来源。前厅部必须重视与餐饮部的信息沟通。

（一）接待工作

（1）书面通知房内的布置要求，如在房内放置水果、点心等。

（2）发放团队客人的用餐券。

（3）每日送交"在店贵宾/团队会议人员表""在店客人名单""预期离店客人名单"。

（二）预订工作

（1）每月送交"客情预报表"。

（2）每日送交"客情预测表""贵宾接待通知单"。

（3）书面通知订房客人的用餐要求及房内布置要求。

（三）问讯工作

（1）每日从餐饮部的宴会预订组取得"宴会/会议活动安排表"。

（2）向客人散发餐饮活动的宣传资料。

（3）随时掌握餐饮部营业的服务内容、服务时间及收费标准的变动情况。

（四）大厅服务

更新每日宴会/会议、饮食推广活动的布告牌。

第二节　宾客投诉处理

宾客投诉是客人对酒店提供的服务设施、设备、项目及服务行为的结果，表示不满而提出的批评、抱怨或控告。由于酒店是一个复杂的整体运作系统，而且客人对服务的需求又是多种多样的，因此无论酒店经营得多么出色，都不可能百分之百地让客人满意，客人的投诉也是不可能完全避免的。酒店投诉管理的目的和宗旨在于如何减少客人的投诉，以及如何使因客人的投诉而造成的对酒店的危害降低到最低程度，最终使宾客对酒店投诉的处理感到满意。

一、正确认识宾客投诉

引起宾客投诉的原因有客观原因，也有主观原因。客人认为酒店的某些设施和服务未能达到应有的标准，不能给客人以"物有所值"的满足感，即客人感觉到的服务与其所期望的服务有差异时，就会产生投诉。事实上，有些投诉产生后，引起客人投诉的原因并不重要，关键是服务人员自己怎样看待客人的投诉，采取怎样的态度来面对、解决客人的投诉。

（一）投诉的顾客是酒店真正的朋友

哈佛大学教授李维特（Ted Levitt）说过："与顾客的关系走下坡路的一个信号就是顾客不抱怨了。"客人投诉给了酒店与顾客深入沟通、建立顾客忠诚度的机会。顾客肯花时间投诉，表明他对酒店还抱有一些信心。因此，那些肯投诉的人可能是酒店的忠实顾客，酒店要保持一种积极健康的、留住顾客的态度。

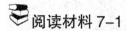 阅读材料 7-1

对"宾客永远是对的"这句话的理解

在 19 世纪 60 年代的美国，有一个家境贫寒的男孩，为了生计，他在 13 岁时就跑到家乡水牛城的一个小旅馆里做行李生。有一天晚上，他在当班时看到一位宾客在前台登记后入住了房间，但没过多久这位宾客就面露不悦地回到前台，向前台员工愤怒地说着什么。前台的员工看起来也很生气，也用非常激烈的语言跟宾客发生了强烈的争执。最后，这两个人谁也没有说服谁，而这个宾客则怒气冲冲地拉着自己的行李箱离开了酒店。

目睹了全过程的男孩打开随身携带的笔记本，在上面记了些什么，这个情景恰好被他的主管看见，于是主管凑过去看他的笔记本。男孩的笔记本上竟写着这样一句话："宾客永远是对的！"主管非常吃惊，马上问他："你离前台那么远，并不了解刚才到底发生了什么，究竟是员工的错误还是宾客的责任你也并不清楚，为什么会得出这么肯定的结论？"

男孩抬起头，缓慢但一字一句地对主管说："因为无论如何，宾客走了，今晚酒店这间房的房费也没了。"这个故事对很多酒店人来说并不陌生，因为故事里的男孩就是酒店行业鼎鼎有名，并为行业做出过杰出贡献，被誉为"世界饭店标准化之父"的埃尔斯沃思·密尔顿·斯塔特勒（Ellsworth Milton Statler）先生。他一手创建的斯塔特勒旅馆集团在鼎盛时期拥有 5500 间客房，而这个故事也恰好是本节讨论的主题"宾客永远是对的"这句话的由来。

原来，斯塔特勒先生的本意并不是强调"宾客永远是对的"这句话本身的正确性，而是在用这句话背后的逻辑来给服务行业提供参考，这个逻辑就是：生意人求财不求气！再深入解读一下就是：并非所有宾客都是对的，酒店服务者只是为了让宾客心甘情愿地在这里消费，以及为其他宾客提供更好的消费环境（因为一旦发生争执，影响的可不只有当事人）。于是，作为服务者的酒店人需要把"对"让给宾客。

先不讨论这个小故事是否真实存在，但斯塔特勒先生的第一家酒店开业时，"宾客永远是对的"这句话就成为该酒店所有员工的座右铭，并被全球服务行业中的诸多知名企业效仿。可以想象，那么多知名企业愿意效仿，是因为它们深刻地理解了斯塔特勒先生这句话背后的意义：将服务的理念进行到底。

除了"宾客永远是对的"这句话，斯塔特勒先生还有下面这些名言流传于世："决不可傲慢、尖酸刻薄与无礼，宾客支付了我们的工资，是我们的衣食父母""本酒店的任何员工无权在任何问题上与宾客争执""无论从宾客角度还是酒店角度，在斯塔特勒酒店，员工与宾客的任何小的争吵都是绝对错误的"……

"宾客永远是对的"这句话里，"对"的不是某个具体的宾客，而是服务者将"对"让给了"宾客"这个群体，因为这个群体要在酒店消费，同时跟这些人打交道的情况又会影响其他宾客对酒店的印象。所以，理解"宾客永远是对的"这句话不是看它的字面意思，而是要深入探讨它背后的逻辑和意义，而这个逻辑就是：生意人求财不求气。所以，对"宾客永远是对的"的理解就变成了：不是真的对，而是让他对。

（资料来源：张川，郭庆. 以客户为中心[M]. 北京：人民邮电出版社，2020.）

（二）投诉可以让酒店认识到不足并加以改进

对酒店服务的不满或责难，表示顾客仍旧对酒店抱有期待，希望酒店能改善服务水平。顾客的投诉可以帮助酒店改进和创新服务业务：他们指出酒店的系统在什么地方出了问题，哪里是薄弱环节；他们指出酒店的服务产品在哪些方面不能满足他们的期望，或是酒店的工作没有起色；他们指出你的竞争对手在哪些方面超过了你，或是你的员工在哪些地方落后于人家。

投诉是酒店服务质量的晴雨表，是提高服务质量的推动力。顾客投诉是酒店的"治病良药"，酒店可以在顾客的投诉中获得成长。

（三）投诉使酒店有机会避免顾客的流失

客人直接向酒店投诉，给酒店提供了挽回自身声誉的机会。如前所述，绝大多数不满意的客人不投诉，但他们会在酒店外通过其他途径来进行宣泄；或自我告诫，以后不再到该酒店消费；或向亲朋好友诉说令人不愉快的消费经历，传播酒店不好的口碑。这就意味着酒店将永远失去这些客人，酒店就连向客人道歉、纠正错误、改进服务的机会也没有了。

在以投诉方式表达自己意见的客人中，也存在着几种不同的具体方式。除了直接向酒店投诉外，有些客人选择不向酒店而向旅行代理商投诉，或是向新闻媒体投诉，或是向消费者协会、政府主管部门投诉，甚至运用法律诉讼方式起诉酒店。

显然，从维护酒店声誉的角度来看，客人直接向酒店投诉是对酒店声誉影响最小的一种方式。直接向酒店投诉的客人，不管其投诉的原因、动机如何，都给酒店提供了及时做出补救、保全声誉的机会和做周全应对准备的余地。

（四）投诉信息是酒店的宝贵资源

投诉使酒店更好地了解顾客需求。酒店要善于从客人投诉中发现商机。顾客投诉的信息如果能被正确对待和处理，将是酒店内非常有价值的资源。顾客投诉的内容多种多样，但其中可能隐藏着容易被忽视但又非常有价值的信息，可以帮助酒店在服务产品设计、服务流程、服务规范等方面进一步改进。

因此，酒店对客人的投诉应持积极、欢迎的态度，无论客人出于何种原因、何种动机进行投诉，酒店方面都要理解客人心理，都要给予充分重视，及时做出补救。只有这样才可能消除客人的不满，重新赢得好感及信任，改变客人对酒店的不良印象。"闻过则喜"应成为酒店对待客人投诉的基本态度。

二、容易受到投诉的环节

从整个酒店经营和运作系统来看，容易被客人投诉的环节主要有以下几个。

（一）酒店的硬件设施设备

此类投诉是指由于酒店的设施、设备不能正常运行而给客人带来不便甚至伤害，引起客人的投诉。它包括客人对空调、照明、供暖、供水、供电、家具、门锁、钥匙、管道、电器、电梯等设备、设施的投诉。此类投诉一般占有很大比例。我国酒店与国际酒店相比，存在的突出问题之一就是设施、设备保养不善，"未老先衰"，一些老店更是"千疮百孔"，常引起客人的投诉。当然，即使酒店采取了全方位的预防性维修与保养，也很难杜绝所有运转中的设备、设施可能出现的故障。因此，前台工作人员在受理此类投诉时，最好协同有关部门的工作人员去实地观察，然后根据实际情况，配合有关部门一起采取措施解决。

（二）酒店的软件服务

此类投诉是指服务人员在服务态度、服务礼节礼貌、服务技能、服务效率、服务纪律等方面达不到酒店服务标准或客人的要求与期望，引起客人的投诉，例如：服务人员对客服务中不主动、不热情、结账时间过长、出现差错、索要小费等。据调查，此类投诉一般占总投诉的一半以上。

（三）酒店的食品及饮料

此类投诉是指由于酒店食品及饮料出现的卫生及质量问题，如不清洁、过期变质、口味不佳等，引起客人的投诉。酒店的食品及饮料是除客房及其他设施、设备外另一重要的有形产品，此类质量问题直接影响酒店的声誉及其他服务产品的销售。

（四）酒店安全状况

此类投诉是指客人在酒店因人身安全、财产安全或心理安全受到侵犯而引起的投诉。例如：因酒店管理不善而使住客在房间受到骚扰，客人的隐私不被尊重，客人的财物丢失，等等。

（五）酒店相应的规定及制度

此类投诉是指客人由于对酒店的有关政策规定及制度产生不满而引起的投诉。例如：对酒店内房价、预订、入店手续办理、通信、会客等方面的相应规定，表示不认同或感到不方便等。此时，前台工作人员应努力为客人做好解释工作，指明这些规定是为了保障客人的利益而专设的。同时，在规定范围内，从多角度、多方面帮助客人，消除客人疑虑。在多次接到此类投诉情况下，酒店方面应不断加以归类总结，完善相应规定及制度，使其成为对客服务的更好依据。

在实际工作中一定要注意尽量减少客人投诉，要做到这一点，就要求我们在酒店的营运管理过程中注意容易受到投诉的环节并采取相应的措施，做好预前控制。

三、投诉处理的原则

酒店方面在处理客人投诉的过程中要注意和把握以下几个原则，认真做好投诉的处理工作。

（一）真心诚意帮助客人解决问题

处理客人投诉，"真诚"二字非常重要。应理解客人的心情，同情客人的处境，努力识别和满足他们的真心需求，满怀诚意地帮助客人解决问题。只有这样，才能赢得客人的信任和好感，才能有助于问题的解决。酒店要制定合理、行之有效的有关处理投诉规定，以便服务人员在处理投诉时有所依据。自己不能处理的事，要及时转交上级，要有一个引导交接的过程，不能使投诉中出现"空白"和"断层"。有些简单的投诉，凡本人能处理好的，更不能推诿和转移。否则，将会引起客人更大的不满。如果缺乏诚意，即便在技术上做了处理，也不能赢得客人的好感。

（二）绝不与客人争辩

处理客人投诉时，要有心理准备，即使客人使用过激的语言及行为，也一定要在冷静的状态下同客人沟通。当客人怒气冲冲前来投诉时，首先，应适当选择处理投诉的地点，避免在公共场合接受投诉；其次，应让客人把话讲完，然后对客人的遭遇表示同情，还应感谢客人对酒店的关心。一定要注意冷静和礼貌，绝对不要与客人争辩。我们必须清楚，客人不是我们争论斗智的对象，我们永远不会赢得争辩。也不要试图说服客人，因为任何解释都隐含着"客人错了"的意思。态度鲜明地承认客人的投诉是正确的，能使客人的心理得到满足，尽快地把客人情绪稳定下来，显示了酒店对客人的尊重和对投诉的重视，有助于问题的解决。

 案例 7-1

及时解决问题

某酒店来了一个西欧旅游团。行李已运到楼层的电梯厅。当楼层主管经过这里时，正赶上旅行团的领队气势汹汹地冲着服务员发火。见到主管，这位领队立即投诉："为什么只有一个人动手帮助客人，那两个站在那里……"主管马上解释道："对不起，这两位是实习生，根据我们酒店的规定……"这一解释，如同火上浇油。"什么实习生？穿酒店的制服，就要为客人服务！"说完，他抓起电话，厉声向总经理投诉。

【分析提示】

客人有抱怨，绝不要解释，而应立即动手帮助解决问题。不解释，及时解决，可能会大事化小；一解释，顾客会以为你在为服务失误找托词，反而会把事情闹大。

（三）不损害酒店的利益和形象

处理投诉时，应真诚地为客人解决问题，保护客人利益，但同时也要注意保护酒店的正当利益，维护酒店整体形象。不能仅仅注重客人的陈述，讨好客人，轻易表态，给酒店造成不该有的损失，更不能顺着或诱导客人抱怨酒店某一部门，贬低他人，推卸责任，使客人对酒店整体形象产生怀疑。对涉及经济问题的投诉，要以事实为依据，具体问题具体对待，不使客人蒙受不应蒙受的经济损失，酒店也不应无故承担赔偿责任。仅从经济上补偿客人的损失和伤害不是解决问题的唯一有效方法。

在处理投诉时，既要一视同仁，又要区别对待。既要看投诉问题的情节，又要看问题的影响大小，以维护酒店的声誉和良好形象。

四、处理投诉的基本程序

每个酒店有关投诉处理的规定各有不同，但综合起来，对处理投诉的程序要求可归纳为以下几个步骤。

（1）调查并承认客人投诉的事实。

（2）向客人表示同情和歉意。

（3）满足客人的要求并尽快采取措施解决客人的投诉。

（4）感谢客人的投诉。

（5）落实、监督、检查投诉的处理。

（6）总结经验并提高。

以下为具体处理投诉的程序要求。

1. 认真聆听客人的投诉内容

聆听客人投诉时也可以通过提问的方式来弄清症结，集中注意力，节约对话时间，在聆听的过程中要注意如下几点。

（1）保持冷静。客人投诉时，心中往往充满了怒火，要使客人"降温"，不能反驳客人的意见，不要与客人争辩。对那些情绪激动的客人，为了不影响其他客人，不便于在公共场合处理，可请客人到办公室或其房间个别地听取意见，这样容易使客人平静。

（2）表示同情。设身处地考虑分析，对客人的感受表示理解，可用适当的语言和行为给予客人安慰，从而将其不满情绪转化为感谢的心情，如"谢谢您告诉我这件事""对不起，发生这类事，我感到很遗憾""我完全理解您的心情"等。因为此时尚未核实客人投诉的真实与否，所以只能对客人表示理解与同情，不能立即肯定是酒店的过错。

（3）充分关心。不应该对客人的投诉采取"大事化小，小事化了"的态度，应该用"这件事情发生在您身上，我感到十分抱歉"诸如此类的语言表示对客人投诉的关心，并把注意力集中在客人提出的问题上，不随便引申，扩大态势，也不推卸责任。

2. 认真做好记录

边聆听边记录客人的投诉内容，不但可以使客人讲话的速度放慢，缓和客人的情绪，还可以使客人确信酒店对其反映的问题是重视的。同时，记录的资料也可作为解决问题的依据。

3. 把将要采取的措施和所需时间告诉客人并征得客人的同意

如有可能，可请客人选择解决问题的方案或补救措施。不能对客人表示由于权力有限，无能为力，也不能向客人做出不切实际的许诺。要充分估计解决问题所需要的时间，最好能告诉客人具体时间，既不含糊其词，又要留有一定余地。

4. 及时采取行动，为客人解决问题

这是最关键的一个环节。为了不使问题进一步复杂化，为了节约时间，也为了不失信于客人，表示酒店的诚意，必须认真做好这一环节的工作。如果是自己能够解决的，应迅速回复客人，告诉客人处理意见；对真正是酒店服务工作的失误，应立即向客人致歉，在征得客人同意后，做出补偿性处理。客人投诉的处理如若超出自己权限，须及时向上级报告；的确暂时不能解决的投诉，要耐心向客人解释，取得谅解，并请客人留下地址和姓名，以便日后告诉客人最终处理的结果。

5. 检查落实并记录存档

现场处理完客人的投诉，事后还要及时与客人取得联系，检查、核实客人的投诉是否已圆满得到解决，并将整个过程写成报告，并记录存档，举一反三，以利于今后工作的完善。

在处理客人投诉的全过程中，要坚持做到三个不放过：即事实不清不放过；处理不当、客人不满意不放过；责任人员未接受教训不放过。

第三节　客史档案管理

客史档案又称宾客档案，是酒店在对客服务过程中对客人的自然情况、消费行为、信用状况、癖好和期望等做的历史记录。建立客史档案是现代酒店经营管理的重要一环。

一、建立客史档案的意义

加强客史档案的管理对提高酒店服务质量，改善酒店经营管理水平具有以下几个重要意义。

（1）建立客史档案有助于酒店了解客人，掌握客人的需求特点，是酒店提供个性化、定制化服务必不可少的依据。

（2）建立客史档案有助于酒店做好有针对性的促销工作，与宾客保持良好、稳定的关系，争取更多的回头客，培养忠诚顾客。研究表明，争取 1 位新顾客的成本是留住 1 位老顾客成本的 5 倍。而流失 1 位老顾客的损失，只有争取 10 位新顾客才能弥补。

（3）建立客史档案有助于酒店研究客源市场动态，不断改进酒店产品与服务质量，提高经营管理水平。

如果酒店未能对这一潜力极大的资料库加以很好利用，忽视了它的作用，将影响酒店的经营工作。

 案例 7-2

个性化服务留住了酒店的客人

汪女士是某酒店的常客，每次入住酒店都会享受到一些小惊喜，包括进入登记时，前台接待员已经准备好了的登记单，只需她签字、刷卡就可以拿到房间的磁卡钥匙。员工每次都尊称她为"汪女士"，而非统称为"女士"。入住的房间里有时会多放两包她爱喝的红茶，水果也总是她爱吃的香蕉和梨等。晚间小服务还会在她的房间里放上几颗她喜欢吃的巧克力。这些超出期望的服务使得汪女士成为该酒店的忠诚客人。

（资料来源：张广瑞. 世界旅馆·旅馆世界[M]. 北京：中国经济出版社，1991. ）

【分析提示】

酒店客人能够成为酒店的回头客，一定是酒店提供了令人满意的服务，在酒店行业激烈竞争、硬件设施同质化的今天，酒店对宾客的喜好和生活习惯倍加关注，并建立宾客档案，在客人再次下榻酒店时，为其提供个性化、超常的优质服务就显得特别重要。

二、客史档案的内容

客史档案即住客客史，是指宾客的常规资料和入住酒店期间的消费特征、个性档案和反馈意见档案，如图 7-1 所示。

姓名：				性别：			国籍：		
出生日期及地点：							身份证号：		
护照签发日期与地点：							护照号：		
职业：							头衔：		
工作单位：									
单位地址：							电话：		
家庭地址：							电话：		
其他：									
住店序号	住宿期间	房号	房租	消费累计	习俗爱好、特殊要求	表扬、投诉及处理	预订信息（渠道、方式、介绍人）	信用及账号	备注

图 7-1　客史档案卡

（一）常规档案

常规档案主要包括来宾姓名、国籍、地址、电话号码、单位名称、年龄、出生日期、婚姻状况、性别、职务、同行人数等。酒店收集和保存这些资料，可以了解市场基本情况，掌握客源市场的动向及客源数量等。

（二）消费特征档案

消费特征档案主要包括以下几方面。

（1）客人租用客房的种类、房价、每天费用支出的数额、付款方式、所接受的服务种类以及欠款、漏账等。酒店收集和保存这些资料，能了解每位客人的支付能力、客人的信用程度等。同时，还可以反映客人对服务设施的要求、喜好、倾向以及所能接受的费用水平。

（2）客人来店住宿的季节和月份、住宿时间、订房的方式、来本店住宿是否有中介等。了解这些资料，可以使酒店了解客源市场的情况，不同类型客人及特点，客人的入住途径等情况，为酒店争取客源提供有用的信息，而且有助于改进酒店的销售、推广手段。

（三）个性档案

主要包括客人脾气、性格、爱好、兴趣、生活习俗、宗教信仰、生活禁忌、特殊日期和要求等。这些资料有助于酒店有针对性地提供服务，改进服务质量、提高服务效率。

（四）反馈意见档案

包括客人对酒店的表扬、批评、建议、投诉记录等。

三、客史档案资料的收集与管理

（一）客史档案资料的收集

及时、准确地收集和整理客史档案资料，是做好客史档案的管理工作的基础。这既要求酒店有切实可行的信息收集方法，又要求前台和酒店其他对客服务部门的员工用心服务，善于捕捉有用信息。

收集客史档案资料的主要途径包括以下几种。

（1）总服务台通过预订单、办理入住登记、退房结账等途径收集有关信息。有些信息从客人的证件和登记资料中无法获得，应从其他途径寻觅，如索取客人的名片、与客人交谈等。

（2）大堂副理每天拜访宾客，了解并记录宾客的服务需求和对酒店的评价；接受并处理宾客投诉，分析并记录投诉产生的原因、处理经过及宾客对投诉处理结果的满意程度。

（3）客房、餐饮、康乐、营销等服务部门的全体员工主动与客人交流，对客人反映的意见、建议和特殊需求认真记录，并及时反馈。

（4）酒店有关部门及时收集客人在报刊、电台、电视台等媒体上发表的有关酒店服务与管理、声誉与形象等方面的评价。

（二）客史档案的管理

酒店的客史档案管理工作一般由前厅部承担，而客史信息的收集工作要依赖酒店的各个服务部门。所以，做好这项工作必须依靠前厅部员工的努力，同时还有赖于酒店其他部门的大力支持和密切配合。

客史档案的管理工作主要有以下几方面内容。

1. 分类管理

为了便于客史档案的管理和使用，应对客史档案进行分类整理。如按国别和地区划分，可分为国外客人、国内客人、港澳台客人；如按信誉程度划分，可分为信誉良好客人、信誉较好客人、黑名单客人等。经过归类整理的客史档案是有效运行的基础和保证。

2. 有效运行

建立客史档案的目的就是使其在有效运行中发挥作用，不断提高经营管理水平和服务质量。客人订房时，预订员可以了解其是否曾住过该店。属重新订房的，可直接调用以往客史，打印客史档案卡，与订房资料一道存放，并按时传递给总台接待员。属首次订房的，应将常规资料和特殊要求录入计算机，并按时传递给总台接待员。总台接待员将次日抵店的客人档案卡取出，做好抵店前的准备工作。未经预订的常客抵店，总台接待员在客人填写登记表时，调出该客人的客史档案，以提供个性化服务。未经预订的客人第一次住店，总台接待员应将有关信息录入电计算机。对涉及客房、餐饮、康乐、保卫、电话总机等部门服务要求的，要及时将信息传递到位。同时，也要注意收集和整理来自其他各服务部位的有关客史信息。客人离店后，要将客人的客史档案资料再次进行更新和补充，使客史档案不断完善。

3.定期清理

为了充分发挥客史档案的作用，酒店应每年系统地对客史档案进行1~2次的检查和整理。检查资料的准确性，整理和删除过期档案。在对久未住店的客人档案予以清理前，最好给客人寄一份"召回书"，以唤起客人对曾住过的酒店的美好回忆，做最后一次促销努力。

坚持运用矛盾分析法解决实际问题

矛盾分析法是马克思主义哲学唯物辩证法的根本方法，对研究社会现象具有普遍适用性。客户投诉几乎是每一个企业都会遇到的问题，处理好客户投诉事件是企业提升服务水平的重要环节，其中蕴含了丰富的马克思主义"矛盾分析法"重要思想。

"处理客户投诉"专题，采用情景模拟法、典型案例分析法、小组讨论法等教学方法，让学生深刻认知客户投诉对企业的意义，培养学生树立正确、积极对待客户投诉的态度，学会用"一分为二"的观点看待"客户投诉"。马克思主义矛盾分析法要求我们看问题要一分为二，坚持"两点论"。即要看到是与非、善与恶、美与丑、正与反、正确与错误、优点与缺点、先进与落后、主体与客体等两个方面，不能只重视和强调一个方面而忽视和否定另一方面，否则就会出现差错。客户投诉就像企业遇到的小型"危机"，若能正确对待，并根据投诉原因及时、合理进行处理，就可以迅速化解客户的抱怨和不满，变"危机"为"良机"，再度赢得客户信任，提高客户对企业的美誉度和忠诚度。反之，则会扩大企业的负面效应，极大影响企业信誉和口碑。具体问题具体分析是马克思主义哲学活的灵魂。具体问题因其背景等因素的不同，会呈现出千差万别的形态，因此在分析某一具体事物时，不能只看普遍性，更应该注重分析其区别于其他事物的特殊性。处理客户投诉，不能用千篇一律的方式解决每一个矛盾，而要针对不同投诉事件的起因、发生过程，以及不同投诉客户的性格特点、心理需求，采取"特别"的方式去化解矛盾，解决问题。而且要善于抓"重点"、抓"关键"，即矛盾分析法要求的注意抓主要矛盾或矛盾的主要方面。通过耐心倾听，适时提问，找准问题的"症结"和解决问题的关键点，并与客户形成共鸣、达成共识，才能快速有效地解决问题。

（资料来源：张宁. 客户服务管理"思政元素"开发初探[J]. 发明与创新（职业教育），2020（6）：72-73.）

思政思考题：

以"处理客户投诉"为主题，请学生在课堂上分享视频和酒店服务的案例，从中体会勇于正视现实，直面危机，并善于接受宾客良好建议，及早采取措施，服务宾客、留住宾客的道理。

练习题

一、简答题

1.如何正确认识客人投诉的价值？

2. 酒店服务的哪些环节易受到客人投诉？

3. 处理投诉的原则有哪些？

4. 处理投诉的具体程序是什么？

5. 前厅部与各部门沟通协调的基本内容有哪些？

6. 建立客史档案的作用是什么？

二、选择题

1. 在处理客人投诉的程序中，最关键的环节是（　　　）。

   A. 表示同情和歉意   B. 做好记录

   C. 为客人解决问题   D. 检查落实

2. 客史档案管理的主要内容是（　　　）。

   A. 分类管理   B. 有效运行

   C. 定期清理   D. 协调控制   E. 检查落实

三、判断题

1. 前厅部与销售部都对酒店的客房销售工作负有责任。   （　　　）

2. 成功的酒店能百分之百地让客人满意，因此客人的投诉是可以避免的。 （　　　）

3. 投诉产生后，引起客人投诉的原因最重要。   （　　　）

4. 争取 1 位新顾客的成本是留住 1 位老顾客成本的 5 倍。   （　　　）

四、案例分析

举办婚宴的各部门协作

    酒店举办婚宴是经常的事情。客户对婚宴都非常重视，因为举办婚宴毕竟是人生的一件大事。酒店对婚宴也非常重视，因为婚宴不仅能给酒店带来可观的效益，而且是酒店档次和水平的体现。然而，举办一场婚宴并不是很简单的事，它需要酒店各个部门的密切配合。前厅部：负责前厅的接待，大堂的迎客安排，门童要迎送宾客、摆放欢迎牌等，或者制作婚宴电视屏，接待宾客上下车。餐饮部：是婚宴的重头戏，负责婚宴的整个过程，包括餐厅的接待和厨房菜肴的制作，配合客户完成各种婚礼仪式。同时餐饮部要同婚庆公司合作，完成婚庆现场布置，婚庆仪式举行。客房部：要为新人准备更换衣服的客房，如果提供婚房，还要为新人准备新房。销售部：除了接单以外，要协调和安排好各项工作，特别是与婚庆公司的联络。工程部：负责婚礼的灯光、音响、餐厅 DV 的播放、供冷或供暖，协助婚庆公司进行婚庆现场安排。安全部：负责安全保卫，并要指挥交通。办公室：是机动队，哪里需要到哪里去。一场婚礼，要调动酒店相关的部门一起工作，各个部门既要各司其职，完成本部门的工作，又要互相合作，互相协调，共同努力，才能使一场婚礼能够喜气洋洋，热热闹闹，圆满成功。

    （资料来源：蒋丁新. 饭店管理概论[M]. 6 版. 大连：东北财经大学出版社，2018.）

问题：

在酒店举办婚宴，前厅部应该怎样协调各部门做好迎宾和接待工作？

下 篇

客房篇

第八章　客房部概述

学习目标

通过本章学习，了解客房部在酒店中的地位与功能；了解客房部的组织结构及其主要岗位的职责；熟悉客房的种类，掌握客房装饰布置的原则和基本方法。

核心概念

客房部　标准间　主题客房

引例

老朋友的感动

某日我去市内的一家酒店看望来此开会的一位老朋友，寒暄之后，话题转到了老朋友下榻的这家酒店。她说这家酒店很不错，有几件事情令她很感动，例如当她发现房间迷你吧台的电源插座不通电，她便将原先放在迷你吧的电热水壶拿到了卫生间去烧水，外出回到房间后，发现电热水壶已归位吧台，水壶旁边还有一张小便签，写着"林女士，吧台的电源插座已修复，并对由此造成的不便深表歉意"等话语，她对服务员的细心大加赞赏。

她又说由于这次开会文件材料较多，她便将资料散放在写字台上，等她会后回到房间时，发现文件整整齐齐地叠放在一起，旁边还多出两样东西：一叠信纸和一个文件夹。该房间不是商务间，原来没配备文件夹，她看到这些很受感动。

老朋友对我说："不管我是否需要这样的服务，对于服务员的周到，我心中充满感激。"

上述案例告诉我们，客房服务人员在处理完规定的工作任务之外，还通过更细致周到的服务，满足了宾客的潜在需求。客房部的管理人员应指导服务员如何观察客人的服务需求并做相应的培训，制订并严格执行有针对性的服务计划。

第一节　客房部的功能与地位

客房部又称房务部、管家部，是酒店管理有关客房事务，向客人提供住宿服务的部门。

客房是酒店的基本设施和主体部分，客房部是酒店的主要创收和创利部门。

一、客房部的功能

客房部的基本功能包括如下四点。

（一）生产客房商品

客房是酒店出售的最重要的商品。完整的客房商品包括房间、设备设施、用品和客房综合服务。客房属高级消费品，要能满足客人的多方面需要。因此，客房布置要整洁美观，设备设施要完备、舒适耐用，日用品方便齐全，服务项目全面周到，客人财物和人身安全有保障。总之，要为客人提供清洁、美观、舒适、安全的暂住空间。

（二）为酒店创造清洁优雅的环境

客房部要负责酒店内所有公共区域的清洁、美化、设备设施及植物养护、环境布置，使酒店时刻处于清洁、优雅、常新的状态，让酒店各处都能给住客和非住客留下美好印象。

酒店的公共区域包括酒店的前厅、洗手间、电梯、餐厅、康乐馆、娱乐厅等。

（三）为酒店提供洁净美观的棉织品

酒店的棉织品除了客房使用的一系列品种，还有餐饮部门的台布、餐巾以及酒店所有窗帘、沙发套、员工制服。在附设洗衣房的酒店，这些棉织品的选购、洗涤、收发、保管、缝补和熨烫都由客房部所属的洗衣房负责。

（四）为住店宾客提供各项服务

客房部还要做好住店客人的接待服务工作。它包括从迎接客人到送别客人的一个完整的服务过程。宾客在酒店生活的主要场所和停留时间最长的地方是客房，除在客房休息，客人还需要酒店提供其他各项服务，如洗衣服务、租借用品服务、小酒吧服务等。能否做好宾客接待服务工作，提供热情、礼貌、周到和细致的服务，使客人在住宿期间的各种需求得到满足，体现客房产品的价值，直接关系到酒店的声誉。

二、客房部在酒店中的地位

客房部在酒店中的地位是由其特殊功能决定的，虽然现代酒店越来越向多功能方向发展，但满足客人住宿要求仍是其最基本、最重要的功能，因此，客房部在酒店的管理中占有重要地位。

（一）客房是酒店的基本设施和主体部分

人们外出旅行，无论是住招待所、旅馆，还是住酒店，从本质上说都是住客房。所以，客房是人们旅游投宿活动的最主要场所，是酒店的最基本设施。

另外，客房的数量还决定着酒店的规模。国际上通常将酒店划分为大型酒店、中型酒店和小型酒店三类，酒店综合服务设施的数量一般也由客房数量决定，盲目配置将造成闲置浪费。从建筑面积看，客房面积一般占酒店总面积的 70% 左右；如果加上客房商品营销活动所必需的前厅、洗衣房、客房、库房等部门，总面积将达 80%左右。客房及内部配备的设备物资无论种类、数量、价值都在酒店物资总量中占有较高比重，所以说客房是酒店设施的主体。

（二）客房质量是酒店商品质量的重要标志

客房质量如何，直接关系到客人对酒店的印象和总体评价，如客房清洁卫生、装饰布置、服务员的服务态度与效率等。

客人也希望酒店的公共区域，如前厅、洗手间、电梯、餐厅、舞厅等清洁、舒适、优雅，使自己能得到很好的服务。非住客对酒店的印象更是主要来自公共区域的设施与服务，所以客房商品质量及其外延部分是客人和公众评价酒店质量的重要依据。

（三）客房收入是酒店经济收入的主要来源

酒店的经济收入主要来源于三部分：客房收入、饮食收入和综合服务设施收入。其中，酒店房费收入一般占酒店全部营业收入的 50%～60%，功能少的小型酒店可以达到 70%以上。从利润方面来分析，因客房经营成本比饮食部、商场部等都低，所以其利润是酒店利润的主要来源，通常可占酒店总利润的 60%～70%，高居首位。另外，客房出租又会带动其他部门设备设施的利用，能给酒店带来更高的经济效益。

（四）客房部的管理直接影响酒店的运行管理

如前所述，客房部能为酒店的总体形象和其他部门的正常运行创造良好的环境和物质条件，加之客房部员工占酒店员工总数的比例较大，其培训管理水平对酒店员工队伍整体素质的提高和服务质量的改善有着重要意义。另外，客房部的物资设备众多，对酒店成本控制计划的实现有直接作用。因此，客房部的管理对于酒店的总体管理关系重大，是影响酒店运行效率的关键部门之一。

 **案例 8-1**

主动取消房价优惠的宾客

某公司的姚经理到广州办事。在该市某宾馆办理住店手续时，要求给予优惠。经总台请示经理后同意打八折，并在住房单上写明。第二天早晨，客房服务员实习生小崔进行客房打扫时，发现客人还没有起床，经询问得知客人的老毛病肩周炎突然发作了，肩部疼得厉害，两手不能动弹。小崔和服务员小虞商量后，安慰姚经理，并主动提出陪他去医院看病，并询问姚经理是否需要在生活上给予帮助。如果需要，他们不管是上班时间还是业余时间都很乐意为他服务。姚经理住店的一周里小崔和小虞几次轮流陪送他去医院就诊，还多次把他换下的衣服悄悄拿去洗净，连打电话这一类琐碎事情也由他们全部承担下来。姚经理心里很感动，屡次给他们小费以示感谢，都被婉言谢绝。

当姚经理离店结账时，姚经理坚持要求取消八折优惠，改按全价支付住宿费用，因为他觉得在该酒店得到如此超值的服务，支付全价完全是物有所值的。

【分析提示】

酒店在房价等方面打折扣的做法，除了考虑市场促销的因素，还含有酒店高层管理人对客人尊重的意思，几乎所有的酒店都有这方面的规定。但应该注意的是：优惠或打折后并不应降低服务质量，同时切忌把给客人的优惠放在口头上讲，否则客人听了，会感觉受到了污辱，将产生不良的影响。

本案例是由于酒店服务质量高，顾客对酒店产生好感并主动取消了折扣价，进而提升了酒店的整体效益。

第二节　客房部的组织机构与岗位职责

酒店各部门的正常运转依赖于其科学、高效的组织管理。客房部因酒店业务范围不同可以有若干不同的组织形式，其业务分工和员工的岗位职责也各不相同。

一、客房部的组织机构

科学、合理的组织机构是客房部顺利开展各项工作，提高管理工作效率的组织保证。客房部组织机构应是专业分工明确、统一指挥、沟通顺畅的有机整体。各酒店因规模、档次、业务范围、经营管理方式不同，在客房部组织机构的设置上是有所区别的。

常见的大中型、小型酒店客房部组织机构如图 8-1 和图 8-2 所示。

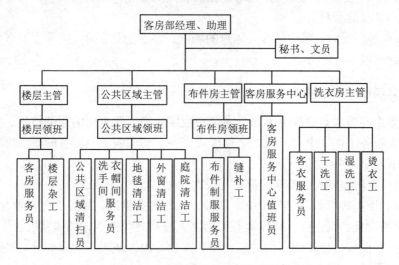

图 8-1　大中型酒店客房部组织机构

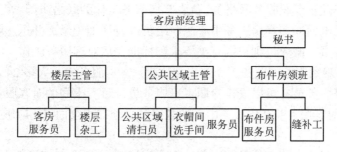

图 8-2　小型酒店客房部组织机构

二、客房服务的组织模式

客房服务的组织模式是影响客房服务质量和宾客满意度的一个极为重要的因素。目前，国内的酒店客房服务的组织模式主要有两种：一是设立楼层服务台，二是设立客房服务中心。我国传统酒店多采用楼层服务台模式，国外酒店以及中外合资（合作）酒店多采用客房服务中心模式。

（一）楼层服务台模式

设置楼层服务台的目的主要是保障客房楼层的安全和方便客人。楼层服务台模式具有以下几个优点。

（1）能够为客人提供更加主动、热情、及时、周到的服务。

（2）有利于显示酒店具有"人情味"服务，使客人一踏入楼层就能够感受到温馨的气氛。

（3）能够有效地保障客房安全。楼层值台员24小时值班，对各类人员进出情况尽收眼底，可以及时发现可疑迹象，报告处理。

但是，楼层服务台的设置也有其不利的一面，主要表现在以下几个方面：

（1）增加营业费用。设置楼层服务台必然要安排值台人员，从而增加劳动力成本。

（2）使客人有受监视的感觉。客房是住店客人的私密空间，客人会认为在楼层受到监视，是对其隐私权的侵犯。

（3）影响楼层安静。客房是客人休息的场所，要求绝对安静，而楼层服务台的设置往往会破坏这种气氛。

（二）客房服务中心模式

客房服务中心模式是世界上大部分国家和地区的酒店所采用的服务模式，它将客房部各楼层的对客服务工作集中在一起。这种模式克服了楼层服务台服务的诸多弊端，其主要特点包括以下几个。

（1）减少客房服务人员编制，降低劳动力成本。

（2）有利于对客服务工作集中统一调控，强化客房管理，服务更加专业化。

（3）安静而且私密性强，可以提高酒店客人特别是外国客人的满意度。

但采用这种模式，使得面对面的服务相对减少，服务缺乏亲切感和针对性。另外，它对硬件设施的要求也比较高。

客房服务中心配备专职服务联络员，负责客房服务工作的联络协调。客人需要服务时，可用客房内的内线电话通知客房服务中心。联络员进行详细记录，并迅速将客人的需求通知有关楼层的服务员，服务员则根据有关要求和标准完成对客服务工作。必要时，联络员可以跟踪、了解、观察服务员服务工作效率和质量。客房服务中心大多24小时运行。如果夜间客房楼层没有服务员，可以安排专职夜班服务员，负责夜间的对客服务工作，从而保证全天24小时的对客服务。客房服务中心的联络员必须知识全面、反应敏捷，能够熟练地处理各种情况。

酒店设立客房服务中心必须具有完善的安全措施。一方面，客房楼层需与其他区域分开；另一方面，楼层出入口等关键部位应有安全监控设备。另外，应加强保安人员对客房楼层的巡视。

三、客房部管理的工作与业务分工

（一）客房部管理的工作内容

（1）提供客房设备用品，如布巾类用品、工作服、客人日用消耗品、备品、家具、地毯、床及床上用品等。

（2）设计和装饰室内的布置。

（3）管理公共场所。

（4）承担客人需要的服务性工作。

（5）受理客人遗失物品。

（6）满足宾客需求的各类服务。

（二）客房部的业务分工

（1）经理办公室。通常设正、副经理各 1 名，配备秘书 1 名，文员若干。主要负责客房部日常事务性工作及与其他部门的联络协调等事宜。

（2）楼层服务组。通常设主管 1 名，早、中、夜班领班若干名。负责所有住客楼层的客房、楼道、电梯口的清洁卫生和接待服务工作。大型酒店往往分设卫生班、台班和服务班。

（3）公共区域服务组。通常设主管 1 名，早、中、夜领班各 1 名。负责酒店除厨房外的所有公共区域的清洁卫生。

（4）布件房。通常设主管、领班各 1 名，下设布件、制服服务员和缝补工若干。主要负责酒店布件、员工制服的收发、送洗、缝补和保管工作。

（5）客房服务中心。通常设主管 1 名，值班员若干，下设早、中、夜三个班次。客房服务中心主要负责处理客房部信息，包括向客人提供服务信息和内部工作信息的传递；调度调节对客服务；控制员工出勤；管理工作钥匙；处理客人失物和遗留物品。

（6）洗衣房。通常设主管 1 名，早、中班领班若干，下设客衣组、湿洗组、干洗组、熨衣组。主要负责洗涤客衣和酒店所有布件与员工制服。

四、客房部人员的岗位职责

由于各酒店客房部规模、管理方式不同，这里只介绍主要岗位的基本职责。

（一）客房部经理

（1）主持客房部工作，对上向总经理或房务总监负责。

（2）负责计划、组织、指挥及控制所有房务事宜，确保客房部的正常运转和各项计划指标的完成。

（3）根据酒店等级，制定客房部员工的岗位职责和工作程序，确定用人标准和培训计划，并监督执行。

（4）同有关部门沟通协作，保证客房部工作顺利完成。

（5）巡视客房部管辖范围，检查卫生绿化、服务质量和设备设施运行情况，及时发现问题并研究改进。

（6）提出客房更新改造计划和陈设布置方案，确定客房物品、劳动用品、用具的配备选购，提出采购方案。

（7）制定房务预算，控制支出，降低客房成本，提高获利水平。

（8）收集客人的要求及建议，处理投诉，改进工作。

（9）建立合理的客房劳动组织，制定劳动定额和定员。

（10）选拔培养员工，并对其进行绩效考核，调动员工积极性。

（11）抽查客房，检查 VIP 房。

（12）探访病客和常住客。

（13）监督客人遗留物品的处理。

（14）检查客房部管辖范围里的各项安全工作。

（二）楼层主管

（1）接受客房部经理指挥，主持所分管楼层的房务工作。

（2）督导楼层领班和服务员的工作。

（3）巡视楼层，抽查客房卫生，查看 VIP 房和走客房。

（4）处理夜间突发事件及投诉。

（5）与前厅接待处密切合作，提供准确的客房状况。

（三）楼层领班

（1）安排指导所分管楼层的服务员和杂役工作。

（2）负责楼层物品存储消耗的统计与管理。

（3）巡视楼层，全面检查客房卫生、设备维修保养、安全设施和服务质量，确保达到规定标准。

（4）熟练掌握操作程序与服务技能，能亲自示范和训练服务员。

（5）填写领班报告，向主管报告房况、住客特殊动向和客房、客人物品遗失损坏等情况。

（6）安排客房卫生计划。

（四）客房服务员

（1）清洁整理客房，补充客用消耗品。

（2）填写做房报告，登记房态。

（3）为住客提供日常接待服务和委托代办服务。

（4）报告客房小酒吧的消耗情况并按规定补充。

（5）熟悉住客姓名、相貌特征，留心观察并报告特殊情况。

（6）检查及报告客房设备、物品遗失损坏情况。

（7）当有关部门员工需进房工作时，为其开门并在旁边照看。

 案例 8-2

千篇一律的问候语

某宾馆一位姓田的常住客人，最近突然从本宾馆迁到对面的一家酒店住宿。客房部经理知道后，亲自去拜访客人，问其原委。这位客人说："你们客房服务员是'鹦鹉'吗？每次见到我只会'鹦鹉学舌'地说'您好，先生'，而对面酒店客房服务员好像'百灵鸟'，我每次碰到那里的服务员时，总能听到不同的敬语与问候声，这让我心情非常舒畅。"

【分析提示】

称呼客人的姓氏并问候客人，对客人来讲犹如一首美妙的音乐。"您好，先生!"对初来乍到的新客人来说，是一句礼貌的问候语。但是，对常住客人来讲，却显得陌生和疏远。此例中服务员应把客人当作老朋友来看待，首先要注意称呼客人的姓氏"田先生"，并根据客人的职务、喜好、性格等特点，说一些能充分体现酒店关心客人、尊重客人且客人也爱听的话，如"田先生，今天天气很好，祝您顺心如意"等。

（五）客房服务中心值班员

（1）接受住客电话提出的服务要求，迅速通知楼层服务员，对该楼层无法解决的难题，与主管协商解决。

（2）与前厅部、工程部等有关部门保持密切联系，尤其是与楼层和总台定时核对房态。

（3）接受楼层的客房消耗酒水报账，转报总台收银处入账，并与餐饮部联系补充物品事宜。

（4）负责楼层工作钥匙的保管分发，严格执行借还制度。

（5）受理住客投诉。

（6）负责对客借用物品的保管、借还和保养。

（7）负责客房报纸的派发，并为 VIP 客人准备礼品。

（8）负责做好各种记录，填写统计报表。

（9）负责酒店拾遗物品的保存和认领事宜。

（10）负责员工考勤。

（六）公共区域主管

（1）主管酒店所有公共区域的清洁卫生、绿化美化工作。

（2）督导领班和清扫员的工作。

（3）巡视公共区域，重点检查卫生。

（4）指导检查地毯保养、虫害防治、外窗清洁、庭院绿化等专业性工作。

（5）安排全面清洁工作。

（6）控制清洁物料的消耗和使用。

（7）协助部门经理对下属员工进行培训考评。

（8）安排工作班次和休假。

（七）布件房主管

（1）主管酒店一切布件及员工制服事宜。

（2）督导下属员工工作。

（3）安排酒店员工量体定做制服。

（4）与客房楼面、餐饮部及洗衣房密切联系协作，保证工作任务顺利完成。

（5）控制布件和制服的运转、储存、缝补和再利用，制定保管领用制度，监察盘点工作。

（6）定期报告布件制服损耗量，提出补充或更新计划。

第三节　客房部与其他部门的沟通

客房虽然是酒店向客人提供的最重要的产品，但如果没有酒店其他部门的配合支持，将无法保证客房商品具有令客人满意的质量。因此客房部必须与酒店其他有关部门密切联系，使房务工作得以顺畅进行。

一、客房部与前厅部的沟通

客房部与前厅部的联系最为密切，很多酒店的前厅部与客房部是合二为一的。客房部每天需要随时从前厅获取客人入住信息，以便做好楼层接待服务；定时核对房态；接到前厅收银处传来的客人结账信息，立即查房并告之结果；协助行李员收取或存放行李；根据前厅提供的客情预报，安排客房维修改造和大清洁计划。

二、客房部与工程部的沟通

工程维修人员是除客房部楼面员工外被允许进入客房的少数员工之一。一旦客房设备设施发生故障，由房务员电话报修，维修人员将立即赶赴现场抢修。如果是住客房，将有房务员在一旁陪同。此外，客房部还将提供客情预报，以便工程部安排客房大修计划。

三、客房部与餐饮部的沟通

客房部要负责餐厅范围的清洁卫生、布件和员工制服的洗涤熨烫工作，还要协助餐饮部搞好客房送餐、客房小酒吧食品饮料的清点补充工作，以及配合餐饮促销活动，并在客房放置餐饮宣传材料。

四、客房部与保安部的沟通

客房部要协助保安部对客房和公共区域进行检查，做好防火、防盗等安全工作；提供可疑住客和访客的情况，并在必要时协助公安局、保安部打开客房门；对重要外宾，将由保安部提供特别保卫；对住客报失案要会同保安部处理。

五、客房部与采购部的沟通

客房部所需物资种类繁多。为保证客房服务质量的稳定，应向采购部提供所需设备物资的规格、质量要求，特别是在客房更新改造前，提出切合实际的采购建议；为控制客房成本，也应对价格问题提出建议。采购部应按要求采购美观适用、价格合理的设备物资，并保证及时足量地供应。

六、客房部与财务部的沟通

客房部要协助财务部做好客房有关账单的核对、固定资产的清点工作；在财务部的协助下制定房务预算、定期盘点布件和其他物料用品。

七、客房部与公关销售部的沟通

客房部应协助销售部的公关促销宣传活动，在客房内放置酒店宣传卡，宣传推销客房和酒店其他设施和服务；对公关销售部陪同来的参观客房的客人，客房部要积极配合给予方便并热情介绍房间内设施。

八、客房部与人力资源部的沟通

客房部员工较多，接待旺季还将雇用临时工，为保证客房服务质量应协调人力资源部做好客房部员工的招聘、使用与培训工作。

总之，为了做好对客人的各项服务工作，客房部与其他部门进行沟通与协调是非常重要的；而要做好协调工作，客房部与其他部门员工之间的互谅互让也是十分必要的。客房部与其他部门之间是合作的关系，而非竞争关系。

案例 8-3

"Ready"房不"Ready"

有一家酒店的公关小姐带着旅行社订房人员参观客房，她只从总台领了房间钥匙便带客人进入客房，而没有向客房部打招呼，总台服务员也没有将这一情况通知客房部，结果这间客房被参观的人弄得一团糟。对此，客房部自然一无所知，所以也没有去重新整理，而总台电脑仍然显示这间客房是已经整理好的"Ready"房，第二天又将这间客房出租给新来的客人。结果，这位客人入室后，发现此状，大为恼火。

【分析提示】

为了做好对客人的各项服务工作，客房部与其他部门进行及时的沟通与协调是非常必要的。

第四节　客房类型和设备用品配备

客房是酒店最基本、最主要的产品。不同类型、档次的酒店，为了满足客人住宿需要，设置了不同类型的客房。随着市场经济的变化和酒店之间竞争的加剧，酒店的客房种类、内部设备设施用品的配备趋向多样化，以适应不同类型客人的需求。

一、客房的类型

客房的分类方法很多，有按房间配备床的种类和数量划分，有按房间所处的位置划分等。客房类型多样，价格高低有别，才能满足不同客人的需求，尤其是适应不同的消费者的需要。

（一）按房间数量与床的数量和大小分类

按房间数量与床的数量和大小进行分类，是客房的基本分类，通常可分为以下几种。

1. 单人间

单人间又称单人客房，是在房内放一张单人床的客房，适合一位客人使用。传统的单人间属于经济档，一般酒店单人间数量很少，并且多把面积较小或位置偏僻的房间作为单人间。

2. 大床间

大床间是在房内放一张双人床的客房，主要适用于夫妻旅行者居住。给新婚夫妇使用时，再加上客房的喜庆的装饰，可被称作"蜜月房"。

高档商务客人很喜欢大床间的宽敞舒适，也是这种房间的适用对象。目前高星级酒店出现的商务单人间就是以配备大床并增设先进办公通信设备为特色。在以接待商务客人为主的酒店，大床间的比例逐渐增加，多者可占客房总数的50%～60%。

3. 双床间

双床间的种类很多，可以满足不同层次客人的需要。

（1）配备两张单人床。中间用床头柜隔开，可供两位客人居住，通常称为"标准间"。这类客房占酒店客房数的绝大部分，适合于旅游团队和会议客人的需要。普通散客也多选择此类客房。

（2）配备两张双人床，可供两位旅行者居住，也可供夫妇或家庭旅行客人居住。这种客房的面积比普通标准间大。

（3）配备一张双人床、一张单人床，或配备一张大号双人床、一张普通双人床。这类房间容易满足家庭旅行客人的需求。

4. 三人间

三人间是在房内放三张单人床，属经济档客房。中高档酒店这种类型的客房数量极少，有的甚至不设。当客人需要三人同住一间时，往往采用在标准间加一张折叠床的办法。这种客房在新兴城镇或市郊的酒店还是有客源的。

5. 套间

套间也有多种类型用来满足不同客人的需求。

（1）普通套间。普通套间一般是连通的两个房间，称双套间。一间作卧室，另一间作起居室，即会客室。卧室中放置一张大床或两张单人床，并附有卫生间。起居室也设有供访客使用的盥洗室，内有便器与洗面盆，一般不设浴缸。

（2）豪华套间。豪华套间的室内陈设、装饰布置、床具和卫生间用品等都比较高级豪华，通常配备大号双人床或特大号双人床。此类套间可以是双套间，也可以是3～5间。按功能可分为卧室、客厅、书房、娱乐室、餐室或酒吧等。

（3）复式套间。复式套间是一种两层楼套间，由楼上、楼下两层组成。楼上一般为卧室，楼下为起居室。

（4）总统套间。总统套间通常由5间以上的房间构成，多者达20间。套间内男女主人卧室分开，男女卫生间分用。还设有客厅、书房、娱乐室、会议室、随员室、警卫室、餐室或酒吧间以及厨房等，还有的设室内花园。房间内部装饰布置极其考究，设备用品富丽豪华。总统套间并非总统才能住，只是表明该酒店已具备了接待总统的条件和档次。

（二）按客房位置分类

酒店客房按位置划分，可分为以下几种。

（1）外景房，窗户朝向公园、大海、湖泊或街道的客房。

（2）内景房，窗户朝向酒店内庭院的客房。

（3）角房，位于走廊过道尽头的客房。

（4）连通房，隔墙有门连通的客房。

（5）相邻房，室外两门毗连而室内无门相通的客房。

（三）主题客房

酒店产品发展到今天，顾客已经明显感觉到"标准房"的那种整齐划一、千篇一律的乏味，而主题客房以其鲜明的独特性、浓郁的文化气息以及产品与服务的针对性，成了当代客人的新宠，成为酒店竞相展示文化魅力的又一舞台。

主题客房就是运用多种艺术手段，通过空间、平面布局、光线、色彩、多种陈设与装饰等多种要素的设计与布置，烘托出某种独特的文化气氛，突出表现某种主题的客房。

主题客房有很多种类型，比如，以客人年龄、性别为主题可分为老年人客房、女性客房、儿童客房等；以某种时尚、兴趣爱好为主题，可分为汽车客房、足球客房、邮票客房、电影客房等；还有以某种特定环境为主题的客房，如监狱客房、梦幻客房、海底世界客房、太空客房等。

酒店可以针对目标市场的一些个性需求，设计一定比例的主题客房，增加酒店产品的针对性及个性化。

案例 8-4

广州四季酒店推出"星空幻夜"主题客房，开启夏日限定浪漫

人们总是对神秘的星空充满无限的憧憬，我们在浩瀚宇宙中探索未知星海，于渺渺银河中捕捉跃动的灵感。星河璀璨，夜色入怀，广州四季酒店推出限定"星空幻夜"主题客房，让宾客沉浸于漫天星河中与宇宙对话。

酒店以"共饮星辰"为设计灵感，在客房内增设"星空幻夜"体验空间，伴随夜幕降临，窗外是熠熠闪烁的城市夜景，室内是银链般的璀璨银河，窗内窗外美景交织出唯美灵动的意境。寻着烛光来到窗边席地而坐，品尝精致小食与气泡酒，于微光茶话会中享受轻松惬意。

酒店精选 74 层以上、客房面积达 70 平方米的珠江景观客房，为客人提供宽敞舒适的入住空间。全景落地窗可纵览城市天际线的旖旎风光，仿若置身"云端之上"。与好友随意地坐在桌前倾谈小酌，俯瞰珠江碧流，在星空下定格美好的夏日回忆。随后用一场星空下的泡泡浴，褪去忙碌一天的疲惫感，伴着星空入眠，享受枕云而居的甜梦时刻。

"星空幻夜"主题客房套餐可以满足闺密小聚、情侣约会、家庭出游等不同的度假需求。欢乐的暑期已然开启，宝贝们可尽情在星空下遨游，做追逐繁星的孩子。夏天的夜色独美，与挚爱一起仰望星空，享受不被打扰的甜蜜时刻。倘若是一个人开启的旅行，星夜也会带给独行者温暖和治愈。

枕星空入眠，开启夏日遐想。

（资料来源：广州四季酒店推出"星空幻夜"主题客房，开启夏日限定浪漫[EB/OL]．（2022-08-03）．https://www.163.com/dy/article/HDS93GS10524CMD3.html．）

【分析提示】

主题客房在客房产品和服务上比一般的客房更具有特色和针对性。所以主题客房的功能不再局限于传统意义上的休息睡眠场所，更注重给予客人精神上的享受。

二、客房的功能区域

客房是客人在酒店逗留期间的主要休息和工作场所，因此，满足客人的休息与工作需要是客房的基本功能。客房在室内空间处理上，通常分为以下五个功能区域。

（1）睡眠空间。

（2）盥洗空间。

（3）起居空间。

（4）书写空间。

（5）贮存空间。

标准间分为卧室和卫生间两部分，其中卧室需要集多种功能于一体，因此，首先考虑卧室空间的合理安排和使用，将卧室划分为各种不同的功能空间并合理布局。而套房则分别用专设的房间各司其职，或具主要功能同时兼顾其他功能。

三、客房设备用品配备

客房配备的设备用品主要包括以下几种。

（1）布件类，如床罩、床单、枕头、枕袋、窗帘、遮光帘、毛巾等。

（2）家具类，如衣柜、写字台、床、床头柜、行李架、电视机转盘等。

（3）电器类，如电视机、电冰箱、电话机、各种灯具等。

（4）文具类和低值易耗品，如服务指南、信纸、信封、烟灰缸、水杯、水壶等。

（5）卫生间洁具及用品，如洗手盆、马桶、浴缸、淋浴器、浴室镜、香皂、浴液、牙具等。

不同档次的酒店对设备和用品的要求不同。高档酒店的设备用品应显示出名贵、豪华；中档酒店的设备用品则要求美观、舒适、方便、安全；低档酒店应以实用、方便、经济、安全为原则。同一酒店的不同类型、不同档次的房间对设备用品的要求也是不相同的。但是，任何档次的酒店提供宾客使用的设备用品都必须完好齐全。各酒店可根据星级酒店标准，并结合本酒店的具体情况进行客房设备用品的配备。

 案例 8-5

一双定制的拖鞋

斐济总统访华时下榻上海锦江酒店。这位身材高大的总统有一双出奇的大脚，因此，他在访问中国期间，还没有穿到一双合脚的拖鞋。可当他走进锦江酒店的总统套房时，一双特大号拖鞋端端正正摆在床前，总统穿上一试，刚好合脚，不由得哈哈大笑，问道："你们怎么知道我脚的尺寸的？"服务员答道："得知您将来上海，下榻我们锦江，我们就给您特地定做了这双拖鞋，您看可以吗？""舒服，太舒服了，大小正好！谢谢你们！"当总统离开中国时，特意把这双拖鞋作为纪念品带回了斐济。

【分析提示】

及时掌握前来酒店下榻贵宾的生活爱好、风俗习惯等有关情况，即便是在客房里的一些细节也不应该放过。客史档案为锦江酒店赢得了百万宾客一致赞誉的口碑，也给了我们很好的启迪。

---------------------- 思 政 园 地 ----------------------

杭州西溪宾馆成功创评杭州首个"国家五叶级文化主题饭店"

2022年6月1日，杭州西溪宾馆通过评审，荣获"国家五叶级文化主题饭店"荣誉称号，这是杭州市首家获得此荣誉的酒店。国家级文化主题酒店是中国文化主题饭店专业委员会深入贯彻落实国家商务部《文化主题饭店经营服务规范》行业标准而设立的，旨在增强饭店企业服务品质与核心竞争力，推动饭店企业特色化、品牌化、品质化、数字化工作的高质量发展，满足人民群众日益增长的精神文化需求。

以文塑"特色"

西溪宾馆作为中国首家湿地文化主题酒店，在设计之初就以"西溪特色、湿地元素"的设计理念为宗旨，利用自然的、委婉的线条将室内、外有机地结合在一起，将西溪湿地风俗、环境、历史、人文等文化元素融入酒店的硬件设施中。

宾馆内设有"春桃、竹风、夏荷、宋韵、秋柿、鹭影、冬梅、渔悦"8个文化主题客房，"洪园余韵及蝶变西溪"两个文化主题宴会厅，从名称上便可一览文化韵味。

在西溪宾馆，还能获得沉浸式的湿地风俗民情体验。宾馆专门打造了占地约6600平方米的生态岛，以"农耕之旅""生态岛采摘""捞地笼"等生态采摘及体验活动，丰富宾馆"游水、听水、观水"3个维度的文化主题特色游览服务。

春和景明，草木欣欣；十月秋意，桂香扑鼻。春天花朝节、夏天龙舟节、秋天听芦节、冬天探梅节，随着四季变化的景致，西溪宾馆按节点推出文化主题活动。

其中，"春忆""觅夏""秋遇""冬蓄"四季美食节，更让游客留下舌尖上的西溪记忆。

此外，西溪宾馆以西溪文化为原点，融入文创衍生品、文化展览、传统文化节等丰富内容，构筑一个独特舒适的文化体验空间。

结合西溪景点特色，设计了"西溪且留下"冰箱贴、流苏徽章、湿地组合纪念币等文创产品，并在今年制作推出了西溪宾馆十周年的主题文化邮票和笔记本，将西溪融入文创产品之中。

以文铸"内功"

"我们定期组织新入职员工去西溪实地走访，并在宾馆内建立专属'西溪图书角'，供员工借阅西溪诗词、植物、鸟类等书籍，由内而外提升员工服务内功。"西溪宾馆负责人介绍。

为进一步提升宾馆整体服务水平，西溪宾馆还组织全体员工开展文化主题知识的培训活动以及考核，共选拔 10 名文化讲解员，为宾客做文化讲解服务。

用文化引领企业发展，用文化塑造酒店服务，用文化创新酒店产品，给旅客讲好西溪的文化故事，展示好西溪的文化元素是西溪宾馆坚持的"文化之路"。

未来，西溪宾馆将持续挖掘湿地文化内涵，进一步挖掘发展新思路，创造多元文化产品，以文传声、以文化人，讲好本土故事、传播西溪文化。

（杭州首家！杭州西溪宾馆获评"国家五叶级文化主题饭店" [EB/OL]. （2022-06-13）. https://baijiahao.baidu.com/s?id=1735519552052434955&wfr=spider&for=pc.）

思政思考题：

教师课后下发"考察酒店客房"的调研任务，请学生利用课余时间前往本地一家高星级酒店或特色酒店进行客房调研，了解客房内功能分区、基本物品配备及特色产品与服务，拍摄照片或视频，制作 PPT 准备在课堂上汇报。

请思考调研参观的酒店是如何在客房中体现中国文化或者地域文化特色的。

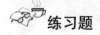 **练习题**

一、简答题

1. 简述客房部的功能。
2. 简述客房部在酒店中的地位。
3. 客房管理的主要工作内容是什么？
4. 客房服务的组织模式有哪些？
5. 常见的客房基本种类有哪些？
6. 客房服务中心模式的特点是什么？
7. 简述客房配备的设备用品的主要类别。

二、选择题

1. 酒店房费收入一般占酒店全部营业收入的（　　）。

    A．20%～30%　　　B．30%～40%　　　C．40%～50%　　D．50%～60%

2. 总统套间通常有房间（　　　）。
  A．3 间以上　　　　　　　　B．5 间以上
  C．10 间以上　　　　　　　 D．20 间以上
3. 客房按位置划分时，可分为（　　　）。
  A．外景房　　　　　　　　　B．内景房
  C．角房　　　　　　　　　　D．连通房　　　　　　E．相邻房
4. 酒店客房通常可具体划分为以下几个功能区域（　　　）。
  A．睡眠空间　　　　　　　　B．盥洗空间
  C．起居空间　　　　　　　　D．书写空间　　　　　　E．储存空间

三、判断题

1. 客房商品质量是酒店商品质量的重要标志。　　　　　　　　　　（　　）
2. 总统套间是酒店专门用来接待国家元首的房间。　　　　　　　　（　　）
3. 世界上大部分国家和地区的酒店所采用的服务模式是楼层服务台模式。　（　　）

四、案例分析

快捷的服务

贾先生在某大酒店总台办完住店手续后，行李员提着箱子送他到 7 楼。电梯门刚打开，一名服务员已在电梯口迎候。贾先生走南闯北，住过许多酒店，这样的事情不是第一次遇到。然而，令人惊奇的是，这家酒店是家刚开业不过几个月的新酒店，服务效率如此之高。

贾先生坐到沙发上，稍事休息后，门铃响起，打开房门，原来是他本打算明天接待的某衬衫厂厂长和销售部经理。寒暄一番后，他想起要给客人送两杯茶，便拿起电话拨通了客房中心的号码。3 分钟后，楼层服务员出现在门口，手里托着茶盘。"速度这么快！"贾先生不由得夸赞。通信技术的发达，让酒店对客服务的信息传递得如此迅速，也让宾客对酒店的快捷服务感到欣喜！

问题：
这家酒店在服务规程方面有哪些可取之处？

第九章　清洁卫生服务与管理

学习目标

　　通过本章学习，了解客房清洁整理工作的内容、程序和操作方法；掌握中式铺床的操作方法；掌握客房卫生质量控制的方法和标准；了解酒店公共区域清洁卫生工作的特点、业务范围和主要部位清洁卫生的要求；掌握公共区域清洁卫生控制的方法和要求。

核心概念

　　空房　走客房　小整理服务　夜床服务

引例

安全个性化服务——一颗纽扣的故事

　　一天，客房服务员在给客人打扫房间时，发现写字桌上有一颗纽扣，而写字椅背上搭着一件西服上衣，上衣的第一颗纽扣位置仅留有一丝线头了。服务员立即将情况上报领班，同时给布草房打电话，请布草房人员到房间来确认缝纫丝线的颜色。布草房人员取了丝线后，在领班和服务员的协助下，将衣服的纽扣钉好，并写了一张温馨留言条：

　　尊敬的李先生：您好，我们在为您打扫房间时，发现您的西服纽扣快要脱落，为了不影响您的穿着，我们请布草房人员来到您的房间，在领班和服务员的协助下，已为您钉好。

　　客人回来之后，看到了温馨留言和挂在衣架上的西服，客人看到是三位有心的服务员协助缝一颗纽扣，于是拿着留言条来到前台，表示感谢。

　　有人会说，一颗纽扣不至于如此，直接拿到布草房为客人缝上，再写个留言条不就可以了吗。首先，从保障宾客财产安全角度来说，未经允许，不能私自将客人的衣物带出房间。其次，为了员工的行为安全，酒店规定凡是要进行住客房物品的整理、调试、修葺，均需要三人在场。同样是缝一颗纽扣，不同的操作，给客人的感受是不一样的，细心的前提一定是建立在安全基础上的，让客人感到安全的细心才会令人暖心。

　　（资料来源：保定秀兰饭店．细心服务守住卫生和安全防线[EB/OL]．（2021-09-16）．http://www.ctnews.com.cn/paper/content/202109/16/content_59510.html．）

　　上述案例告诉我们，客房服务员除了严格按清扫程序和卫生标准进行客房的清洁服务，还要有一颗全心全意为宾客服务的心，这样才能传递关怀和温暖给宾客。本章将介绍客房和公共区域的清洁整理与质量控制。

第一节　客房清洁整理与质量控制

　　清洁卫生工作是客房部的一项主要任务，同时，它也是酒店一切工作的基础和前提。客房是客人在酒店逗留时间最久的地方，也是其真正拥有的空间，因而他们对于客房的要求也往往比较高。客人选择酒店需要考虑各种要素，美国康奈尔大学酒店管理学院的学生曾花费一年的时间调查了 3 万名顾客，其中 60%的人把清洁、整齐作为对酒店服务的"第一要求"。美国拉斯维加斯 MGM 大酒店的一位客房部经理曾经说："客房是酒店的心脏。除非客房的装修完好、空气新鲜、家具一尘不染，否则你将无法让客人再次光顾。"

　　尽管不同层次的客人对客房的要求不尽相同，但是对客房清洁卫生的要求是相同的。因此，搞好客房的清洁整理，保证客房清洁卫生、舒适典雅、用品齐全是客房部的一项重要任务。

一、客房清洁整理的准备工作

　　为了保证客房清洁整理的质量，提高工作效率，必须做好客房清洁整理前的准备工作。

（一）签领客房钥匙

　　客房服务员应准时上岗。上岗前，应按酒店的规定换好工作服，整齐着装，整理好仪容仪表，然后到客房中心签到。值班经理或领班须对服务员的仪容仪表、精神状态进行检查，然后下达工作任务。下达工作任务时，需使每位服务员明确自己的工作楼层、客房号、当日客情、房态以及客人的特殊要求等。

　　服务员接受工作任务后，要领取工作钥匙。工作钥匙由客房中心值班员统一收发保管。领取工作钥匙时，必须履行签字手续，填写"钥匙收发登记表"。服务员领取钥匙后必须随身携带，然后尽快到达自己的工作岗位并立即进入工作状态。

（二）了解、分析房态，决定客房清扫程度和顺序

　　服务员在开始清扫整理前，须了解核实客房状况，其目的是确定房间清扫的程度和清扫顺序，这是必不可少的程序。

　　1. 不同状况的房间，其清扫要求不同

　　（1）简单清扫的房间。空房属于这一类间，一般只需清理房间的表面卫生和放掉水箱、水龙头等积存的陈水。

　　（2）彻底清扫的房间。住房和走房都属于此类间，而长住房在客人外出时也应给予彻底清扫。

　　2. 决定清扫顺序

　　服务员在核实了自己所要打扫的客房状态后，应根据开房的急缓先后、客人情况或领班的特别交代，决定房间的清扫顺序。客房的一般清扫顺序为：

　　（1）VIP 房。此类房间须在接到清扫通知的第一时间清扫，并按酒店规定的礼遇规格

要求进行布置。

（2）挂有"请清理房间"的房间。

（3）住客房。

（4）走客房。

（5）空房。空房是客人走后，经过清扫尚未出租的房间。

合理安排清扫顺序，其目的在于，既满足客人的特殊需求，又要优先考虑加速客房出租的周转。因此，以上清扫顺序不是一成不变的，如遇特殊情况可做灵活变动。如果在旅游旺季，客房较为紧张时，也可考虑先打扫走客房，使客房能尽快重新出租。

长住房应与客人协商，定时打扫。待修房因房间有质量问题需要维修，应检查是否修好。如果尚未修好，一般不予清扫。挂有"请勿打扰"牌的房间的客人要求不受打扰，一般在客人没有取消这一要求前，客房不予打扫。但是，如果客房长时间挂着"请勿打扰"牌或亮着指示灯超过酒店规定的时间，则应按规定的程序和方法进行处理。

（三）准备工作车和清洁工具

工作车是客房服务员清扫、整理房间的重要工具。准备工作车，就是将其内外擦拭整理干净，然后将干净的垃圾袋和面草袋挂在挂钩上，再把棉织品、水杯、烟缸、文具用品及其他各种客用消耗品备齐（准备数量为客房一天的消耗量），按规定的标准整齐地摆放在车上，要求工作车完好无损，车上房间用品和清洁工具齐全整齐，摆放有序。最后备齐各种清扫工具。

吸尘器是客房清扫不可缺少的清洁工具。使用前，要检查各部件是否严密，有无漏电现象，如有问题要及时修好，还要检查蓄尘袋内的灰尘是否已经倒掉。

工作车和清洁工具的准备工作，一般要求在头天下班前做好，但第二天进房前，还须做一次检查。

服务员在做好以上准备工作后，应再次检查自己的仪容仪表，然后将工作车推到自己负责的清扫区域，停在走廊靠墙的一侧，以免影响客人行走，吸尘器也推出放好。

二、房间的清洁整理

为了保证房间的清洁整理工作能够有条不紊地进行，提高劳动效率，同时避免过多的体力消耗和意外事故的发生，客房部要制定卫生操作程序，实行标准化管理，这是客房清洁卫生管理的首要内容。卫生操作程序规定服务员的操作步骤、操作方法、具体要求、质量标准等。客房服务员应根据不同的客房，严格按照清扫的程序和方法进行，使之达到酒店规定的质量标准。

（一）走客房和住客房的清洁整理

走客房是指客人已经结账离店，还没有清扫的空房。住客房是指客人已经入住的客房。

走客房或住客房的清洁整理程序可概括为八个字：进、撤、铺、抹、洗、补、吸、检。

1. 进：敲门进入房间

（1）检查工作车上的备品是否齐全，然后将工作车停放在待清洁房间一侧的房门口，吸尘器放在工作车一侧。

（2）轻轻敲门两次，每次相隔 3 秒，每次敲三下，并按门铃一次，报称"客房服务员"，等客人反应。须注意：声音要适度，不要垂下头或东张西望，不得从门缝或门视镜向内窥视，不得耳贴房门倾听。

（3）如听到客人有回应，服务员应说明来意，等客人开门后方可进入。如房内无反应，可用钥匙慢慢地把门打开，并再次报称"客房服务员"。如进房后发现客人在卫生间，或正在睡觉、正在更衣，应立即道歉，退出房间，并轻轻把房门关好。

（4）进房清扫整理前，将"正在清扫"牌挂在门锁上。

整个清扫过程中，房门必须始终敞开。清扫一间开启一间，不得同时打开几个房间，以免客人物品被盗。

2. 撤：撤走用过的客房用品

（1）进入卫生间，撤下客人用过的布草（客人自带的巾类除外），要将布草一条条打开检查是否夹带有其他物品；要注意消耗品的回收和再利用，将客人用过的香皂、浴液、发液分类放在清洁篮内，同时注意如有剃须刀等尖利物品和废电池等对环境有污染的物品应单独处理；用过的牙具等杂物应放在垃圾桶内，然后把垃圾桶内的垃圾袋卷起放于卫生间门侧的地板上。

（2）把空调出风调至最大，温度调至最低，以加快房间空气对流，使房间空气清新。

（3）依次将衣柜、行李柜、组合柜、冰箱、咖啡台、床头柜等处客人用过的物品撤走。如果房间内有免费招待的水果，要将不新鲜的水果及果皮盘一同撤走。在走客房状态下，还应检查是否有客人的遗留物品。清理住客房垃圾杂物时，不经客人同意，不得私自将客人的剩余食品、酒水饮料及其他用品撤出房间。

 案例 9-1

谨慎处理客人自带的物品

某酒店的一客房里住着一位香港女客人。服务员在清理房间时，见客人自带的护发液只剩一点，估计没什么用了，便自作主张地将其处理掉了。客人回房发现护发液不见了，非常生气，找到大堂副理投诉。因为她多年来一直使用这种法国名牌护发液，仅剩的一点是她留着最后一晚用的，第二天她就回香港了。

【分析提示】

服务员在清理住客房时，对属于客人的东西，只能稍做整理，不能随意挪动，更不能想当然地将其扔掉。住客是房间的唯一主人，酒店必须尊重客人的权利。

（4）拉开窗帘、窗纱至窗中间位置处，让光线照射进来。

（5）逐条撤下用过的被套、枕袋和床单，放进工作车，并带入相应数量的干净床单和枕袋。床单要一张张撤，并抖动一下以确定未夹带客人物品；床上有客人衣物时，要整理好；脏床单要卷好放在布草袋里，不要放在地上；切忌将脏床单和干净的床单混放，以免沾染细菌。

（6）把电热水壶、冰壶拿到卫生间倒掉剩水，用过的烟灰缸要冲洗；把客人用过的杯具撤出放于工作车上。

 **案例 9-2**

一枚金戒指

某酒店入住的一位女客人打电话给客房部，说她放在枕头下的一枚金戒指不见了，要求酒店在她第二天早晨离店前把金戒指找回来，否则要给予赔偿。

客房部接到投诉后，立即着手调查。经分析，很可能是服务员在整理房间时粗心大意，将金戒指夹在撤走的床单中了。客房部接着就与洗衣房联系，并派人到洗衣房与那里的员工一起在撤下来的床单中翻找。最后，终于大海捞针般地找到了那枚金戒指，送还给客人，挽回了酒店的经济损失和声誉。

【分析提示】

酒店服务无小事。客房清洁整理工作必须严格按操作规程进行，服务员要有良好的职业道德和高度的责任心，要尊重客人对客房的使用权。撤床单时要特别注意，要一张一张地撤，而且要抖动一下，以免夹带客人的物品。清扫住客房时，客人的一切物品只能稍加整理，不能随意移动位置，更不能随便扔掉。

3. 铺：铺床

铺床可分为西式铺床和中式铺床两种。现在大多数酒店取消了传统的西式铺床，而采用中式铺床的方式。以下为中式铺床的一般程序。

（1）拉床。站在床尾将床连同床垫同时慢慢拉出离床头板 50 cm。对正床垫，并根据床垫四边所标明的月份字样，将床垫按期翻转，使其受力均匀平衡。

（2）开单。用左手抓住床单一头，用右手提住床单另一头，并将其抛向床头边缘，顺势打开床单。

（3）甩单。两手相距约为 80～100 cm，手心向下，抓住床单头，提到手距地面约 70 cm 的位置，身体稍向前倾，用力甩出去，床单在床四周均匀垂下。床单应正面朝上，中线居中。

（4）包角。包床头时，应将床头下垂的床单掖进床垫下面。包角，右手将右侧下垂床单拉起折角，左手将右角部分床单折成直角，然后右手将折角向下垂直拉紧、包成直角，右手将余出下垂的床单掖入床垫下面，每个角要紧致而且成直角。

（5）套枕套。将枕芯反折 90°，压在枕套口上，把枕芯一次放到位；套好的枕头必须四周饱满平整，枕芯不外露。

（6）放枕头。将两个枕头居中放置，距床头约 10 cm 处，枕套口反向床头柜。

（7）套被套。被套展开一次到位，被子四角以饱满为准，正面朝上。

（8）铺被子。被边反折回 30 cm，与枕头成切线，两侧自然下垂；被尾自然下垂，两角折成 90°，中线与床单中线对齐。

（9）铺床尾巾。将床尾巾平铺于床尾，不偏离中线，两侧自然下垂，距离相等。

（10）将床复位。弯腰将做好的床缓缓推回原位置，最后再将做完的床查看一次。对不够整齐、造型不够美观的床面，尤其是床头部分，稍加整理。

4. 抹：抹尘

（1）从门外门铃开始抹至门框。按顺时针或逆时针方向抹，先上后下，先里后外，先湿后干，不留死角。灯泡、镜面、电视机等要用干布抹。

（2）将物品按规定摆放整齐，抹的过程中应默记待补充的物品。

（3）每抹一件家具、设备，就要认真检查一项，如有损坏，应在"楼层服务员做房日报表"上做好记录。

抹尘时抹布要有分工，即房间用抹布和卫生间用抹布必须分开。不得用客人"四巾"做抹布。

5. 洗：清洗卫生间

卫生间是客人最容易挑剔的地方，因为卫生间是否清洁美观，是否符合规定的卫生标准，直接关系到客人的身体健康，所以卫生间清洗工作是客房清扫服务的重点。

（1）进入浴室，撤出客人用过的皂头、浴液、发液瓶及其他杂物。清理纸篓。用清洁剂全面喷一次"三缸"（浴缸、洗脸盆、马桶）。

（2）用毛球刷擦洗脸盆、云石台面和浴缸上的瓷片，然后用花洒放水冲洗。用专用的毛刷洗刷马桶。

（3）用抹布擦洗三缸及镜面、浴帘。马桶要用专用抹布擦洗，注意两块盖板及底座的卫生，完后加封"已消毒"的纸条。

（4）用干布抹干净卫生间的水渍，要求除马桶水箱蓄水外，所有物体表面都应是干燥的。不锈钢器具应光亮无迹，同时默记卫生间需补充的物品。

清洗卫生间时必须注意不同项目使用不同的清洁工具、不同的清洁剂。清洁后的卫生间必须做到整洁、干净、干燥、无异味、无脏迹、皂迹和水迹。

6. 补：更换补充客房用品

补充房间和卫生间内备品，按规定的位置摆放好。整理房间时，将客人的文件、杂志、书报等稍加整理，不得翻看，放回原来的位置。尽量不动客人的物品，更不要随意触摸客人的照相机、计算器、笔记本和钱包之类的物品。

7. 吸：吸尘

吸尘时要由里往外吸，先吸房间，后吸卫生间。注意行李架、写字台底、床头柜底等边角位置的吸尘。

8. 检：检查清扫质量

（1）吸尘后，客房的清扫工作就告结束。服务员应回顾一下房间、卫生间是否干净，家具、用具是否摆放整齐，清洁用品是否遗留在房间，等等。检查完毕，把空调拨到适当的位置。

（2）关好总电开关，锁好门，取下"正在清扫"牌。若客人在房间，要礼貌地向客人表示感谢，然后退出房间，轻轻将房门关上。

填写"楼层服务员做房日报表"（见表9-1）。

表 9-1　楼层服务员做房日报表
ROOM ATTENDANT MAKE UP ROOM REPORT

楼层：＿＿＿＿＿＿＿＿　　　姓名：＿＿＿＿＿＿＿＿　　　日期：＿＿＿＿＿＿＿＿

FLOOR：＿＿＿＿＿＿　　　NAME：＿＿＿＿＿＿　　　DATE：＿＿＿＿＿＿

房号 ROOM NO.	客房状态 ROOMS STATUS	住客人数 GUEST COUNT	时间 TIME		酒水 DRINKS	维修与保养 REPAIR & MAINTENANCE	备注 REMARKS
			进 IN	出 OUT			

额外服务 EXTRA SERVICE IN ROOMS	周期卫生 PERIOD CLEANING
加床 EXTRA BED	
熨斗　熨衣板 IRON & BOARD	
吹风 HAIR DRYER	
插座 ADAPTER	
其他 OTHERS	

阅读材料 9-1

酒店客房部实行零废弃有哪些措施

以下是某酒店客房部实施的相关措施。

（1）设立酒店客房每日全面质量检查记录。

（2）设立废旧电池等物品的回收箱，酒店客房遵循以旧换新领用更换原则。

（3）设立客房部节电的规定：

① 制定客房部公共区域照明灯及空调的开启关闭时间专人负责管理制度。

② 针对每天楼层空房、住房、退客房的房态情况要求，所管辖楼层领班时刻做到检查好每间房内的灯、空调和各用电设备的关闭情况，坚持做到每个房间人走灯灭、空调关，杜绝房间长明灯现象。

③ 当值中夜班人员在做夜床时，需按规定开启房间灯，按照规定房间内只允许开启床头射灯，卫生间内只允许开启顶灯，中夜班跟进查房，落实检查房间内用电的节约工作。

④ 为进一步做好节约工作，杜绝房间长明灯及各项用电设备的随意开启，避免用电隐患的产生。规定当值夜班人员进行楼层全面的检查，针对查出的问题做好查访记录，将问题责任落实到个人，按部门考核制度进行处罚。

⑤ 对于空调的节约，根据季节视人体健康适宜温度灵活调节温度，住房空调统一调到

24～26℃，视天气情况而定，以节约为主，及时开关楼层空调。客人外出不在房内关闭空调及照明设施。针对退客房查房第一时间要做好空调、照明灯等电器的及时关闭。

（二）空房的清洁整理

空房的清洁整理，主要是擦净家具、设备，检查房间用品是否齐备。空房的整理虽然较为简单，但必须每天进行，以保持其良好的状况，随时能住进新客人。以下为具体做法。

（1）仔细查看房间有无异常情况。

（2）每天更换热水瓶的热水。

（3）用干湿适宜的抹布擦拭家具、设备、门窗等（与住客房程序相同）。

（4）卫生间马桶、地漏放水排异味，抹卫生间浮灰。

（5）连续空着的房间，要每隔3～4天吸尘一次。同时卫生间的各水龙头放水1～3分钟，直到水清为止，以保水质洁净。

（6）卫生间"四巾"因干燥失去柔软性，须在客人入住前更换新的。

（7）检查房间设备情况，要看天花板、墙角有无蜘蛛网，地面有无虫类。

（三）小整理服务

小整理服务是对住客房而言的，是指在住客外出后，客房服务员对其房间进行简单的整理。其目的就是要使客人回房后有一种清新舒适的感觉，使客房经常处于干净整洁的状态。小整理服务是充分体现酒店优质服务的一个重要方面。各酒店应根据自己的经营方针和房价的高低等实际情况，决定是否需要提供小整理服务。一般应至少对 VIP 房和高档房间提供这项服务。以下为具体做法。

（1）拉回窗帘，整理客人午睡后的床铺。

（2）清理桌面、烟缸、纸篓内和地面的垃圾杂物，注意有无未熄灭的烟头。

（3）简单清洗、整理卫生间，更换客人用过的"四巾"、杯具等。

（4）补充房间茶叶和其他用品。

（四）夜床服务

夜床服务是指对住客房进行晚间寝前整理，又称"做夜床"或"晚间服务"。夜床服务是一种高雅而亲切的服务，其作用主要是方便客人休息，整理干净使客人感到舒适，并以此表示对客人的欢迎和礼遇规格。夜床服务通常是从晚6点开始或按客人要求做，一般应在晚9点之前做完。

以下为夜床服务的基本操作规程。

（1）敲门进入房间。敲门时报称"客房服务员"。如客人在房内，先礼貌地询问客人是否要做夜床，征得同意后方可进入。客人不需做夜床，要向客人表示歉意，并道晚安。若房内无人，则应启门进入房间。

（2）开灯，将空调开到适宜温度上。

（3）清理烟缸、废纸杂物；同时查看物品有无短缺。

（4）开夜床。根据住客人数开床，遇有客人摆放较多物品在床上，或需把行李搬开的情况下不用开夜床。小件物品可移开，但切记开完夜床后把物品归原位。一室两床的房间，如果只有一个客人住，则开靠卫生间墙面的那张床，或按客人习惯开床。具体做法：① 将床头柜一侧的棉被向外掀起，折成 45° 角。② 折松枕头并将其摆正，如有睡衣应叠好放在枕头上，同时摆好拖鞋。③ 按酒店的规定在床头的枕头上放上晚安卡、小礼品等。

（5）除夜灯、通道灯、近墙的床头灯和台灯之外，其他灯应关上。

（6）轻轻拉上窗帘，关好衣柜门，回头检视一圈。

（7）整理卫生间。包括：① 将客人使用的三缸，用清水冲洗擦干，将防滑垫平面向上，铺在浴缸正中。浴帘拉上三分之一，浴帘底部抛进浴缸。② 将客人使用过的"四巾"、杯具更换补充，VIP 香皂更换。③ 垃圾倒在卫生间垃圾桶内。④ 卫生间地面较脏时，应用湿抹布擦干净。⑤ 回头巡视一遍，关灯，掩门。

（8）断电，退出房间，关好门。若客人在房间，以上操作程序应简化，动作要快捷，在退出房间时，要向客人道声"打扰了，晚安"，将门轻轻地关好。

（9）填写晚间服务记录。

案例 9-3

夜床服务的细节

张小姐因业务需要入住某酒店 3120 房间，预计逗留三天。18:00 张小姐到餐厅用餐，饭后回到房间时，夜床已经做好。服务员为她开的是靠卫生间墙壁的一张床，被罩已经拉开一只角，张小姐打开电视机，靠在床上看电视，但觉得电视机的位置有些偏，于是将电视机的方向转至合适的位置。第二天，张小姐办完事情回到酒店已经是晚上 19:00，夜床已经做好。张小姐惊奇地发现这次服务员开的夜床是靠窗户的一张床，而且电视机已经调到合适的位置。

【分析提示】

按照夜床服务规程，通常要开靠卫生间墙壁的那张床。但第二天服务员清扫客房时要注意观察并记录客人喜欢睡哪张床，晚上就要按客人需求开夜床。客房服务员根据客人转动的电视机了解到客人的需求，进而想到客人可能更愿意睡靠窗户的床。尽管客房清扫工作不像面对面服务那样直接，但张小姐一定会感到酒店对她的友好和关注。

三、客房计划卫生

计划卫生即周期性的清洁保养工作。客房计划卫生是指在搞好客房日常清洁工作的基础上，拟订一个周期性清洁计划，采取定期循环的方式，对清洁卫生的死角或容易忽视的部位及家具设备进行彻底的清扫和维护保养，以进一步保证客房的清洁保养质量，维持客房设施设备良好状态。

各酒店根据自己的设施设备和淡旺季合理地安排计划卫生的内容、周期和时间。

酒店计划卫生一般分以下两类。

（一）对某一部位或区域的彻底大扫除

除日常的清扫整理外，规定每天对某一部位或区域进行彻底的大扫除。例如，客房服务员负责 12 间客房的清扫，每天彻底大扫除一间，则 12 天即可完成他负责的所有客房的彻底清扫。也可以采用每天对几个房间的某一部位进行彻底清扫的办法。例如，对日常清扫不到的地方通过计划日程，每天或隔天彻底清扫一部分，经过若干天，也可以完成全部房间的大扫除。

（二）季节性大扫除或年度性大扫除

这种大扫除只能在淡季进行。清扫的内容不仅包括家具，还包括对某一楼层实行封房，以便维修人员对设备进行定期的检查和维修保养。

四、清洁整理质量控制

客房卫生管理的特点是管理面积大，人员分散，时间性强，质量不易控制。而客房卫生工作又要求高质量、高标准、高效率，其管理好坏是服务质量和管理水平的综合反映。因此，客房部管理人员必须抽出大量时间，深入现场，加强督导检查，以保证客房卫生质量。

（一）客房的逐级检查制度

客房的逐级检查制度主要是指对客房的清洁卫生质量的检查，实行服务员自查、领班全面检查和管理人员抽查的逐级检查制度。这是确保客房清洁质量的有效方法。

1. 服务员自查

服务员每整理完一间客房，应对客房的清洁卫生状况、物品的摆放和设备的完好等做自我检查。这在服务员客房清扫程序中要予以规定。通过自查，可以加强员工的工作责任心和服务质量意识，以提高客房的合格率，同时也可以减轻领班查房的工作量。

2. 领班全面检查

服务员整理好客房并自查完毕，由楼层领班对所负责区域内的每间客房进行全面检查，并保证质量合格。领班查房是服务员自查之后的第一道关，往往也是最后一道关，是客房清洁卫生质量控制的关键。总台据此就可以将该客房向客人出租。所以领班的责任重大，必须由工作责任心强、业务熟练的员工来担任。一般情况下，楼层领班应专职负责楼层客房的检查和协调工作，以加强领班的监督职能，防止检查流于形式。

通常，领班每天要检查房间的数量为100%，即对其所负责的全部房间进行普查，并填写"楼层客房每日检查表"。但有的酒店领班负责的工作区域较大，工作量较重，则每天至少应检查90%以上的房间，一般可以对住客房或新员工所负责的房间进行抽查。

领班查房时如发现问题，要及时记录并加以解决。对不合格的项目，应开出做房返工单，令服务员返工，直到达到质量标准。对于业务尚不熟练的服务员，领班查房时要给予帮助和指导，这种检查实际就是一种岗位培训。

3. 管理人员抽查

管理人员抽查主要指主管抽查和经理抽查。在设置主管职位的酒店中，客房主管是客房清洁卫生任务的主要指挥者，加强服务现场的督导和检查，是其主要职责之一。主管抽查客房的数量，一般为领班查房数的10%以上。主管检查的重点是每间VIP房，抽查长住房、OK房、住客房和计划卫生的大清扫房。还要检查维修房，促使其尽快投入使用。主管查房也是对领班的一种监督和考察。

客房部经理每天要拿出一定时间到楼层巡视，抽查客房的清洁卫生质量，特别要注意对 VIP 客房的检查。通过巡视抽查掌握员工的工作状况，了解客人的意见，不断改进管理方法。同时客房部经理还应定期协同其他有关部门经理对客房内的设施进行检查，确保客房部正常运转。

酒店总经理也要定期或不定期地亲自抽查客房，或派值班经理代表自己进行抽查，以保证客房的服务质量。

（二）客房质量检查的内容和标准

1. 客房质量检查的内容

客房质量检查的内容一般包括四个方面：清洁卫生质量、物品摆放、设备状况和整体效果。由于各酒店设施设备条件不同，客房质量检查的具体项目不尽相同。

2. 客房质量标准

客房质量标准含有两方面的内容：视觉标准和生化标准。视觉标准是凭视觉或嗅觉等感官感受到的标准，它是客房管理人员进行客房质量检查必须把握的标准。如客房卫生是否达到窗明几净、一尘不染，就是凭管理者的视觉判断的。客房部必须研究客人的要求，从中总结规律性的东西，制定具体的客房质量标准，并依据标准进行认真的检查、监督，以确保客房整洁、舒适。但由于个体的感受不同，视觉标准只是停留在表面上。生化标准是由专业卫生防疫人员进行专业仪器采样与检测的标准。例如茶水具的消毒标准、房间空气卫生标准等。

（三）发挥客人的监督作用

客房卫生质量的好坏决定了客人的满意程度。搞好客房清洁卫生管理工作，要发挥客人的监督作用，满足客人需求，重视客人的意见和反映，有针对性地改进工作。其主要做法有以下几种。

1. 拜访客人

客房部管理人员要经常拜访住店客人，了解客人的需求，征求客人的意见和建议，及时发现客房服务中存在的问题，以便进一步制定和修改客房清洁卫生工作的标准和计划，不断提高服务水准。

2. 客房设置"客人意见表"

客房部在客房放置"客人意见表"，以征询客人对客房卫生、客房服务以及整个酒店的主要服务项目的意见和建议。意见表的设计应简单易填，要统一编号，及时汇总，以此作为考核服务员工作好坏的依据。

3. 邀请第三方检查

酒店聘请店外专家、同行、住店客人，通过明察或暗访的形式，检查客房的清洁卫生质量乃至整个酒店的服务质量。这种检查比较专业、客观，能发现一些酒店自己不易觉察的问题，有利于找到问题的症结。

第二节　公共区域的清洁卫生控制

凡是公众共有的活动区域都可以称之为公共区域。酒店公共区域包括两个部分，即客用部分和员工使用部分。客用部分主要包括酒店前厅、公共洗手间、餐厅、宴会厅、舞厅、会议室、楼梯、走廊、建筑物外部玻璃和墙壁、花园、停车场以及酒店周边等。员工使用部分主要包括员工电梯和通道、更衣室、员工食堂、员工休息娱乐室、倒班宿舍等。酒店客房部一般下设公共区域组，专门负责公共区域的清洁保养及绿化布置工作。搞好公共区域的清洁卫生工作，是客房部服务与管理工作的重要组成部分。

一、公共区域清洁卫生的业务范围

公共区域清洁卫生的业务范围是根据酒店的规模、档次和其他实际情况而定的，一般主要包括以下几部分。

（1）负责大厅、门前、花园、客用电梯及酒店周围的清洁卫生。
（2）负责餐厅、咖啡厅、宴会厅及舞厅等场所的清洁保养工作。
（3）负责酒店所有公共洗手间的清洁卫生。
（4）负责行政办公区域、员工通道、员工更衣室等员工使用区域的清洁卫生。
（5）负责酒店所有下水道、排水排污等管道系统和垃圾房的清洁整理工作。
（6）负责酒店卫生防疫工作，定期喷洒药物，杜绝"四害"。
（7）负责酒店的绿化布置和苗木的养护繁殖工作。

二、公共区域清洁卫生的特点

与客房清洁卫生相比，公共区域（主要是客用公共区域）的清洁卫生有自己的特点。

（一）客流量大，对酒店声誉影响大

公共区域是人流交汇、活动频繁的地方。汇集在酒店公共区域的大量客人中，有的是住客或前来投宿者，有的是前来就餐、开会、娱乐，有的是前来购物或参观游览，他们往往停留在公共区域并对公共区域的条件以及环境予以点评，他们对酒店的第一印象往往就是从这里获得的。因此，公共区域是酒店的门面，是酒店规格档次的标志。公共区域的服务人员被誉为酒店的"化妆师""美容师"。公共区域清洁卫生管理工作的好坏直接关系到酒店在客人心目中的形象。

（二）范围广大，项目烦琐

公共区域清洁卫生的范围涉及酒店的每一个角落，从餐厅到舞厅，从公共场所到综合服务设施、内庭花园、门前三包区域。其卫生项目包括地面、墙面、天花板、门窗、灯具、除虫防害、绿化布置、公共卫生间等，十分繁杂。服务人员既有白班，又有夜班，而且工作地点分散，清洁卫生质量不易控制。由于项目多，各区域各卫生项目的清洁方法和要求不同，而这些区域又大多是客人交汇集结的场所，客流量大，不易清洁和保持。因此，要求每个服务人员具有较高的质量意识和工作自觉性，管理人员要加强巡视和督导，以保证公共区域卫生的质量。

（三）工作条件差，但专业性、技术性强

公共区域清洁卫生工作比较繁重，劳动条件和环境比较差。比如负责停车场和酒店周

边卫生的服务人员，无论是烈日炎炎，还是数九寒天，都在室外作业，还要尽心尽力、尽职尽责。因此，不少服务员不愿意做这样的工作，而同时这些工作又具有较强的专业性和技术性，因为工作中所接触的设备、工具、材料及清洁剂种类繁多，不是一般服务人员能够胜任的。这就要求管理人员要根据员工队伍的实际情况，既要加强管理，又要关心爱护他们，尽量改善工作条件，同时要重视对他们的技术培训并合理安排他们的日常工作。

三、公共区域主要部位的清洁卫生要求

酒店公共区域管辖范围大，不同地点的清洁卫生，由于所处的位置不同，功能不同，设备材料不同，其任务和要求也就不完全相同。下面简要介绍主要部位的清洁卫生任务和要求。

（一）大厅

大厅是酒店一天 24 小时使用的场所，是酒店中客流量最大、最繁忙的地方，需要进行连续不断的清洁保养，使大厅始终保持清洁美观，给客人留下美好的印象。大厅清洁的主要任务有以下三点。

1. 推尘和抹尘

大厅的大理石地面，在客人活动频繁的白天，需不断地进行推尘工作。遇到雨雪天，要在门中放上存伞架，并在大门内外铺上踏垫和小地毯，同时要在入口处不停地擦洗地面的泥尘和水迹。每天夜间 12 点以后打薄蜡一次，并用磨光机磨光，使之光亮如镜。大厅内有地毯处每天要吸尘 3～4 次，每周清洗一次。

服务员必须不断地巡视大厅各处，对大厅的柱面、墙面、台面、栏杆、座椅、沙发、玻璃门、指示牌等，要不间断地擦拭，使各处光亮、无浮尘、无水迹、无手印。定时给家具上蜡并擦拭铜器。

2. 倒烟灰

要随时清理或更换大厅休息处的烟缸，保证烟缸内不能积两个以上的烟头。替换烟缸时，必须用托盘将干净的烟缸盛着，先用干净的烟缸将有烟头的烟缸盖上并一起拿掉，放到托盘里，然后将另一个干净的烟缸换上。

3. 整理座位

将客人使用过的沙发、茶几、桌椅及桌上的台灯等随时整理归位。如有垃圾、果皮、纸屑等立即清理。

（二）公共洗手间

公共洗手间是客人最挑剔的地方，如果有异味或不整洁，会给客人留下很不好的印象。所以酒店必须保证公共洗手间清洁卫生、设备完好，用品齐全。

公共洗手间的清洁工作可分为一般性清洁工作和全面清洗工作两部分。一般性清洁工作主要包括：及时做好洗手间的清洗消毒工作，做到干净、无异味；将卫生间的香水、香皂、小方巾、鲜花等摆放整齐，并及时补充更换；擦拭不锈钢或电镀器具，使之光亮、无水点、无污迹。全面的清洗工作主要是洗刷地面并打蜡、清除水箱水垢、洗刷墙壁等。为了不影响客人使用洗手间，此项工作通常安排在夜间或在白天客人较少时进行。

（三）电梯

酒店的电梯有客用电梯、员工用梯、行李电梯及运货电梯等多种，其中尤以客用电梯的清洁最为重要，因为客用电梯客人使用频繁，卫生质量要求很高。

客用电梯的厢壁、镜面、按钮、电话机、栏杆及地面等需要经常进行清洁和保养，对电梯内的烟头、纸屑、杂物等，要随时清理干净。电梯的地毯特别容易脏，一般可采取每天更换地毯的办法来保持其干净。

（四）酒店周围环境

这里所说的周围环境是指酒店外、属酒店负责的区域、地段以及酒店周围。对于酒店负责的区域、地段及周围必须每天多次清扫，并定期进行水洗，以保持酒店周围环境的优美，给客人及社会公众留下整洁、美好的印象。

（五）垃圾处理

酒店内的所有垃圾，包括定期从垃圾管道里清除的垃圾，都要集中到垃圾房，然后统一处理。要经常对垃圾喷洒药物，然后装进垃圾桶加盖，以便杀死害虫和细菌，并定时将垃圾运往垃圾处理场。必须保持垃圾房的清洁卫生，垃圾桶要排放整齐，保证地面无遗留垃圾，尽量减少异味。

四、公共区域清洁卫生的质量控制

（一）定岗划片，包干负责

公共区域卫生管辖范围广，工作繁杂琐碎，只有实行定岗划片、包干负责的办法，才能有利于管理和保证卫生质量。例如，可将服务员划分成若干个小组，如前厅及门前组、办公室及楼道组、花园组等，每组可根据实际需要将服务员定岗，使每一员工每天需要完成的主要工作相对固定，每人都有明确的责任范围，各负其责。定岗划片要做到无遗漏、不交叉。

（二）制定计划卫生制度

为了保证卫生质量的稳定，控制成本和合理地调配人力和物力，必须对公共区域的某些大型清洁保养工作采用计划卫生管理的方法，制定计划卫生制度。如公共区域的墙面、高处玻璃、各种灯具、窗帘、地毯洗涤、地面打蜡等，不能每天清扫，需要像客房计划卫生一样，制订一份详细的切实可行的卫生计划，循环清洁。清扫项目、间隔时间、人员安排等要在计划中落实，在正常情况下按计划执行。对交通密度大和卫生不易控制的公共场所卫生，必要时应统一调配人力，进行定期突击，以确保整个酒店的清新环境。

（三）加强巡视检查

公共区域管理人员要加强巡视，检查卫生质量，了解员工工作状态，及时发现问题并整改，并填好检查记录。客房部经理也要对公共区域卫生进行定期或不定期的检查或抽查。

爱岗敬业的精神风貌，娴熟精湛的服务技能
——服务技能竞赛展现饭店人风采

2022 年 8 月 17 日至 19 日，由四川省文化和旅游厅、四川省人力资源和社会保障厅、四川省总工会、共青团四川省委、四川省妇女联合会联合主办，宜宾市文化广播电视和旅游局承办，四川省旅游饭店行业协会协办的"2022 年全国星级饭店从业人员服务技能竞赛选拔赛暨四川省星级饭店从业人员服务技能大赛"在宜宾市正式开幕。

经过前期广泛动员、层层筛选，来自全省 18 个市（州）代表队的 76 名精英选手将围绕前厅服务、客房服务、中餐服务、西餐服务四个项目展开激烈角逐，通过理论和实操考核，对星级饭店服务人员业务知识、服务质量、英语服务能力、沟通协调能力、突发事件应对能力等多维度进行考察，选拔优秀人才。在本次竞赛中脱颖而出的优秀获奖选手，将按照有关条件和程序申报"四川省技术能手""四川省五一劳动奖章""四川省青年岗位能手""四川省巾帼建功标兵"等荣誉称号。

为统筹新冠肺炎疫情常态化防控和文旅市场恢复发展，提振行业信心，提高管理水平，提升服务质量，树立全省旅游饭店行业良好形象，6 月份，文化和旅游厅决定举办全省星级饭店从业人员服务技能大赛。6 月中旬以来，指导各市（州）文化和旅游局先后组织预选赛，动员当地旅游饭店积极备战参赛，以赛代练、以赛促训，层层选拔出最优秀的选手参加本次大赛。通过大赛的组织，充分展示了饭店从业人员爱岗敬业的精神风貌、娴熟精湛的服务技能，发掘了一批优秀的旅游饭店业人才，进一步促进了行业内服务技能交流与学习，增强了全省旅游饭店业凝聚力，树立了新形势下旅游饭店服务质量标杆。

下一步，全省旅游饭店行业将深入贯彻省第十二次党代会精神，围绕"建设世界重要旅游目的地"，构建全域旅游发展新格局，打造世界级旅游精品，提升旅游服务国际化水平，进一步提升服务质量，不断开创行业高质量发展新局面。

（资料来源：2022 年全国星级饭店从业人员服务技能竞赛选拔赛暨四川省星级饭店从业人员服务技能大赛开幕[EB/OL].（2022-08-19）.https://baijiahao.baidu.com/s?id=1741549932811911006&wfr=spider&for=pc.）

思政思考题：

学习本章内容，重视劳动教育，认识到劳动光荣、技能宝贵，强调实践运用，重视安全卫生，养成良好的职业道德和职业习惯，使学生将职业精神内化于心。

1. 学生清扫宿舍卫生，教师进行考核，将卫生、文明生活习惯与课程理论、实操内容相融合。

2. 使学生明确杀菌消毒工作的重要性以及具体的方法及工作流程，可结合新冠肺炎疫情期间酒店在抗疫方面的举措，使学生明白酒店在公共安全卫生和承担社会责任等方面起到了重要的作用。

练习题

一、简答题

1. 客房清洁整理的准备工作有哪些？

2. 客房的一般清扫顺序是什么？

3. 简述走客房和住客房清洁整理的基本程序。

4. 客房质量检查的内容包括哪些？

5. 简述客房的逐级检查制度。

6. 怎样做好客房清洁整理的质量控制？

7. 公共区域清洁卫生的特点是什么？

8. 公共区域清洁卫生的质量控制方法有哪些？

二、选择题

1. 对客房卫生质量逐级检查的关键环节是（　　　　）。

    A．服务员自查　　　　　　　B．领班全面检查

    C．主管抽查　　　　　　　　D．经理检查

2. 不同状况的客房，清扫要求不同。下列状况属彻底清扫的是（　　　　）。

    A．空房　　　　　　　　　　B．住客房

    C．走客房　　　　　　　　　D．长住房　　　　　　　E．维修房

3. 客房质量检查的内容一般包括（　　　　）。

    A．清洁卫生质量　　　　　　B．物品摆放

    C．设备状况　　　　　　　　D．整体效果　　　　　　E．服务员操作

三、判断题

1. 多数客人把清洁、整齐作为酒店服务的"第一要求"。　　　　　　　（　　　　）

2. 客房清扫顺序是不能改变的。　　　　　　　　　　　　　　　　　（　　　　）

3. 夜床服务通常在晚上 9 点以后客人就寝前开始。　　　　　　　　　（　　　　）

4. 客房卫生质量的好坏，最终取决于客人的满意程度。　　　　　　　（　　　　）

四、案例分析

谨慎使用与宾客沟通的语言

    某日上午 10:10，服务员小冯将工作车推至 8103 客房门旁，并敲门："先生，请问现在可以整理房间吗？"小冯询问前来开门的郭先生，郭先生指着房门内的客人说："我现在来了客人，待会儿再打扫吧。""好的。"小冯推着工作车到其他房间去了。到 11:40 左右，8103 房的郭先生陪同其客人离开客房，并对在 8103 房对面房间搞卫生的小冯说："服务员，帮我打扫一下房间。"小冯正在忙什么，便顺口回答道："没有时间。"对此郭先生很不满意，嘟囔道："什么态度！"他当即向大堂副理提出投诉，并提出退房，在大堂副理的一再赔礼挽留下才作罢。

    问题：

1. 小冯错在哪里？

2. 如果是你，你会如何处理？

五、单元实训

1. 在学校模拟客房或酒店做中式铺床练习。

2. 在模拟客房或酒店做小整理和夜床服务训练。

第十章 客房服务

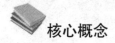

学习目标

通过本章学习，掌握客房系列服务内容和要求；理解客房服务质量的基本理念；熟悉客房服务的基本程序；了解客房服务的技能要求；培养在客房对客服务过程中解决问题的能力，进一步认识客房部在酒店中的作用。

核心概念

客房服务内容　管家服务　优质服务　个性化服务

引例

深夜醉酒的客人

某日凌晨两点左右，北京某大饭店的电梯在 15 楼停住。"叮当"一声门开了，一位客人跟跄而出，喃喃自语："喝得好痛快啊！"并且口里喷出一股浓烈的酒气。这时巡楼的保安员小丁恰好走近 15 楼电梯口，见到客人的言语模样，小丁断定这位客人是喝醉了，连忙跑过去扶住他，问道："先生，请问您住在哪间房？我看您是喝多了，我送您回房间吧。"好在客人神志还算清醒，从口袋里掏出 1517 房的钥匙牌，小丁便一步一步把客人扶进房里。他把客人扶到床上躺下休息，并泡了杯醒酒茶，将内有塑料袋的清洁桶放在床头旁。客人开始呻吟起来，小丁赶紧把客人稍稍扶起，拿泡好的茶"喂"客人喝，同时安慰客人说："您没事的，喝完茶躺下歇歇就会好的。"然后他又到卫生间弄来一条湿毛巾敷在客人额上，说道："您躺一会儿，我马上就来。"随后小丁退出房间，将门虚掩。一会儿，小丁取来一些用湿毛巾裹着的冰块走进了房间，用冰毛巾换下客人额上的湿毛巾，突然"啊"地一声，客人开始呕吐了。说时迟，那时快，已有准备的小丁迅速拿起刚才的清洁桶接住，让客人吐了个畅快，然后轻轻托起客人的下颚，用湿毛巾擦去他嘴边的脏物。小丁坐在床边又观察了一会儿，发现客人的脸色渐渐地缓和了起来，就对他说："您好多了，好好睡上一觉，明天就没事了。"他边说边帮客人盖好被子，在床头柜上留下一杯开水和一条湿毛巾，又补充一句："您若需要帮忙，请呼 15 楼层服务台。我们的工作人员会马上赶过来的。"然后他调节好空调，取出垃圾袋换上新的，轻轻关上门离开了。小丁找到楼层值班服务员，告诉她醉客的情况，并请她每过 10 分钟就到 1517 房门口听听动静。天亮时，辛苦值勤一夜的小丁眯着一双熬红的眼睛，专程跑来 15 楼的值班台了解情况，得知醉客安然无恙才放下心来。最后又让值班服务员在交接班记事本上写道："昨夜 1517 房客醉酒，请特别关照！"

（资料来源：黄秀琳，林春容. 酒店服务与管理教学案例集萃[M]. 厦门：厦门大学出版社，2020. ）

上述案例告诉我们：客房服务是酒店服务的重要组成部分，在很大程度上体现了酒店的管理水平。客房服务质量的高低直接影响着宾客的满意程度及对酒店的整体评价。

第一节　客房服务内容

客房服务的内容可分为清洁卫生服务和接待服务两部分。有关客房的清洁卫生服务，我们已在上一章讲述过，这里主要介绍客房的接待服务，它们包括迎送宾客、贵宾接待、小酒吧服务、送餐服务、洗衣服务、访客接待服务、擦鞋服务和其他服务等。

一、客房楼面接待

客房楼面接待工作包括三大环节：迎客服务的准备、客人到店的应接服务和送客服务。

（一）迎客服务的准备工作

客人到达前的准备工作，是楼面接待服务过程的第一环节，又是使其他环节得以顺利进行的基础环节。准备工作一定要充分、周密，要求做到以下几点。

（1）了解客情。楼面服务台接到总台传来的接待通知单后，应详细了解客人的人数、国籍、抵离店时间、宗教信仰、风俗习惯和接待单位对客人生活标准的要求、付费方式、活动日程等信息，做到情况明确、任务清楚。

（2）布置房间。要根据客人的风俗习惯、生活特点和接待规格调整家具设备，配备齐日用品，补充小冰箱的食品饮料。对客人宗教信仰方面忌讳的用品要暂时撤换，以示对客人的尊重。房间布置完，还要对室内家具、水电设备及门锁等再进行一次全面检查，发现有损坏失效的，要及时报修更换。

（二）客人到店的应接工作

客房服务的应接工作是在客人乘电梯上楼进入房间时进行的。客人经过旅途跋涉，抵达后一般比较疲乏，需要尽快妥善安顿，以便及时用膳或休息。因此，这个环节的工作必须热情礼貌，服务迅速，介绍情况简明扼要，分送行李及时准确。

（1）梯口迎宾。客人步出电梯，服务员应微笑问候。无行李员引领时，服务员应帮助客人提拿行李引领入房，对第一次住店的客人，应介绍房内设施设备的使用方法。

（2）分送行李。主要指的是团体客人的行李，由于团体客人的行李常常是先于或后于客人到达酒店，因此行李的分送方式有所不同。先到的行李由行李员送到楼层，排列整齐，由楼层服务员核实件数；待客人临近到达前，再按行李标签上的房号逐一分送。如发现行李标签失落或房号模糊不清，应暂时存放。待客人到达时，陪同客人或由客人自己认领。后到或随客人到的行李，则由行李员负责分送到房间。

（三）送客服务工作

客人离店前的服务是楼面接待工作的最后一个环节。服务工作在最后环节不应有丝毫松懈和怠慢，以免前功尽弃。

（1）行前准备工作。服务员应掌握客人离店的准确时间，检查客人洗烫衣物是否送回，交办的事是否完成。要主动征求客人意见，提醒客人收拾好行李物品，不要将物品遗忘在房间。送别团体客人时，要按规定时间，将行李集中放到指定地点，并清点数量，以防遗漏。

（2）行时送别工作。如客人有需要，可代为通知行李处派人员到房间取送行李；客人离房时要送到电梯口热情道别。对老弱病残客人，要护送下楼至大门。

（3）善后工作。客人下楼后，服务员要迅速进房检查，主要查看有无客人遗留物品。发现遗留物品要立即通知总台转告客人。若发现小冰箱食品饮料有消耗、客房设备有损坏、物品有丢失的，也要立即通知总台收银处请客人付账或赔偿。最后做好客人离房记录，修正楼层房态。有的客人因急事提前退房，委托服务员处理未尽事宜。服务员承接后要做好记录并履行诺言，不要因工作忙而丢在一旁。

二、接待贵宾

贵宾是指有较高身份地位或因各种原因对酒店有较大影响力的客人，这类客人在接待中会得到较高礼遇。

（一）贵宾范围

各酒店对于贵宾范围规定不一，大致包括以下几种。

（1）对酒店的业务发展有极大帮助或者可能给酒店带来业务者。

（2）知名度很高的政界要人、外交家、艺术家、学者、经济界人士、影视明星、社会名流。

（3）旅游、酒店行业的负责人和高级职员。

（4）酒店董事会成员。

对贵宾的接待，从客房布置、礼品的提供，到客房服务的规格内容，都要高出普通客人，使其感到酒店对自己确实特别关照。

（二）贵宾服务

客房部接待贵宾要提前做好充分准备。

（1）接到贵宾接待通知书后，要选派经验丰富的服务员将房间彻底清扫，按规格配备好各种物品，并在客房内摆放有总经理签名的欢迎信、名片；摆放酒店的赠品，如鲜花、果篮、饮料等。

（2）房间要由客房部经理或主管严格检查，然后由大堂副理最后检查认可。

（3）贵宾在酒店有关人员陪同下抵达楼面时，客房部主管、服务员要在梯口迎接问候。贵宾享有在房间登记的特权，由总台负责办理。贵宾住店期间，服务员应特别注意房间卫生，增加清扫次数。对特别重要的贵宾，应提供专人服务，随叫随到，保持高标准的服务。贵宾接待通知书如表 10-1 所示。

表 10-1 贵宾接待通知书

姓名	国籍	身份	到达日期时间及航班、车次	离店日期时间及航班、车次	安排房号	陪同姓名	房号

接待规格:
1. 迎送　A. 大堂经理□　　B. 部门经理□　　C. 副总经理□　　D. 总经理□
2. 入住　A. 总台登记□　　B. 客房登记□　　C. 陪同登记□　　D. 团体迎候□
3. 看望　A. 部门经理□　　B. 大堂经理□　　C. 总经理□
4. 鲜花　A. 花束□　　　　B. 花篮□
5. 水果　A. 果盘□　　　　B. 果篮□
6. 饮料　A. 一次性□　　　B. 折扣□　　　　C. 全免□　　　　D. 每天□
7. 点心　A. 巧克力□　　　B. 蛋糕　一般□　　生日□
8. 用车　A. 折扣□　　　　B. 全免□　　　　C. 专车□
9. 用餐　A. 标准收费　元　B. 优惠收费　元　C. 全免□　早餐　元　午餐　元　晚餐　元
　　　　D. 专座□
10. 用户　A. 折扣□%　　　B. 套房□　　　　　　C. 全免
11. 其他
接待人:＿＿＿＿＿＿＿＿　检查时间:＿＿＿＿＿＿＿＿
填表人:＿＿＿＿＿＿＿＿　批准人:＿＿＿＿＿＿＿　日期:＿＿＿＿＿＿
分送:总经理□　　大堂副理□　　公关部□　　保安部□　　客房部□　　总机□

📖 **阅读材料 10-1**

酒店不同 VIP 客房的布置

在本书的第三章里,我们介绍了酒店对 VIP 客人的界定和分类,客房部对不同级别的 VIP 宾客,在客房布置和接待上会有不同。以下是四种等级的 VIP 客人的客房布置和接待方式。

1. v1 级(见表 10-2)

表 10-2　V1 级宾客的客房布置和接待方式

品　名	规　格	数　量	摆放位置	备　注
鲜花	高档盆栽	大小号各两盆	客厅茶几、餐厅、主卧室、夫人卧室	酒店花房提供,每日保养
晚间鲜花	瓶花	4 瓶	各卫生室	酒店花房提供,每日保养
果篮	高档果篮	1 篮	客厅茶几	进口水果,每日更换
酒水	进口红葡萄酒	1 瓶	小酒吧台	四只红酒杯
欢迎点心	曲奇和巧克力	各 5 块	小酒吧台	酒店定制,每日更换
晚间小食	夜床巧克力	1 盒	床头柜	酒店定制及专用盛器
欢迎卡	酒店贵宾专用	1 张	鲜花上	总经理签名
问候信	酒店贵宾专用	1 封	客厅茶几	总经理签名
浴袍	棉质	两套	衣橱或卫生间	酒店定购,针织贵宾名字
易耗品	烫金	盒	卫生间	一次性洗漱用品
	酒店总经理名片	1 张	果篮旁边	专用名片支架

2. v2 级（见表 10-3 ）

表 10-3　V2 级宾客的客房布置和接待方式

品　　名	规　　格	数　　量	摆 放 位 置	备　　注
鲜花	普通盆栽	大小号各一盆	客厅茶几、主卧室	酒店花房提供，每日保养
晚间鲜花	瓶花	1 瓶	各卫生室	酒店花房提供
果篮	中档果篮	1 篮	客厅茶几	进口水果，每日更换
酒水	国产红葡萄酒	1 瓶	小酒吧台	四只红酒杯
欢迎点心	曲奇和巧克力	各 4 块	小酒吧台	酒店定制，每日更换
晚间小食	夜床巧克力	1 盒	床头柜	酒店定制及专用盛器
欢迎卡	酒店贵宾欢迎卡	1 张	鲜花上	总经理签名
问候信	酒店贵宾专用	1 封	客厅茶几	总经理签名
浴袍	棉质	两套	衣橱或卫生间	酒店定购，针织贵宾名字
易耗品	烫金	盒	卫生间	洗漱用品
	酒店总经理名片	1 张	果篮旁边	专用名片支架

3. v3 级（见表 10-4 ）

表 10-4　V3 级宾客的客房布置和接待方式

品　　名	规　　格	数　　量	摆 放 位 置	备　　注
鲜花	普通花篮	1 篮	客厅茶几	酒店花房提供，每日保养
晚间鲜花	瓶花	1 支	卫生间	酒店花房提供，每日保养
果篮	普通果篮	1 篮	客厅茶几	国产水果
欢迎饮料	鸡尾酒	1 扎	小酒吧台	酒店自制
欢迎点心	曲奇和巧克力	各 3 块	小酒吧台	酒店定制
晚间小食	夜床巧克力	1 盒	床头柜	酒店定制及专用盛器
欢迎卡	酒店贵宾专用卡	1 张	鲜花上	总经理签名
问候信	酒店贵宾专用	1 封	客厅茶几	总经理签名
浴袍	棉质	两套	衣橱或卫生间	酒店定购，针织贵宾名字
名片	总经理、总监/部门经理名片	各一张	果篮旁边	专用名片支架

4. v4 级（见表 10-5 ）

表 10-5　V2 级宾客的客房布置和接待方式

品　　名	规　　格	数　　量	摆 放 位 置	备　　注
鲜花	瓶插鲜花	2 支	茶几台面	酒店花房提供
晚间鲜花	瓶花	1 支	卫生间	酒店花房提供
果盘	普通水果	1 盘	茶几台面	国产水果
欢迎点心	曲奇和巧克力	各 2 块	小酒吧台	酒店定制
晚间小食	巧克力	1 盒	床头柜	酒店定制及专用盛器
欢迎卡	酒店贵宾欢迎卡	一张	圆茶几上	总经理签名
名片	部门总监/经理或大堂副理名片	各一张	果篮旁边	专用名片支架

三、客房小酒吧服务

为满足客人在房间享用酒水、饮料的需求，同时增加酒店客房收入，中高档酒店的客房必须配备小冰箱或小酒吧，存放一定数量的软、硬饮料和干果，如烈性酒、啤酒、果汁、汽水等，供客人自行取用。收费单放在柜面，一式三联，上面注明各项饮料、食品的储存数量和单价，请客人自行填写耗用数量并签名。

服务员每天上午清点冰箱内饮料、食品的耗用量，与收费单核对。如客人未填写，则由服务员代填。核对无误后，提交客房服务中心。单据的第一、二联转给前厅收银处，费用填入客人账单。第三联由领班统计，填写楼层饮料日报表，作为到食品仓库领取补充品的依据，现在大多数的酒店都使用计算机管理了，一键输入，快捷便利。

四、送餐服务

送餐服务是指某些客人由于生活习惯或特殊需要，如起早、患病、会客等，要求在客房用餐的一种送餐到房的服务。现在中高档酒店按规定必须实行这项服务，一般多由餐饮部的客房餐饮服务部专司其职。低档酒店在客人提出要求时也应当尽力满足，可由客房服务员兼管。

（一）订餐

客房用餐分为早餐、便餐、小吃、点心、夜宵等。客人若需要在客房用早餐，应于前一天晚上在客房备有的早餐牌上选好食物种类，注明用餐时间，然后将其挂在房门把手上，由服务员定时收集，代向餐饮部订餐。客人也可以直接打电话订餐。

（二）送餐

送餐由餐饮部送餐员直接送进客房。无专门送餐员的酒店可由餐厅服务员送到楼面，再由客房服务员送进房间。送餐车必须有保温装置，防止送到时饭菜温度不够，影响食品味道。

五、洗衣服务

客人在酒店居住期间，可能会需要酒店提供洗衣服务，尤其是商务客人和因公长住酒店的客人。

（一）服务内容

洗衣服务分为水洗、干洗、熨烫三种。时间上分正常洗和快洗两种。正常洗多为上午交洗，晚上送回；下午交洗，次日送回。快洗不超过4小时便可送回，但要加收50%的加急费。

（二）服务方法

最常见的送洗方式是客人将要洗的衣物和填好的洗衣单放进洗衣袋，留在床上或挂在门把手上，也有客人嫌麻烦请服务员代填，但要由客人过目签名。洗衣单一式三联，一联留在楼面，另两联随衣物送到洗衣房。为了防止洗涤和递送过程中出差错，有的酒店规定，客人未填洗衣单的不予送洗，并在洗衣单上醒目注明。送洗客衣工作由楼面台班服务员承担。

送回洗衣也有不同方式。或由洗衣房收发员送进客房，或仅送到楼面，由台班服务员送入客房并放置在床上，让客人知道送洗的衣物已送回，并可以检查衣物是否受损。送洗客衣是一件十分细致的工作。按国际惯例，由于酒店方面原因造成衣物缺损的，赔偿金额一般以洗涤费用的 10 倍为限。我国由于洗涤费用便宜，按 10 倍赔偿客人也不满意。所以要求经手员工认真负责，不能出一点差错，否则会招致投诉，给酒店造成经济损失和名誉影响。

六、访客接待服务

楼层服务员对来访客人的接待，应该像对待住客一样热情礼貌。在得到住客同意后，可引领来访者进入客房。访客常常是酒店潜在的购买对象或者对住客有相当大的影响力的人。如果忽略对访客的服务，必会引起双方客人的不快，影响其对酒店服务的总体印象，甚至会促使住客搬出酒店另寻居所。

七、擦鞋服务

客房内通常备有擦鞋纸、擦鞋巾，以方便客人擦鞋。高档酒店还会备有擦鞋机。但真正的擦鞋服务是为客人人工免费擦鞋。设此项服务的酒店，客房衣橱中下方放置了标有房间号码的鞋篮，并在服务指南中告知客人。客人如需要擦鞋，可将鞋放入篮内，于晚间放在房间门口，由夜班服务员收集到工作间，免费擦拭，擦拭完毕后送到客房门口。

八、其他服务

上述服务是星级酒店客房的基本服务项目。此外，酒店还会视自身客源特点开设其他特别服务项目。

（一）托婴服务

托婴服务就是为外出活动办事的住客提供短时间的照管婴幼儿的有偿服务。这项服务在中国酒店业兴起的时间不长，但很受长住客和度假客人的欢迎。酒店并不配备专职人员从事此项服务，而是向社会服务机构代雇临时保育员，或是由客房部女服务员利用业余时间照管。一般以 3 小时为计费起点，超过 3 小时的，按小时增收费用。托婴服务责任重大，绝不能掉以轻心。凡是担负此项工作的人员必须有责任心，正派可靠，受过专门训练，掌握照管婴孩的基本知识和技能，并略懂外语。

（二）管家服务

管家服务是一种贴身的、"一对一"的高度定制化的服务方式。客人入住后只需面对私人管家而无须再找其他人就可享受各种服务，私人管家负责帮客人协调和解决从入住到离店的所有问题。

私人管家服务在国外高档酒店很盛行，在国内的高星级酒店中也日渐时兴，已成为体现豪华酒店高品位、个性化、私人化服务的标志。有的酒店在客房部设立专门的私人管家部，精心挑选形象气质佳、具有丰富对客服务经验的员工担任私人管家，形成一支私人管家团队。

　　私人管家既是服务员，又是秘书，专责料理客人的起居饮食，为客人排忧解难。私人管家关注客人住店期间的每一个细节，客人入住后私人管家立即为其办理登记，引领其入房，端茶送巾，详细介绍酒店情况。此后客人的生活琐事、外出交通、商务活动等也均由其一手操办，直到客人离开酒店。在生活方面，要会熨烫衣物、调酒、熟悉餐牌、嘘寒问暖、调解纠纷；工作上要能操作电脑、翻译、熟练打字复印等。显然，私人管家要具备极高的自身素质，拥有丰富的服务经验与专业素养。由于私人管家服务细致周到、体贴入微，深受客人信任。许多客人与曾为自己当过私人管家的服务员结下深厚情谊，为此成为酒店的回头客。

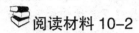 **阅读材料 10-2**

英 式 管 家

　　管家服务起源于法国，但是老派的英国宫廷更加讲究礼仪、细节，将管家的职业理念和职责范围按照宫廷礼仪进行了严格的规范，成为行业标准，英式管家也成为家政服务的经典。在英式管家享誉世界的最初阶段，只有世袭贵族和有爵位的名门才能享受。

　　在国外，英式管家是绅士中的绅士。如果要用一句话来诠释，那就是——他们虽不是贵族的后裔，却是贵族的老师。英式管家服务对象是有着极高身份的人，有亿万富翁、社会名流、政界高官以及名门贵族。

　　英式管家需要有极高素质，必须熟知各种礼仪、名菜佳肴、名酒鉴赏、水晶银器的保养知识等，几乎要上知天文、下通地理。因此，其训练课程也相当严格和全面。训练课程多达数十项，包括急救训练、保安训练、枪支保管训练、正式礼仪训练、雪茄的收藏与保养、插花及家居饰品的保养、西服及正式服装的保养、团队服务演练等几乎涵盖了生活的各个方面。

　　住店如居家，繁忙的商务人士更希望在外也能得到悉心的照料。英式管家服务正满足了这种需求。他们经过专业训练，素质高，是主人的私人秘书和亲信。随时待命，听候主人吩咐。

　　英式管家如今已经进入中国。这一在欧洲有着七百多年历史的贵族私家奢华生活的服务标志，现今已经成了世界家政服务领域的经典名词。英式管家的演变历程可配上一句中国古诗："旧时王谢堂前燕，飞入寻常百姓家。"

（三）叫醒服务

　　叫醒服务由酒店总机室提供，但在电话振铃无法叫醒熟睡中的客人的情况下，接线员必须请客房服务员前去敲门，直到叫醒为止。在低星级或非星级旅游酒店，虽然国家管理部门未规定必须有此服务，但客房服务员仍会按客人需要在早晨某一时间叫醒欲赶路的客人。在讲究细心服务的酒店，客房服务员还会应客人需要按时提醒客人与客户电话联系、外出会客、吃药、办事等，将单纯叫醒服务扩大为"提示服务"。

 案例 10-1

需要改进的叫醒服务

　　5 月 7 日，住在酒店内 1102 房间的吴先生在晚上 9 点临睡前从客房内打电话给店内客房服务中心，说："请在明早 6 点叫醒我，我要赶乘 8 点的班机。"服务中心的值班员当晚将所有要求叫醒的客人名单及房号（包括吴先生在内），一共 5 间客房，通知了电话总机接线员，并由接线员记录在叫醒服务一览表之中。

第二天早晨快到 6 点之际，接线员依次打电话给需要叫醒服务的客人，其他 4 间客房的客人都已起床了，当叫到吴先生时，电话响了一阵，吴先生才从床头柜上摘下话筒。接线员照常规说："早上好，现在是早晨 6 点的叫醒服务。"接着传出吴先生的声音（似乎有些微弱不清）："谢谢。"谁知吴先生回答以后，马上又睡着了。等他醒来时已是 6 点 55 分了。等赶到机场，飞机已起飞了，只好折回酒店等待下一班飞机再走。客人事后向酒店大堂值班经理提出飞机退票费及等待下一班飞机期间的误餐费的承担问题。值班经理了解情况之后，向吴先生解释说："您今天误机的事，我们同样感到遗憾，不过接线员已按您的要求履行了叫醒服务的职责，这事就很难办了！"客人吴先生并不否认自己接到过叫醒服务的电话，但仍旧提出意见："你们酒店在是否弥补我的损失这一点上，可以再商量，但你们的叫醒服务大有改进的必要！"

【分析提示】

叫醒服务的关键内容就是要将客人叫清醒。像上述案例中总机的电话没有将客人叫醒的情况时有发生，电话叫醒后客人又睡着了的情况更为普通。因此，叫醒服务一定要有信息反馈，一定要确认客人已经被叫醒，不致因此误事，否则可能招致客人投诉。

客人吴先生最后的表态，的确有一定的道理。理应受到客人信赖的叫醒服务项目，该酒店却没有完全做好，至少可以在以下几点优化服务：① 酒店应当确认，叫醒服务是否有效。当话务员叫醒客人时，应细心留意客人状态，如果觉得客人回答不大可靠，应该过一会儿再叫一次比较保险。② 如果许多客房的客人要在同一时间叫醒，而此时只有一名话务员来负责的话，为了避免叫醒时间的推迟，应当由 2～3 名话务员同时进行，或通知有关人员直接去客房敲门叫醒客人。③ 最好在客房服务中心安装一台录音电话，将叫醒服务的通话记录下来，作为证据保存。录音至少应保存两三天，这样遇到客人投诉时便容易处理了。

（资料来源：黄秀琳，林春容. 酒店服务与管理教学案例集萃[M]. 厦门：厦门大学出版社，2020.）

（四）借用物品服务

客房内配备的物资用品不可能满足客人的全部需要。尤其是女客，常会要求借用一些物品，如电吹风、电熨斗、熨衣架、婴儿摇床等。客房部应配备这类客人可能需要的物品，在服务指南中标明，以示服务周到。

第二节　客房服务质量

"质量是企业的生命"这一观念已经成为当代企业的基本共识。在市场竞争条件下，酒店经营成败的关键在于服务质量。客房服务是酒店服务的重要组成部分，其质量高低直接影响酒店服务质量和客房出租率。

一、客房服务质量的构成

服务质量是指以设备或产品为依托所提供的劳务适合和满足宾客物质和精神需求的程度。适合和满足的程度越高，服务质量就越好。客房服务质量是由以下三方面构成的。

（1）客房设备设施用品质量，包括客房家具、电器设备、卫生间设备、防火防盗设施、客房备品和客房供应品的质量。这些是客房服务提供的物质基础，其舒适完好程度如何，直接影响整个客房服务的质量。

（2）客房环境质量，主要是指客房设施设备的布局和装饰美化，客房的采光、照明、通风、温湿度的适宜程度。良好的客房环境能使客人感到舒适惬意，产生美的享受。

（3）劳务质量，是客房部一线服务人员对客人提供的服务本身的质量。它包括服务态度、服务语言、服务的礼节礼貌、服务方法、服务技能、技巧、服务效率、安全与卫生等方面。

在这三方面中，设备设施用品和环境的质量是有形的，劳务质量是无形的，却又是服务质量的最终表现形式。

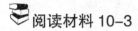阅读材料 10-3

客房服务质量管理文件

客房服务质量管理文件应包括：

（1）质量手册，包括质量方针、质量目标；程序文件（采购控制、顾客财物的保存、服务过程质量控制、服务质量检查与评价、服务设施和测量设备的控制程序等）。

（2）管理规范，如散客接待服务管理规范、团队接待服务管理规范、贵宾（VIP）接待服务管理规范、行李寄存服务管理规范、住房清扫服务管理规范等。

（3）质量计划，对特定的宾客或团队客人制订专门的服务计划。

（4）服务规范，明确规定各岗位的岗位职责、上岗条件、服务流程、服务内容与要求。

（5）质量记录，酒店对各项服务活动或达到的结果应设计统一的质量记录。如宾客住宿登记，行李寄存记录，楼层服务员工作记录，客人投诉记录，内部质量审核报告等。

二、客房服务质量控制的主要环节

控制客房服务质量的主要环节分为服务准备过程、接待服务过程、接待服务结束过程三大环节。

（一）服务准备过程的质量控制

（1）精神准备。服务员必须精神饱满、着装整洁，必要时要先了解客人的身份、生活习惯等，以便有针对性地提供服务。每天岗前管理人员要对服务员的仪容仪表进行检查。

（2）物质准备。服务员要检查客人即将入住的房间，看是否完全符合出租质量标准。清扫客房卫生前，要准备好工作车、清扫工具，装好准备换用的布件和客房用品。

（二）接待服务过程的质量控制

（1）按接待服务规范和服务标准，严格检查各环节服务质量。已制定的服务规范和标准必须严格执行，不能束之高阁。质量控制要以预防为主，发现质量问题要及时纠正，并避免重复出现。对接待服务的薄弱环节要实行重点控制。

（2）搜集质量信息，分析产生质量问题的原因，尽快研究改进。对客人投诉要及时妥善处理。如果发现是服务质量标准本身存在问题，要认真研究修订，确保这一质量管理"法"的严密性与合理性。

（三）接待服务结束过程的质量控制

（1）征求客人意见。对重要客人（如贵宾、常客、长住客），管理者要亲自登门征求意见，以示重视。

（2）善后处理，办好客人交办之事。在客房服务质量控制工作中，楼面领班、主管的作用至关重要。他们要充分调动基层管理人员对服务质量管理的积极性，把好客房服务质量这一关。

 案例 10-2

客人遗留的衣物

一天，客房部领班在查房时，发现空房客房抽屉里有几件遗留的衣服。她感到很奇怪，立即打电话到客房中心查询此房间的客人是否离店，并向客服中心通报了客人有遗留物品在房间里，要求做好记录，留备客人查询。然后，在工作表上做了详细记录，注明时间和所发生的情况。

领班查询了当班服务员小谢和房务中心，得知此房客人并没有离店，而是转房去了其他楼层。而服务员小谢在查房时，由于没有认真检查，没有发现客人遗留物品。晚上 11 点，客人从外面回来。房务中心通知他时，他才发觉遗失了衣服。

【分析提示】

本案例中，当班服务员粗心大意，没有发现客人遗留在抽屉里的衣服，肯定是认为没有必要检查抽屉，而导致问题的出现，这是服务员的失职。

领班工作非常认真、仔细，发现问题后，严格按照规定的程序处理客人遗留的衣服，并立即找房务中心协调解决。由于发现及时、处理妥当，使转房的客人找回了自己的衣物，避免了可能产生的问题。

第三节　客房优质服务

在客房服务的实际工作中，人们往往把服务理解为态度，即态度好就是服务好。其实不然，客房服务有其更深刻的内涵，并且与不同的服务方式有着密不可分的联系。

一、客房优质服务的内涵

服务是酒店的形象之本，是酒店的竞争之道，因此必须向客人提供优质服务，这已经是我国酒店业界人士的共识。

（一）优质服务的含义

所谓优质服务，就是最大限度地满足客人的正当需求。在我国酒店业发展的初期，我们曾把标准化服务作为优质服务的标志。但是随着酒店业的发展和客人需求的不断变化，仅仅提供标准化的服务是不能使不同的客人都完全满意的。因为客人的需求变化莫测，而标准化的服务只能满足大多数客人表面的基本需求，不能满足客人更深层次的不可捉摸的个别需求。因此，客房优质服务要求站在客人的角度，以客人之需随机应变，在标准化服务的基础上提供有针对性的、超常的、个性化的服务，以达到或超过不同住宿客人的期望。

（二）个性化服务

由于住客来自不同的国家和地区，其民族、宗教、风俗习惯方面有较大差异，又有年龄、性别、文化教养、职业、消费水平等的区别；仅靠规范服务不可能满足客人的所有要求；而酒店是以出售服务为特征的经营性企业，按这一行业的宗旨和信条，客人的要求永远是对的（违反法律的除外），酒店必须千方百计满足客人的各种需求，包括那些偶然的、特殊的需求，让客人满意，使他们成为回头客。

个性化服务就是以客人为本，并根据客人层次及需求上的差异，对不同客人采取不同的服务方式。这就要求服务人员要有强烈的服务意识去主动接近客人，了解客人，设身处地地揣度客人的心理，从而有针对性地提供服务。个性化服务分为两个层次：第一层次是被动的，是由客人提出非规范需求；第二层次是主动的，是服务人员主动提供的有针对性的服务。如客人生病时，除可以主动帮客人联系医生，提供特殊照顾，还可以送束鲜花或一张贺卡表示安慰和祝福。另外，熟记客人的名字并用于称呼，与客人谈话时要有礼貌，使客人有一种被重视和尊重的感觉。总之，个性化服务的内容相当广泛。

要达到优质服务水平，酒店员工尤其是一线员工必须有高度的责任心，有强烈的服务意识，处处以客人为重。可见要做一个能为客人提供优质服务的客房服务员也并非易事。

二、宾客类型和服务方法

酒店的客人来自五湖四海、四面八方，由于他们的身份地位、宗教信仰、文化修养、兴趣爱好、生活习惯、社会背景等各不相同，因此对酒店的服务有不同的要求。了解他们的需求特点，采取有针对性的服务是客房管理者和服务人员提高对客服务的前提。

（一）商务旅游型

商务客人是一个高消费的群体，国内外都是如此。他们的需求是：对客房设施设备和服务的要求较高，生活上要舒适，工作上要方便，尤其通信设施齐全，并能够保证客房安全。商务客人非常重视保持良好的个人形象，因此在服务方面首先要求有 24 小时的洗熨衣物服务，美容服务也很受欢迎。商务客人讲究饮食，还有约 1/3 的客人喜欢在客房用餐。对酒店娱乐健身等项目也有兴趣。随着女性商务客人的增多，女性对客房的要求更加被关注。商务客人一般有较高的文化修养，公务又繁忙，对服务方式、服务效率的要求都很高，并希望得到更多的尊重。

服务方法：推荐豪华客房，选派素质高、外语好、业务精的服务人员为商务客人服务，以高质高效为第一要求；为客房增添办公设备，改善办公条件；对立国家的客人或商业竞争对手不要安排在同一楼层。客人的需求要尽快满足，有邮件要立即送进房间。

许多高档酒店为商务客人开设了商务行政楼层，集中管理，提供有针对性的服务，很受客人欢迎。

（二）蜜月旅游型

旅行度蜜月的人越来越多，这类客人常有"一辈子就这一次，得好好风光一回"的想法，所以花钱大方，图个舒服、顺心、吉利。

服务方法：安排安静、明亮的大床间，如有预订，应有所准备。如贴红喜字，摆放鲜花。多介绍当地的旅游景点、风味餐馆和旅游商店，方便客人游玩和购物。这类客人白天多外出，客房清扫等服务要抓紧搞好，客人回来后要少进房打扰。

（三）修学旅游型

青少年修学旅游是近年来出现的新事物，以日本、韩国中学生为主，国内比较少见。

服务方法：对这些小客人在生活起居方面要多给予关心照顾，遇事多提醒，态度要亲切和蔼。提供服务时要迅速，讲话开门见山，问清要求后立即去做，讲求效率。可以多介绍图书馆、文物古迹和自然旅游景观。

（四）华侨旅游型

华侨客人一般有四类：一是政府有关部门邀请回国的教授、学者等高级知识分子和著名人士；二是旅游团队；三是回国寻求投资和经济合作的商界人士；四是自费探亲或治病疗养的老年人。欧美和日本华侨对住房设备设施比较讲究。老年华侨客人往往希望回国后在各方面都能得到一视同仁的待遇。有怀旧情结，喜欢到各处参观，愿意购买家乡土特产和中草药。

服务方法：分配房间时要判断客人的消费水平，区别对待。服务人员对华侨客人一定要热情亲切，使他们感受到"家"的温暖。对老年客人更要多方关照，嘘寒问暖，多介绍家乡的建设成就，多介绍名胜古迹、地方风味、旅游纪念品商店和中草药店，关心其饮食起居，有代办需求要尽力办好。

（五）旅游疗养型

有些客人有慢性病，会借旅游机会看病或疗养。这类客人在酒店逗留时间长，活动有规律，喜欢安静，对温泉、优美恬静的自然风光、医疗诊所和民间偏方有兴趣。对住房要求特殊，如房间小而舒适，光线足，安静，起居方便，等等。

服务方法：尽量安排位置僻静的单人房，服务周到、细心，尽快摸清客人的生活规律。客房时时保持清洁状态，经常做小整理，使客人心情舒畅。客人休息时不要打扰，保持楼道安静。多介绍食疗保健知识，推荐适合客人口味的饮食，或请餐厅为客人提供特殊饮食，也要为房内用餐提供方便。

（六）长住型

在酒店入住超过一个月的客人称长住客，如公司、商社或常驻机构长期包租客房作为办事机构，员工长住办公。也有的是外国公司雇员携家属长期居住。这类客人最需要的是"家"的感觉，期望得到亲切、方便、舒适的服务。

服务方法：长住客工作紧张，服务员要给予理解关照。清理房间要尽量安排在客人非办公时，清扫时对于客人文件物品要特别注意，开窗换气时不要被风吹散，不要翻看挪动。对茶具、饮料、擦手巾、记事便笺等用品要专门配备，按客人要求及时送上。对于长住客在房内安放办公设备和生活设施的要求应尽量满足，但服务员在日常服务中要注意检查安全隐患，及时汇报领导和提醒客人。有的酒店会记住长住客的生日，届时送上鲜花或果篮。

 案例 10-3

有折痕的枕头

一天，客房服务员小李正在清洁客房。当她打开毛毯时，发现客人枕过的两个枕头中间有一道折痕。小李想可能是客人嫌枕头矮，把两个摞在一起对折造成的。当她确认自己的判断后，经领班批准，小李给客人多加了两个枕头。

第二天，当客人看到来清洁房间的小李时，劈头就问："你为什么把我的两个枕头换成四个！"小李有点慌了，连忙说："先生，实在对不起。如果您不喜欢，我马上撤掉。"客人马上笑了，说道："小姐，我是说，你怎么知道我嫌枕头矮？"小李如释重负，把她思考的前前后后说了出来。客人听后，伸出大拇指说："小姐，您在用'心'为客人服务啊！"

【分析提示】

这一案例说明，客房服务员的工作不仅仅是保证客房的清洁卫生，还要在工作中细心观察，了解住店客人的生活习惯，尽可能地为宾客提供个性化服务，这对于提高客人的满意度具有极其重要的意义。

华邑酒店的中华待客之道

华邑酒店及度假村是洲际酒店集团洞悉中国高端消费者细腻需求，于2012年倾力打造的极具中华文化特色的国际豪华酒店品牌。

华邑酒店及度假村的"华邑"二字颇具历史文化维度。"华"源于"华夏"，象征着物华天宝、人杰地灵的中国大地，"邑"原意为国家或城市，在这里，指中国精英聚集之地。因此，这两个汉字的组合意味着中华有识之士及各界精英相聚于这一片"华邑"之地。品牌的英文名称"HUALUXE"中的"HUA"取自汉字"华"，而"LUXE"则象征着高端奢华的品质。

与以往所有国际酒店集团将旗下国际品牌带入中国并根据市场需求进行融入有所不同，

华邑酒店及度假村是真正意义上第一个根据中国消费者习惯，由国际集团作支撑，专为中国消费者打造的全新豪华国际酒店品牌。该品牌深刻洞悉国人商务社交之需求，致力于提供成熟完善的社交空间，以全球知名的卓越管理体系为依托，发扬以礼、尊、和、达为核心理念的中华待客之道，令"社交达人"们在商务活动中、亲朋好友聚会间，宾主尽兴、万事顺心通达！

礼——优雅中华礼仪，亲切待客之道：以温暖、细致的服务呵护宾客，在酒店内外，处处可见优雅中华礼仪的缩影。从迎接万福礼直到离别之际，每一个与客人接触交流的机会都彰显着华邑酒店及度假村对高标准的致敬。此外，提供为华人所钟爱的品茗和消夜是我们对中国文化和习惯的致敬，亦体现华邑的亲切待客之道。

尊——彰显身份的尊贵体验：华邑酒店及度假村深谙"知礼尊客"的重要性，独树一帜的大堂贵宾接待服务和专属餐饮管家，都旨在让宾客在入住期间尽享贵宾待遇。

和——亲近自然的和悦享受：华邑秉承"亲近自然又不失奢华"的设计理念，不论花园大堂还是度假风格的卫浴体验，都旨在令宾客倍感自然清净，和悦身心。

达——万事亨达的高端商务社交设施：华邑通晓国人商务社交的细腻需求，为商务聚会宴请、私人派对、私密轻松商务会谈提供一系列成熟完善的社交空间，包括最具华邑特色的"举茗邑"和"聚膳邑"，必将成为商务人士追求成功与共识的会聚之所。

（资料来源：年味在华邑，团圆共享"中华待客之道"[EB/OL]. （2018-02-09）. http://xf.cenn.com/info/nid_147696.html.

思政思考题：

1. 请学生们搜集客房对客服务的案例，分析其服务的标准性、创新性和艺术性。

2. 通过国际会议政务型客人的接待、世界五百强企业总经理接待的具体案例，为学生解读政务、商务、特殊客人的接待要领，引导学生做生活的有心人，注重服务的艺术和创新。

 练习题

一、简答题

1. 简述客房服务质量的内容。

2. 客房楼面接待工作包括哪三大环节？

3. 什么是个性化服务？为什么要倡导个性化服务？

4. 酒店服务宾客的类型大致有几种？

5. 对商务旅游型客人的服务方式是什么？

6. 客房服务质量控制的主要环节是什么？

二、选择题

1. 宾客不在房间时，如有来访者，服务员不应（　　）。

  A．让来访者等候　　　　　　　B．让来访者在房间等候

  C．让来访者留言　　　　　　　D．让来访者留下电话号码

2. 清扫住客房时，房内的电话铃响了，而客人不在房内，服务员应该（　　　）。

　　A. 不接听，继续工作

　　B. 接听电话，并详细记录电话内容以便转告

　　C. 接听电话，并告诉对方住客不在

　　D. 将电话挂断

3. 个性化服务的基础是（　　　）。

　　A. 网络技术　　　　　　　　B. 市场分析

　　C. 联号经营　　　　　　　　D. 标准化

4. 在对客房服务质量控制的过程中，下面哪种检查方式最关键？

　　A. 服务员自查　　　　　　　B. 领班查房

　　C. 主管抽查　　　　　　　　D. 经理查房

三、判断题

1. 如果服务员在楼层走廊遇见醉酒客人回房，不应单独扶客人入房。　（　　　）

2. 若患病的住客要求服务员为其购药，服务员应尽量满足其要求。　（　　　）

3. 客人送洗衣物的损坏赔偿，一般最多不超过该件衣物洗衣费的 5 倍。　（　　　）

四、案例分析

"自动变满"的保温杯

　　一日，楼层服务员林丽英打扫 1330 房间时发现客人床头放着保温杯和感冒药，于是在打扫房间的同时帮客人烧好热水并倒在客人的保温杯内。在打扫完房间时林丽英看到阳台的椅子上挂着衣服，便到房务中心为客人配送了晾衣架，并在房间留言道："尊敬的客人，您好，保温杯内的水是重新烧开的，衣服也已经帮您用晾衣架晾好了，我们酒店大堂也有自动售卖药品柜，若需其他服务可拨打房务中心电话'6'，希望您能在三正温泉酒店住得开心。"当晚房务中心听单员接到 1330 华女士的电话："帮忙转达我的谢意，谢谢今天给我打扫房间的服务员，我住了很多酒店，三正的服务员最关心住客，谢谢她了，以后我会常来的。"

　　（资料来源：黄秀琳，林春容. 酒店服务与管理教学案例集萃[M]. 厦门：厦门大学出版社，2020. ）

　　问题：

　　结合实例，谈谈你对客房的个性化服务的理解。

第十一章 客房安全管理

学习目标

通过本章学习，理解客房安全管理的基本含义；熟悉客房安全管理设施的配备，掌握客房防火、防盗及其意外事故处理的基本程序；掌握客房安全管理的内容；学会防范潜在的灾难和面对突发事件应采取的措施，以保证客房、客人和自身的安全。

核心概念

客房安全　安全报警系统

引例

"请勿打扰"房

W 酒店是一家四星级商务型酒店，出租率一直是本城市同星级酒店的前几名。某日，16 层的 1608 房住进一位国内客人，楼层服务员发现客人一住进来就挂上了"请勿打扰"牌，到下午 14:00 还挂着此牌。楼层领班打电话与客人联系，询问是否需要打扫房间，客人表示不需要。早班服务员在做房表上填上 1608 房客人拒绝服务的时间，并传递给下一班次。中班服务员在晚上 19:00 开夜床服务时，发现这间房仍然挂着"请勿打扰"牌，就从门下放进一张无法提供开床服务的通知卡，提示客人如果需要开床服务请与客房中心联系。到第二天中午 12:00 结账时，房间依然挂着"请勿打扰"牌，领班产生了怀疑，打电话到房间没人接，便开门进房检查，发现房间的窗帘和全套酒水都不见了。保卫部接到报告后调查了客史档案，发现客人是用 Z 城市身份证登记的。根据地址找到了客人家里，通过前台接待人员辨认，身份证的拥有者不是住店客人。经查，原来这张身份证在半年前就丢失了，而入住的客人是冒充者，且与照片相似，是一个外地人。这给酒店造成了无法挽回的损失。

通过案例，我们可以深刻地认识到客房安全防范的重要性。良好的安全秩序是酒店正常经营的保证，安全防范工作不但是保卫部的职责，而且是其他部门特别是客房部及全体员工的义务。客房部必须加强安全管理，确保住店客人、员工的人身和财物以及酒店的财产安全。

第一节　客房安全管理概述

当客人入住酒店时，客人对客房的要求不仅是洁净、舒适优雅，热情周到的服务，更重要的是客房的安全。客房将是客人停留时间最长并存放财物的场所，因此客房安全是客人最关心的，客房安全管理也成了客房部管理的重要工作之一。

一、客房安全的含义

客房安全不仅包括客人的人身、财产安全，还包括客人的心理安全及员工和酒店的安全。它有两层含义。

（1）客房区域应保持良好的秩序和状态。在客房范围内，客人、员工的人身和财物以及酒店的财产安全不受侵犯。

（2）客房区域应当处于一种既没有危险，也没有可能发生危险的状态。如果客房存在一些不安全的因素，又没有相应的防范措施，即使暂时没有发生事故，也不是真正意义上的安全。例如，客房内的电源插头损坏、电线裸露，浴缸无防滑措施，客房的门锁没及时修好，钥匙管理混乱，等等。所有这些都可能会在一定条件、一定场合、一定时间内突然引发危险，造成人身伤亡和财产损失。因此，客房安全是指不发生危险以及对潜在危险因素的排除。

二、客房安全设施的配备

安全设施是指一切能够预防、发现违法犯罪活动，保障安全的技术装备，由一系列机械、仪表、工具等组成。

（一）酒店安全设施

目前，酒店常采用的安全设施有以下几种。

1. 安全报警系统

安全报警系统是由多类报警器组成的自动报警系统，常用的是微波报警器、红外线报警器、声控报警器等，一般设置在酒店的关键部位，如收银处、贵重物品和财物集中处、消防通道等。其目的在于防盗、防抢、防暴等。

2. 电视监控系统

电视监控系统是由摄像镜头、控制器、监视器和录像机等组成的闭路电视系统。电视监控系统是酒店必备的安全设施，其摄像镜头（监视器或电眼）主要分布在前厅大堂、客用电梯、楼层过道、公共娱乐场所和贵重物品集中场所。配备电视监视系统可以提高酒店处理问题的效率，同时可以及时发现不法分子，做好防范措施，以确保酒店及客人的安全。

3. 消防监控系统

消防监控系统一般由火灾报警器（烟感器、热感器、手动报警器）、灭火器（消防给水系统、化学灭火器材）和防火设施（防火墙、防护门、排烟系统）组成。主要安置在客房、餐厅和走廊等处。

4. 通信联络系统

通信联络系统是指以安全监控中心为指挥枢纽，通过电话、传呼机、对讲机等通信器材传递消息的网络系统。这个简单的网络系统使酒店的安全工作具有快速反应能力，对保障酒店的安全起着十分重要的作用。

5. 酒店钥匙系统

钥匙系统是酒店最基本的安全设施，其作用在于防止酒店钥匙的被盗、遗失和复制，以确保安全。现在大多酒店采用了电子磁卡钥匙系统。用作钥匙的磁卡在一面涂有可存储密码信息的磁条，由总台使用计算机和配备的刷卡器将客人特征信息记入磁条。将磁卡插入门锁读卡器，经电脑芯片运算判断为"合法磁卡"后，通过电磁铁动作控制锁的开关。如果钥匙卡不慎丢失，到总台重新设置密码、制作新卡即可。

磁卡用途很多，可以作为客房节能开关卡，也可以用来签单消费，等等。作为工作钥匙使用时可设置主控卡、楼层卡、清洁卡、禁止卡等，分级管理。有双重保险和换电池提示功能，也可以储存 200 次开锁信息，并能随时提取。这种钥匙系统还具有防撬和记录使用次数的功能。

（二）客房安全设施的配备

1. 客房消防设施的配备

客房内的消防设施用品主要有：设于屋顶的烟感报警器；自动喷淋灭火装置；贴在门后的安全通道出口示意图；摆放在床头柜上的"请勿在床上吸烟"的中英文标志。

烟感报警器的作用是：当室内烟雾达到一定程度时自动鸣叫报警，酒店消防中心监控器同时显示报警位置。喷淋灭火装置的作用是：当室内温度达到一定程度时，堵在喷头出水口的水银球受热膨胀炸裂，喷头向房间喷水灭火。有烟才有火，因此有的酒店客房只设烟感报警器。

安全通道出口示意图是指示客人所在位置和发生火灾时的安全撤离路线。

设置"请勿在床上吸烟"的中英文标志是国际酒店业通行做法。另外，给予吸烟客人经常的提示是有益的。

以上各类安全设施都自成系统，但在实际的运转中，是相互联系并发挥作用的。

2. 客房防盗设施的配备

在安全方面，客人最关心的要属客房防盗。防盗设施首先是门，门上应安装警眼，能够双锁的门锁，并装有安全链。门锁系统是客房防盗的关键环节，使用高科技产品对于增强客房安全极为有效。

案例 11-1

处理客人丢失物品的报案步骤

某月某日某位客人向他下榻的酒店报案，说他在客房里丢了一枚金戒指和 500 美元，要求酒店查找。酒店应怎么处理？

【分析提示】

酒店接到报案后，通常处理的步骤是：

（1）立即报告上级，了解客人物品丢失经过，对客人姓名、国籍、来住时间、发案时间、丢失过程细节等做好记录。

（2）征得客人同意后帮助客人在房间查找，但客人必须在场。

（3）如找不到，在酒店员工中做调查。

（4）注意防止客人报假案，如果最后仍找不到，应报公安部门处理。

在现实生活中，如果住店客人在酒店内丢失了现金，酒店是否应赔偿呢？如果住客无法证明丢失现金的款额，酒店一般不会按此赔偿，通常会等警方破案后再处理，保险公司也不将此列为受保范围。当然，如能证明丢失款额是由于酒店的管理问题，酒店是有责任的，亦可向酒店索赔。因此，建议酒店住客加强自我保护意识，无论是出差或是旅游，住进酒店后最好将携带的贵重物品和现金存放在酒店的保险箱里。

第二节　防火与防盗工作

防火和防盗工作是酒店客房安全工作中最为重要的内容。酒店必须建立一套完整的预防措施和处理程序，防止盗窃和火灾的发生，减少它们带来的不良后果。

一、防火工作

火灾始终是酒店要防范的重要的安全问题。它直接威胁酒店客人和员工的生命、财产及酒店的财产安全，使酒店在声誉和经济上付出沉重代价。因此，酒店必须花大气力认真对待防火问题。

（一）客房服务工作中的防火注意事项

（1）客房内禁止使用电炉、电饭锅、电暖气等电器。发现客人使用这些电器要立即阻止，并报告有关部门处理；要提醒使用电熨斗的客人注意安全。

（2）要及时清理楼面和客房内的易燃物品，以减少起火隐患。

（3）日常清扫时，要把烟灰缸内没有熄灭的烟头用水浸湿后再倒入垃圾袋中。

（4）清扫时要注意检查房内电器、电线和插头等，如有短路、漏电、超负荷用电、线头脱露等现象，应及时采取措施并报修。

（5）卫生间内安装插座必须远离淋浴头，并有防水装置。

（6）吸尘器、洗地毯机等电器设备发生故障时，应及时通知工程部维修。

（7）对醉酒客人的房间要多加注意，防止出现火灾和其他伤害事故。

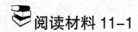
阅读材料 11-1

酒店常见火灾原因

预防火灾始终是酒店的重大安全问题。每年酒店业由于发生火灾而造成的经济损失是十分惊人的！

根据国内外酒店火灾案例分析，酒店发生火灾有以下一些主要原因。

1. 吸烟所致

很多酒店的火灾是由于客人吸烟不注意所致。客人乱扔烟头或卧床吸烟，特别是酒后卧床吸烟而引起火灾。

2. 电器、电线故障

因电器、电线故障而引起的酒店火灾所占比例非常高，主要是电线老化、线头裸露、电器设备安装不合理、动物啮咬电线等原因。

3. 厨房用火不慎所致

厨房是酒店同火打交道最多的场所，厨房用火不慎引发的火灾是酒店火灾的重要原因之一。绝大多数酒店厨房发生的火灾有两种原因，一是厨房的油烟管道没有及时将油垢清除，长期积累附着在油烟管道上，在烹调时火星吸进管道引起火灾。这种情形的火灾在酒店较为普遍。二是厨师违反操作规程而造成火灾。

4. 大量易燃材料的使用

酒店有大量的木器家具、棉织品、地毯、窗帘等易燃材料。此外，还有大量的装饰材料。现代的酒店大多进行了豪华装修，越是高档豪华的酒店所使用的装修材料越多，而大量使用的装修材料恰恰是火灾的隐患。一旦发生火灾，这些易燃材料会加速火势的蔓延。酒店在建造和装修过程中一定要考虑消防因素，要使用阻燃材料或对材料进行防火处理，有条件的酒店最好使用阻燃地毯、床罩和窗帘等。

5. 火情发现得晚

同公安部统计的全国火灾情况一样，大多数酒店的火灾是发生在夜间。因为此时客人已休息，酒店工作人员很少，火灾苗头往往不易被发现，当人们发现火情时，火灾已具有一定的规模，给扑救工作造成很大困难。

6. 酒店违反了国家的消防法规

很多酒店的火灾，究其原因，都是在不同程度上违反了国家的有关消防法规。如在过道内堆放杂物，安装、使用电气设备不符合防火规定，对当地消防部门下发的《防火检查登记表》置之不理。

7. 消防管理不善

从深层次分析，绝大多数酒店发生的火灾，均是对消防管理不善造成的。由于酒店平时对消防管理不善，缺乏消防培训，也没有消防应急方案，发生火灾时既无人向消防部门报警，也没有管理人员负责组织灭火，致使小火酿成灾难。

（二）客房发生火灾的应急处理

客房楼层一旦发生火灾，客房部员工要以高度的责任心，沉着冷静，按平时防火训练的规定迅速行动，确保宾客的人身、财产和酒店财产的安全，努力使损失降到最小程度。

客房发生火灾应采取以下行动。

（1）及时报警查明火源。当听到自动报警装置发出火警信号或闻到烟味时，应停止一切工作，迅速赶到现场，要查明火源的准确位置以及燃烧物质，立即向有关部门报告。报警时一定要镇静，口齿清楚，讲清情况。

（2）及时扑救。如果火源燃烧面积不大，可用水桶、灭火器材等及时进行扑救。同时注意客人和自身的安全。

（3）疏导宾客。发生火灾时，一定要有组织、有计划、有步骤地疏散客人。要迅速打开安全门、安全梯，组织并疏导客人撤离，一定不能乘用电梯。在各层楼梯口、路口、大门口都要有人指挥把守，为客人引路。为防止大量客人聚集在一个出口造成拥塞，应合理确定疏散路线和进行人流分配，使客人迅速脱离险境。同时指定人员逐一检查客房，确定无人后在门上做记号或挂"已检查过"的牌子，并将门关好，以阻止火势蔓延。

案例 11–2

玩火导致的火灾

2018 年 7 月某天 23 时左右，北京某高档酒店 1020 房间发生火灾，造成住在 1022 房间两名赴京旅游的客人死亡，住在 1021 房间的一名韩国女学生受伤。

据调查，住在 1020 房间的男学生邓某（14 岁）和李某（16 岁）承认，当日 22:40 左右，在 1020 房间内吸烟后玩打火机，然后离开房间。经专家调查鉴定，这起火灾的原因是人为明火所致。由此，警方认定火灾由邓某、李某玩火造成。

【分析提示】

该酒店发生火灾被媒体曝光后，一些宾馆、酒店吸取事故教训，要求客房不为客人提供火柴或打火机，未成年人入住必须有监护人陪同、负责其安全行为等。但是，宾馆、饭店的消防安全管理，不能头痛医头、脚痛医脚，必须认识到消防安全的重要性，加强消防安全管理，努力消除各种消防安全隐患。

另外，据了解，客人进了客房后，半数以上的客人不会注意客房门后的"逃生路线图"。它一般是一张印有本楼层平面示意的图纸，对本房间的位置和房号清晰地做出标识，同时有一个箭头（通常是红色的）自房间的位置沿走廊指向最近的疏散部位——高层酒店建筑中通常不走的疏散用的楼梯间。因为火灾时，电梯是不能使用的，除非有特别标识。逃生路线图是客房设计之中必备的，它不起眼，却在关键时刻起作用，在发生火灾等意外事件的时候，熟悉它的人会比较容易并且迅速地找到出路。所以，在入住酒店的第一时刻就读懂这张图是很有必要的。

（三）客房检查的要点

（1）客房内应配置禁止卧床吸烟标志、应急疏散指示图和宾客须知等消防安全指南。

（2）客房内除配置电视机、小型开水器、电吹风以外，禁止使用其他电器设备，严禁私自安装并使用电热设备。

（3）消防通道是否畅通。

（4）闭门器、疏散标志、烟感报警、防排烟系统等消防设备是否正常。

（5）报警电话是否畅通。

二、防盗工作

偷盗现象在酒店里时有发生，尤其在管理不善的酒店更是如此。从窃贼的构成上看，发生在酒店中的盗窃现象一般有以下四种类型：外部偷盗、内部偷盗、内外勾结、旅客自盗。

客房盗窃及其他刑事案件的防范可从以下三方面入手。

（一）加强对员工的职业道德教育

（1）严格管理制度，加强培训教育。

（2）严把招聘员工关。

（二）加强客房钥匙的管理

（1）做好钥匙的交接记录。

（2）禁止随便为陌生人开门。

（3）因公需用钥匙时必须随身携带，不得随处摆放。

（三）加强对访客的管理

（1）凡住客本人引带的客人，台班要做好记录。

（2）对独自来访者，要问明情况，必要时可礼貌查验证件，并应先往房间打电话征得客人同意，再陪访客到房门口，待其与客人握手后再离开。

（3）如住客不在又没有亲自留言，不得让访客进房等候。

此外，还要加强对门卫及大堂保卫工作的管理，密切注意大堂内客人的动态。

最后，酒店一旦发生不安全事件，作为客房员工，要在报告领导和保安部门的同时，主动保护好现场。此外，案发后，在真相未明的情况下，不能向不相干的宾客等外人传播。

案例 11-3

冒名顶替的盗贼

一天傍晚，北京某酒店服务总台的电话铃响了。服务员小姚马上接听，对方自称是住店的一位美籍华人的朋友，要求查询这位美籍华人的信息。小姚迅速查阅了住房登记的有关资料，向他报了几个姓名，对方确认其中一位就是他要找的人，小姚未加思索，就把这位美籍华人所住房间的号码 1818 告诉了他。

过了一会儿，酒店总服务台又接到一个电话，打电话者自称是 1818 房的"美籍华人"，说他有一位姓谢的侄子要来看他，此时他正在谈一笔生意，不能马上回来，请服务员把他房间的钥匙交给其侄子，让他在房间等候。接电话的小姚满口答应。又过了一会儿，一位西装笔挺的男青年来到服务台前，自称姓谢，要取钥匙。小姚见了，以为就是刚才电话中说到的客人，就把 1818 房钥匙交给了那男青年。

晚上，当那位真正的美籍华人回房时，发现自己的一只高级密码箱不见了，其中放有一本护照、几千美元和若干首饰。

这是由一个犯罪青年分别扮演"美籍华人的朋友""美籍华人""美籍华人的侄子"3个角色，演出了一出诈骗酒店的丑剧。

几天后，当这位神秘的男青年又出现在另一家酒店，用同样的手法搞诈骗活动时，被具有高度警惕性、严格按酒店规章制度、服务规程办事的总台服务员和大堂保安员识破，并当场抓获。

【分析提示】

冒名顶替是盗贼在酒店犯罪作案的惯用伎俩。客房服务员只要提高警惕，严格按规章制度办事，罪犯的骗局是完全可以防范的。

首先，按酒店规定，为了保障入住客人的安全，其住处对外严格保密，即便是了解其姓名等情况的朋友、熟人，要打听其入住房号，总台服务员也应谢绝。

其次，"美籍华人"在电话中要求总台让其"侄子"领了钥匙进房等候，这个要求也是完全不能接受的。因为按酒店规定，任何人只有凭住宿证方能领取钥匙入房。仅凭一个来路不明的电话"委托"，无法证明来访者身份的合法性。

第三节　其他意外事故的防范

凡是可能导致对客人造成伤害的任何不安全因素，都在被严格防范之列，下面一些意外情况也要做妥善处理。

一、伤病客人的处理

客人在酒店居留期间，身体可能会偶有不适或突发疾病。客房员工要及时发现，及时汇报处理，这是一件细致的工作。

（一）一般性疾病

客人可能会偶感风寒或有其他小恙，服务员发现后可询问情况，帮助客人请驻店医生诊治。在此后的几天中应多关心该客人，多送些开水，提醒客人按时服药。

（二）突发性疾病

客人患突发性疾病包括心脑血管病、肠胃疾病、食物中毒等，服务员要立即请医生来，同时报告管理人员。绝对不能自己擅作主张救治病人，那样可能导致更严重的后果。在没有驻店医生的情况下，如果患者头脑尚清醒，请服务员帮助购药服用，服务员应婉言拒绝，劝客人立即到医院或请医生到酒店治疗，以免误诊。

客人病情严重，客房部要立即与同来的家属、同伴或随员联系。若客人独自住在酒店，客房部经理应立即报告酒店经理或大堂副理，请酒店派车送客人去医院救治，必要时还要设法与客人公司或家里联系。

（三）传染性疾病

如果发现客人患的是传染性疾病，必须立即向酒店总经理（夜间向大堂值班经理）汇报，并向卫生防疫部门汇报，以便及时采取有效措施，防止疾病传播。对患者使用过的用具、用品要严格消毒，并在客人离店后对房间、卫生间严格消毒。对接触过患者的服务人员，要在一定时间内进行体检，防止疾病扩散。

二、醉酒客人的处理

酒店经常发生客人饮酒过量现象，此时客人处于不能自控状态，处理起来要格外谨慎。以下为遇到醉酒客人的处理方法。

（1）对醉酒轻的客人，可婉言劝导，安置其回房休息。

（2）对醉酒严重且不听劝导的客人，要协助保安对其进行安抚，待其状态稳定后，送回客房，以免其扰乱其他住客或伤害自己。

（3）醉酒客人的房间要特别注意观察，防止客人在失去理智时破坏房间设备或因吸烟引起火灾。

（4）若服务员在楼层走廊遇见醉酒的客人，不要单独扶其进房甚至为其宽衣休息，以免客人酒醒后发生不必要的误会。

三、自然灾害的处理

自然灾害常常是不可预料或无法抗拒的，包括地震、台风、暴风雪（雨）、水灾等。酒店应针对所处地区的地理、气候、水文特点和周围环境特点，制订预防及应对可能发生的自然灾害的安全计划。客房部相应的安全计划包括以下几个。

（1）客房部及其各工作岗位在发生自然灾害时的职责与具体任务。

（2）应当准备的各种应付自然灾害的设备器材，并定期检查，保证其处于完好适用状态。

（3）必要时的紧急疏散计划。

案例 11-4

客房里受损的电脑

尤先生是一家电器公司的总经理，12 月 6 日下午 5 点多入住某星级酒店 1811 房间后，把一台华硕笔记本电脑放在写字台上，然后上网和客户联系业务。晚上 7 点半，尤先生出去吃饭，一个小时后回到房间，眼前竟是一片狼藉：摆放笔记本电脑位置的正上方，面积大约有 1 平方米的房顶石膏块塌了下来，将电脑埋在了石膏块堆里，显示屏上全是灰尘，原先开着的电脑也被砸得关闭了。尤先生当时就用随身携带的数码相机拍下了现场情景。

这台电脑键盘上的"U"键脱落，"L"键失灵，显示屏和外壳有明显划伤，触摸板也受到了一些损伤。尤先生说，这台电脑是他在 12 月 1 日花 10 500 元钱刚买来的，还在销售商允许退换的试用阶段，现在一下成了"破"电脑，就是降价一半去卖，别人也不会要的。

【分析提示】

酒店管理者表示，这次意外事件发生后，酒店十分重视，赔偿事宜也一直在商谈。尤先生的新电脑被砸受损，责任在于酒店，因此，酒店向尤先生表示愿意维修并补偿。但酒店也有自己的赔偿原则，不能完全满足客人过高的要求。

思　政　园　地

用行动绘决心　富力酒店里的"抗疫故事"

新冠肺炎疫情发生以来，防疫、抗疫工作成为全国各地事关民生的重要工作。作为防疫、抗疫工作中的重要一环，酒店在构建、筑牢防疫体系过程中发挥的作用不容忽视。

富力集团积极组织旗下多家酒店响应各地防控政策，从日常工作到接待隔离人员、医护人员等多维度参与防疫、抗疫工作。

义乌富力万达嘉华酒店

进入四月，义乌气温升高，为防止隔离人员交互传染的风险，中央空调不能启用，义乌富力万达嘉华酒店特地为每个房间准备了全新风扇，以缓解房间温度升高带来的不适。

此外，酒店还全面按照防控防疫标准设置隔离标识。酒店全员协助增贴动线标志、封锁非主出口外的一切通道等。针对征用期间所需物品集中采购，所有房间全面检查，房间内饮用水及一次性备品足量补充，确保隔离人员正常生活使用。

作为医学隔离点，义乌富力万达嘉华酒店为在店进行医学观察的宾客们提供了高品质、更贴心、可信赖的服务。

芜湖富力万达嘉华酒店

面对严峻的防控形势，芜湖富力万达嘉华酒店成立消杀、安保、工程、服务等专门的工作小组，每日开展餐食取送、消毒清扫、外围安保、工程维修等工作。同时为更好地配合防疫团队工作，酒店还组建留守员工工作群，每日针对酒店情况进行工作汇报，及时反馈、解决问题，全力保障隔离工作正常运行，尽全力为隔离人员提供周密服务。

面临突发疫情，舍小家、为大家，酒店全体员工行动起来就能汇聚起众志成城的力量，大家齐心协力，全面落实各项疫情防控要求。积极配合防疫指挥是每个酒店人和企业的义务，也是每个酒店人和企业应担的社会责任。

（资料来源：用行动绘决心，富力酒店里的"抗疫故事"[EB/OL].（2022-05-06）. https://baijiahao.baidu.com/s?id=1732065452445672165&wfr=spider&for=pc.）

思政思考题：
强调行业安全管理意识，预防各类安全事故，做好预案。

1. 学生可到酒店现场调研消防安全设施、管理制度、突发事故处理预案等，在条件允许的情况下，可以让学生体验酒店消防安全演习。

2. 学生可以根据自己以往的酒店入住体验，或者新闻报道，分析酒店安全管理包括哪些内容，并进行课堂讨论。

练习题

一、简答题

1. 如何理解客房安全的含义?
2. 酒店常采用的安全设施有哪些?
3. 客房服务工作中的防火注意事项有哪些?
4. 客房发生火灾的应急处理应采取的行动是什么?
5. 客房部相应的安全计划应有哪些?
6. 客房部应如何做好防盗工作?
7. 如何对待醉酒客人?

二、选择题

1. 楼层万能钥匙仅供（ ）使用。
   A. 客房经理　　　　　　　B. 酒店总经理
   C. 楼层领班　　　　　　　D. 当班服务员
2. 查房时，发现烟缸内有未熄灭的烟头时，服务员应（ ）。
   A. 不必理会　　　　　　　B. 立即熄灭
   C. 查房后扔掉　　　　　　D. 扔进废纸篓
3. 住客在房内活动并不都是合法的，下列选项中被禁止的有（ ）。
   A. 交友聚会　　　　　　　B. 打牌
   C. 喝酒　　　　　　　　　D. 赌博
4. 客房内主要消防设施有（ ）。
   A. 烟感报警器　　　　　　B. 花洒
   C. 消火栓　　　　　　　　D. 安全通道示意图　　　　E. 泡沫灭火器
5. 自然事故产生的原因是多方面的，主要是设备维修不及时以及（ ）所致。
   A. 员工偷拿宾客物品　　　B. 员工工作检查不细
   C. 员工违反操作规程　　　D. 员工违纪

三、判断题

1. 火灾始终是酒店的头号安全问题。　　　　　　　　　　　　　（ ）
2. 发生火灾时，要迅速打开安全门、安全梯，组织疏导客人乘用电梯撤离。（ ）
3. 客人突发疾病时，服务员要立即救治病人，以免导致更严重的后果。（ ）

四、案例分析

摄像机被盗

某年的最后一天 23 时许，住在 N 酒店 603 房间的广州旅行团客人蔡先生和梁女士夫妇向酒店保卫部报案称：3 个小时前放在床上的索尼牌摄像机（价值 1.3 万元）丢失，怀疑被服务员偷走，要求酒店向公安局报案。经现场察看，门窗完好无损，没有任何痕迹，用于摄像机充电的电源线还摆在写字台上。据失主和旅行团的其他客人反映，他们白天外出时还用摄像机拍摄了不少照片，晚上 19 时才回到酒店，将装有摄像机的背包放在床上，简单地洗漱一下后又于 20:30 外出吃饭，而后看演出，22:50 回到酒店，发现摄像机不见了。

问题：

1. 如何确认客人将摄像机放在了房间？服务员是否有作案的可能？
2. 酒店从此案例中应吸取什么教训？

第十二章　客房部设备用品管理

学习目标

通过本章学习，了解客房设备用品管理的意义、任务和基本方法；熟悉客房设备选择、使用保养以及客房布件和客房用品的管理方法；具有对酒店客房各种设备和用品的采购、储备、保养和使用的全过程的组织和管理能力。

核心概念

客房设备用品管理　分级归口管理

引例

酒店停电，客人要求补偿

客人来前台办理入住，投诉 A 酒店停车场停车闸无法开启，电梯没电无法上楼，也没有人提前通知他酒店断电，对房间没有电无法接受。客人在前台大吵大闹。值班经理安抚客人情绪，并向客人解释情况，对带来的不便表示歉意。经过和工程部确认，断电将于凌晨 3 点恢复，值班经理告知客人将在凌晨 3 点恢复供电，表示先带客人回房间休息，并且给客人提供两份免费早餐作为补偿。客人表示同意，但要求第二天要给个说法。随后值班经理从 40 楼员工梯（40 楼也为该酒店大堂）带客人回房间休息。经过确认，客人是凌晨 1 点致电总机订房，并告知会预计两小时左右到达酒店，但总机并未提及断电事宜。2 点 14 分，客人致电总机，表示停车闸无法开启，车无法驶入停车场，总机即刻通知物业协助客人停车，随后客人到达一楼大堂，保安和礼宾的同事协助客人坐员工梯到 40 楼大堂办理入住。客人回房间后表示当天要给个说法，一定要相应的补偿。第二天值班经理将继续跟进并且给予客人相应的补偿，客人得到补偿之后表示不再追究。

（资料来源：黄秀琳，林春容. 酒店服务与管理教学案例集萃[M]. 厦门：厦门大学出版社，2020. ）

酒店的硬件设施难免会有故障发生，工程部承担着设施故障的抢修任务，同时酒店其他部门也有责任帮助客人解决困难。在上述案例中，酒店总机在接到客人的预订之后未向客人提及当晚会停电的情况，没有让客人提前得知这个信息，客人没有任何心理准备，所以心情不悦。在遇到这种情况时，最先考虑到的应该是此时已经是凌晨，客人需要休息，应该尽快让客人入住。要真正提高客房服务质量和管理水平，满足住店客人需求，必须搞好设施设备的维修保养，确保设施设备始终处于完好状态和正常运转，并努力降低成本。

第一节　客房设备用品管理的任务和方法

　　客房设备用品管理，就是对酒店客房商品经营活动所必需的各种基本设备和用品的采购、储备、保养和使用所进行的一系列组织和管理工作。

　　客房设备用品是保证客房部正常运转必不可少的物质条件，对这些设备用品的使用、保养是否合理，直接反映了一个酒店的管理水平。作为一名客房管理人员和服务人员必须有高度的责任心，在对客房服务的过程中，加强设备用品的保养维修，使之始终处于良好的状态。

一、加强客房设备用品管理的意义

　　现代酒店客房管理系统的基本设备和用品种类繁多，包括房屋及其附属设备、家具设备、电器设备、地毯、机器设备、生活用品和装饰用品等。这些设备用品的质量和配备的合理程度，装饰布置和管理的好坏，是客房商品质量的重要体现。

　　设备用品管理是客房管理工作中的一个十分重要的组成部分。加强设备用品管理，对客房商品营销活动及提高酒店经济效益等具有十分重要的意义。

　　（1）加强设备用品管理可以保证酒店客房商品经营活动的正常进行。客房商品经营活动就通过提供客房、设备和用品以及员工的服务性劳动，满足客人的住宿需要。因此，只有管好、用好各种设备和用品，使它们始终处于完好状态，才能为客人提供住宿的起码条件。

　　（2）加强设备用品管理是提高客房服务质量的必要物质条件。客房服务质量在很大程度上依赖于完善的服务设施设备和用品。否则，客房服务质量就是无源之水、无本之木，提高服务质量就无从谈起。

 **案例 12-1**

不及时维修设备的损失

　　入夏，正值滨城大连的旅游旺季。某三星级酒店多年来以服务热情周到闻名，但近来常因设施设备老化引起客人抱怨和投诉。这几天，酒店中央空调又运转失灵，使得房间闷热，客人身体不适。于是，客人纷纷投诉，有些客人入住当晚就要求退房，给酒店造成了经济上和声誉上的损失，也影响了酒店未来的客源市场。

　　【分析提示】

　　设施设备的有效运行是酒店提供优质服务的物质基础和支撑条件。"硬件不行软件补"是有限度的，所谓"三星级酒店，五星级服务"更是无稽之谈。

　　（3）加强设备用品管理是酒店提高经济效益的重要途径。客房属于高级消费品，设备价格一般比较昂贵，随着酒店设施设备的现代化，与设备有关的各项费用，如折旧费、维修费、能源消耗等在服务费用中的比重不断增加。低值易耗品和物料用品价值虽较低，但需要量大、适用范围广，加上客人和员工共同使用，不易控制，容易造成浪费，增加费用消耗。加强客房设备用品管理，可以在保证服务规格、满足客人需要、增加经营成果的前提下，减少浪费，降低能源消耗，从而降低成本费用，提高经济效益。

（4）加强设备用品管理，做好现有设备的技术改造，适时地更新设备，有利于加速实现酒店客房服务手段的现代化，提高酒店的等级。

二、客房设备用品管理的任务

客房设备用品管理的任务，集中到一点，就是要为客房提供与其等级相适应的优良设备和物品，使客房经营活动建立在良好的物质基础上。具体来说，客房设备用品管理的内容包括以下四个方面。

（一）编制客房设备用品采购计划

客房部各业务部门提出增加设备用品的计划，客房部再根据实际需要进行综合平衡后加以确定，报请酒店财务及采购供应部门，购买所需要的各种设备用品，以保证客房经营活动的正常进行。

（二）制定客房设备用品管理制度

该制度主要包括设备用品分级归口管理制度，设备管理岗位责任制度，设备、工具的使用、维修保养制度，安全操作规程等各项规章制度。制度一经制定，就要认真执行，任何人都不得违反，执行过程中要奖罚分明。

（三）加强设备用品的日常管理

为满足客人需求，必须在设备用品的日常管理工作上下功夫。要加强客房设备维护保养，使客房设备始终处于良好状态；及时供应客房用品，尽量减少损失浪费。

（四）更新改造现有设备

客房部要根据设备使用状况，及时提出设备更新改造计划，报酒店批准，在酒店的统一领导下，做好客房设备的更新和改造工作。

三、客房设备用品管理的方法

酒店客房设备用品种类繁多，价值相差悬殊，必须采用科学的管理方法，做好管理工作。为了便于管理，客房设备用品可分为两大类：一类是设备部分，属于企业的固定资产，即使用期限超过一年的生产经营用房屋、机器设备、家具设备、工具器具等。另一类是用品部分，属于酒店的低值易耗品和物料用品。低值易耗品是指单位价值未达到规定限额，或者使用年限不到一年的不能作为固定资产的各种物品，如工具及管理用品等。在酒店中使用的一些高价值易损坏的玻璃器皿亦可包括在低值易耗品的范围内，以有利于其价值的尽快收回。物料用品是指除原材料、燃料、商品以外的酒店经营服务用品，如各种针棉织品、清洁用品、纪念品、办公用品等。

（一）核定需要量

酒店设备用品的需要量是由业务部门根据经营状况和自身的特点提出计划，由酒店设备用品主管部门进行综合平衡后确定的。客房设备用品管理，首先必须科学合理地核定其需要量。

（1）客房设备部分。客房部根据客房等级、标准和数量，分别核定设备的品种、规格、数量和质量，统一造册，最后计算出客房设备需要量和所需资金，报酒店管理层审批购买。

（2）生活用品部分。客房部根据客房等级、标准和房间数量核定消耗定额，包括储备定额和周转需要的用品定额。由于各种用品更新期和周转期不同，对低值易耗品部分要分别核定，物料用品则根据实际需要量大致预算，最后形成总的定额需要量。

（二）设备的分类、编号及登记

为了避免各类设备之间互相混淆，便于统一管理，要对每一件设备进行分类、编号及登记。客房部管理人员对采购供应部门所采购的设备必须严格审查。

客房设备按其用途分类：可分为房屋及建筑物、机器设备、家具设备、地毯、家用电器设备和其他固定资产等类；按使用状况分类，又可分为在用设备和未使用设备。大型酒店的设备分类可更细些，即在每一大类中，再进一步分为若干小类。

设备的编号没有统一的规定和要求，一般可采用三节号码法。第一节号码标明设备的种类，第二节号码标明设备的所在位置，第三节号码标明设备的组内序号，如有附属设备可用括号内的数字表示。

经过分类、编号后，需要建立设备台账和卡片，记下品种、规格、型号、数量、价值、位置，由哪个部门、班组负责等。

（三）分级归口管理

客房设备用品的日常使用和管理是由各部门、各班组共同完成的。各部门各班组既有使用设备用品的权利，又有管好、用好设备用品的责任，因此，必须实行分级归口管理。分级就是根据酒店内部管理体制，实行设备主管部门、使用部门、班组三级管理，每一级都由专人负责设备管理，都要建立账卡。归口是将某类设备归其使用部门或班组管理，如客房的电器设备归楼层班组管理。几个部门、多个班组共同使用的某类设备，归到一个部门或班组，以它为主负责面上的管理，而由使用的各个部门、各个班组负责点上的使用保管、维护保养。

分级归口管理有利于调动员工管理设备的积极性，有利于建立和完善责任制，切实把各类设备管好。

（四）建立和完善岗位责任制

设备用品分级归口管理必须有严格明确的岗位责任作保证。岗位责任制的核心是责、权、利三者的结合。既要明确各部门、各班组乃至个人使用设备用品的权利，更要明确他们用好管好各种设备用品的责任。责任定得越明确，对设备用品的使用和管理越有利，也就越能更好地发挥设备用品的作用。

（五）客房用品的消耗定额管理

客房用品的消耗定额管理就是以一定时期内，为保证客房经营活动正常进行所必须消耗的客房用品的数量标准为基础，将客房用品消耗数量定额落实到每个楼层，进行计划管理，用好客房用品，达到增收节支的目的。

第二节　客房设备的选择与保养

客房设备管理是全过程的管理，即从设备的选择开始，到设备的使用、保养和维修的每个环节都要加强管理，认真做好各项工作。

一、客房设备的选择

设备的选择是客房设备管理的第一个环节。客房部的设备主要包括两大类，即清洁设备和客房设备。客房设备主要包括家具、电器、卫生洁具及一些配套设施。

（一）客房设备的选择标准

每个酒店要根据自身的特点，确定客房设备的选择标准，这是进行客房设备管理的基础。选择客房设备的目的是选购技术上先进、经济上合理、适合酒店档次的最优设备，有利于提高工作效率和服务质量，满足客人需求。在选择时要综合考虑以下几个主要因素。

1. 适应性

适应性是指客房设备要适应客人使用的需要，而且要适应酒店等级，与客房的格调一致，造型美观，款式新颖。

2. 方便性

方便性是指客房设备的使用方便灵活。客房设备主要是供客人直接使用的，使用简便尤为重要。同时，要选择易于维修保养、工作效率高的设备。

3. 节能性

节能性是指能源利用的性能。设备的选择要考虑节能效果，即选择那些能源利用率高、消耗量低的客房设备。电热水瓶、电热淋浴器等虽然使用方便而且美观，但耗电量太大，对大多数酒店来说是不应选择的。

4. 安全性

安全是酒店客人的基本要求。在选择客房设备时要考虑是否具有安全可靠的特性和装有防止事故发生的各种装置，如家具饰物的防火阻燃性，冷热水龙头的标识，电器设备的自动切断电源装置，等等。此外，商家提供售后服务也是设备安全的重要保证。

5. 成套性

成套性是指设备的配套。客房本身就是由房间、空调设备、家具设备、电器设备、卫生设施、装饰用品和生活用品等几个部分组成的。这些设备用品的有机组合，构成客房产品的硬件部分。客房设备用品要求布局合理，配置得当。一个服务项目、一项服务设施所需的各种设备也要配套，如闭路电视、音响系统等都要求配套。

以上是选择客房设备要考虑的主要因素，对于这些因素要统筹兼顾，全面权衡利弊。

（二）客房主要设备的选择

1. 家具的选择

客房家具的使用率很高，损坏率也很高。选购家具必须更为细致。家具的表面要耐火、耐高温、耐污染、防水、防刮划和撞击。家具的拉手和铰链必须简单、坚固，使用时无噪声。

以下为客房用床的要求。

（1）尺寸合适。各种类型的客房用床应长 1.95 m，床底面离地净空 21.5cm，主要考虑使用吸尘器和检查方便；床高 55～66 cm，主要考虑客人的舒适度和服务员的工作方便。

（2）使用舒适，安静无声，经久耐用。床头柜的高度要与床的高度相配套，通常在 60～70 cm。床头柜上安装有客房内的主要电器设备开关。

组合柜要求抽屉不宜过多，否则客人容易遗忘东西，拉手要简单、牢固、开启无响声。

衣柜的深度以 55～60 cm 较为理想，衣柜宽度平均每个不小于 60 cm，衣柜最好采用拉门或折叠门。

2. 卫生间设备的选择

客房卫生间是客人盥洗空间，它的面积一般 4～7 m²，主要设备是浴缸、马桶和洗脸盆三大件。

浴缸有铸铁搪瓷、铁板搪瓷和人造大理石等多种。以表面耐冲击、易清洁和保温性良好为最佳。浴缸按尺寸分大、中、小三种。

近年来，一些高档酒店的豪华客房选用了各种按摩、冲浪式浴缸。这种浴缸的四周与下部设有喷头，当喷头的水流对人体肌肉冲射时，能起到按摩的作用。

马桶有尺寸、材质和品牌的不同，可根据酒店的档次酌情选择。

洗脸盆有瓷质、铸铁搪瓷、铁板搪瓷、人造大理石等多种，使用最多的是瓷质洗脸盆，它具有美观且容易清洁的优点。

卫生间的三大件设备应在色泽、风格、材质、造型等方面与客房相协调。

3. 地毯的选择

地毯主要有纯毛地毯、混纺地毯、化纤地毯和塑料地毯四种。不同种类的地毯有着不同的特点。纯毛地毯色泽鲜艳，质地厚实，柔软舒适，装饰艺术效果强，但价格较高。混纺地毯具有纯毛地毯质感舒适的特点，价格又低于纯毛地毯。化纤地毯外表与触感均像羊毛地毯，阻燃、耐磨，且价格低廉。塑料地毯则质地柔软、耐用、耐水、可用水冲洗。

选用地毯，首先，要考虑酒店的等级、客房的档次，根据不同等级、不同类型的客房选择地毯。其次，要在材质和色彩上下功夫，体现装饰艺术效果，使客人进入房间有一种舒适、安宁、温暖的感受。最后，要根据场所选择地毯，客房宜选用柔软、富有弹性、保暖、触感好的较高档次的纯毛地毯或混纺地毯，色彩最好采用中性色调，构图应力求平稳、大方、淡雅，太花、太杂或过于强烈的色彩和图样不宜采用。

二、客房设备的保养

（一）客房家具的保养

1. 床

为了避免床垫有局部凹陷，应定期翻转床垫，每周应床头、床尾调换一次，每月把床垫翻转一次，这样可使床垫各处压力和磨损度相同，保持平整完好，延长使用寿命。

经常注意检查床垫弹簧的固定钮是否脱落，如果脱落，弹簧会移动，必须及时报修。

2. 木质家具

衣柜、写字台、床头柜、行李架等木质家具，由于木材本身具有的特点，如容易变形、易腐蚀、易燃、质地结构不均匀、各方面强度不一致等，所以在使用中应根据其特性，注意加以保养，防潮、防水、防热、防虫蛀。

家具放置一般要距墙 5~10cm，并要注意经常通风换气，平时要注意不要把受潮的物品，如毛巾、衣服等搭放在木质家具上，不能用带水的抹布擦拭家具，更不能让家具接触碱水，以免家具失去光泽、漆皮脱落或木质缩裂。过热的器皿不要放置在上面，要用托盘或垫碟以免家具受热变色、留有烫痕或掉漆。应避免烈日曝晒或靠近暖气片，以免受热后收缩破裂。壁柜、抽屉底层宜放些防虫香或喷洒防虫剂，以防虫蛀。

使用时间较长的家具，必须定期打蜡上光，保养的办法是将油性家具蜡倒在家具表面或干布上擦拭一遍，15 分钟后重复擦一次。第一遍在家具表面形成一层保护层，第二遍则可达到上光的效果。

（二）地毯的保养

吸尘是保养地毯的首要程序。吸尘工作做得越好，地毯需要清理的次数就越少。

化纤地毯的保养方法除了每天用吸尘器吸尘，还有其他方法可行：一是由于化纤可与果汁、饮料起化学变化，当不小心滴上果汁产生黑点，面积不太大时，应随时用盐水把干净的抹布泡湿，拧得半干去擦污点，即可除掉。二是如大面积脏时，把清洁剂溶于水中，用洗地毯机洗净，洗后很多污杂物和泡沫浮在地毯上，然后用吸水机吸掉，晾半天后即可使用。对很脏的地方，不要试图一次洗净，应等地毯干后再重复清洗，直至清洁。

纯毛地毯的纵横底线是由棉线编织成的，很容易遭虫蛀，因此在使用时应在地毯底下放些药物以防虫蛀。用洗地毯机洗涤方法同洗化纤地毯一样，只是水分要少些。如大面积湿了要及时放在通风处晾晒，不能阴干；否则，底线很容易霉烂，使地毯一块块破碎。

客房部要根据地毯放置的位置及交通的频密情况，制订地毯保养计划，安排好地毯吸尘、除渍、干洗、清洗的具体时间。

（三）客房主要电器的使用与保养

1. 电视机

电视机是客房必备电器设备之一，星级酒店的客房均配置彩色电视机。为了更好地为客人提供服务，延长电视机的使用寿命，对电视机的使用和保养应注意以下几点。

（1）电视机应放在通风良好的地方，放置位置要距墙 5cm 以上，切勿将电视机置于高温、潮湿的地方，要避免阳光直射到电视屏幕上。

（2）要将各频道播放的节目调至最佳效果，使客人按键即可收看。客房服务员应学会简单的检修方法，若遇到图像或声音不清的情况，可自行检查调试。若不见改善，要立即通知维修人员。

（3）电视机的各线插座接头要安全可靠，电源线不能有裸露的地方。注意保护电源线不受损伤，如有不安全的地方及时通知维修人员。

（4）非专业人员不得打开机箱后盖，否则有电击危险。

（5）雷雨天气最好不要打开电视机，并将天线和电源插头拔下。

（6）电视机长期不使用，夏季应每月通电一次，时间在 2 小时以上；冬季 3 个月通电一次，时间在 3 个小时以上，以驱逐湿气。

（7）清扫房间擦灰时对电视机要轻搬轻放，切勿碰撞。要用柔软的干布擦净机壳和屏幕的灰尘，若使用清洁剂，应用中性清洁剂。

2. 电冰箱

用于酒店客房迷你吧（mini-bar）的电冰箱一般为单门冰箱，以冷藏为主，冷冻室采用铝板复合制成，室积较小，供制冰或冷冻少量食品用。对电冰箱的使用和保养应注意如下几点。

（1）搬动电冰箱时要防止剧烈的震动，要使箱体平稳直立，箱体斜角不可小于 60 度，更不允许将电冰箱倒置。

（2）电冰箱要放在通风的地方，不要让太阳直射。电冰箱背部与墙要有 10 cm 以上的距离，以保证散热。

（3）冰箱顶部严禁放置其他电器和物品。

（4）物品不能热着放入箱内，以免箱内温度升高加大压缩机的负担。要尽量减少开箱门的次数和缩短开门的时间。

（5）要经常保持清洁。箱体外表可用柔软干布蘸上中性清洁剂擦拭，并用干布擦净。箱体内部要经常清理，以防异味产生。

（6）如断电后不能马上通电，要等来电 5 分钟后再通电，以保证压缩机正常运转，延长使用寿命。

（7）电冰箱使用要保持连续性，不可采取日开夜停的方法，因为这样会增加压缩机的电机工作量，影响电冰箱的寿命。电冰箱在冬季不宜停用。

（8）蒸发器表面结有一定厚度（约 5mm）的冰霜时，应及时除霜，否则影响制冷效果。

（四）卫生间洁具的保养

（1）坚持经常清洁，要用专门清洁剂来保洁，不可用去污粉等粗糙的物品擦拭。因为去污粉不仅容易把洁具光泽擦掉，而且对下水管道畅通有很大影响。

（2）对洁具的配件一定要用干抹布擦，以保持光泽。注意不可用腐蚀性强（如硫酸之类）的东西擦拭。

三、建立客房设备档案

客房设备一旦划归客房部管理和使用，就应为其登记，建立档案。建立设备档案，能为客房设备的使用、保养、维修和更新改造提供方便。

（一）客房装修资料

客房装修资料主要包括以下几种。

1. 客房装饰情况表

把家具什物、地毯织物、建筑装饰和卫生间材料等分类记录下来，并注明规格特征、制造商及装饰日期等。

2. 楼层设计图和照片资料

表明酒店共有多少类型客房，其确切的分布情况和功能设计等。

每一类型的客房都应具有如下照片资料和设计图资料：各种房间的设计图；床和床头柜的布置；座椅安排格局；写字台、行李柜布置；卫生间布置；套房的起居室和餐室、厨房的布置图。

以上资料要根据新的变化予以补充和更新，否则将逐渐失去其意义。

（二）客房历史档案

所有客房、公共区域都应设有历史档案。包括家具什物、安装期或启用期、规格特征、历次维修记录等。

（三）工作计划表

客房部应编制工作计划表，具体安排客房设施设备的大修理和更新改造项目、房号或区域、日期等。

（四）电器设备档案

电器设备档案包括电器设备的购买日期、供应商、价格、规格特征、维修日期、维修费用、修理方法等内容。其作用在于说明设备的使用寿命，强调对设备保养的重要性，以拟订设备的更新方案。

第三节　布件管理

布件又称为布草、布巾或棉织品。在酒店的经营活动中，布件不仅是一种日常生活必需品供客人使用，也是酒店客房装饰布置的重要物质，对室内气氛、格调、环境起着很大的作用。

一、布件的分类和质量要求

（一）布件的分类

按照用途划分，酒店的常用布件可分为以下四类。

（1）床上布件，如床单、枕套等。

（2）卫生间布件，包括方巾、面巾、浴巾和地巾。由于它们基本上属毛圈织物，故都可称为毛巾。

（3）餐桌布件，如台布、餐巾等。

（4）装饰布件，如窗帘、椅套等。

（二）布件的质量和规格要求

在这里我们仅就床上布件和卫生间布件的质量和规格要求予以简要介绍。

1. 床上布件

床上布件有很多种，主要是床单和枕套，其质量主要取决于以下因素。

（1）纤维质量。纤维要求长，纺制出来的纱比较均匀，条干好、强力高，使用上耐洗、耐磨。

（2）纱的捻度。纱纺得紧，这样使用中不易起毛，强度也比较好。

（3）织物密度。密度高且经纬分布均匀的织物比较耐用。

（4）断裂强度。织物的密度越高，其强度越大。

（5）制作工艺。卷边平齐，尺寸标准，缝线平直、耐用。

（6）纤维质地。常用的床单和枕套的质地有棉质、人造纤维及棉与人造纤维混纺（俗称"混纺"）。棉质床单或枕套柔软透气、吸水性能好，使用舒适，但易皱不耐用。人造纤维不具有棉质的优点，但具有耐磨、耐用、耐洗涤的特点。混纺吸取了二者的优点，因而目前一般客房多使用混纺床单和枕套。

床单的规格选择要根据床垫的规格尺寸来确定，枕套的规格尺寸一般要求比枕芯宽2～5 cm，长 20～30 cm。

无论哪种规格和质地的床单、枕套，其颜色均选用白色。因为白色有纯洁、素雅、卫生、清爽、明快之感。

2. 毛巾

对卫生间毛巾的质量要求是舒适、美观、耐用，而要达到这一要求主要取决于以下几个因素。

（1）毛圈数量和长度。毛圈多而且长，则柔软性好、吸水性佳。但毛圈太长又容易被钩坏，故一般毛圈长度在 3 mm 左右。

（2）织物密度。毛巾组织是由地经纱、纬纱和毛经纱组成。地经纱和纬纱交织成地布，毛经纱和纬纱交织成毛圈，故纬线愈密则毛圈抽丝的可能性也愈小。

（3）原纱强度。地经要有足够的强度以经受拉扯变形，故较好的毛巾地经用的是股线，毛经是双根无捻纱，这就提高了吸水和耐用性能。

（4）毛巾边。毛巾边应牢固平整，每根纬纱都必须能包住边部的经纱；否则，边部容易磨损、起毛。

（5）缝制工艺。折边、缝线、线距符合要求。

二、布件的消耗定额管理

客房布件的配备定额是布件管理工作中的一个重要问题。定额不合理，布件过多或过少都会影响客房正常的经营活动。因此确定客房布件消耗数量的定额，是加强布件科学管理、控制客房费用的重要措施之一。布件定额的确定方法，首先应根据酒店的档次规格，确定单房配备数量，然后确定布件的损耗率，最后核定消耗定额。

（一）确定单房配备量

酒店由于档次和洗涤设施条件不同，布件的配备数量有所差异。要考虑酒店的档次、资金情况以及维护正常的布件运转所必需的数量来确定单房配备量。以床单为例，三星级酒店要求配备3～4套（每套4张），其中一套在客房，一套在楼层布件房，一套在洗衣房，另外一套在中心库房。配备完成后，只有到了更新周期才陆续补充和新购床单。确定单房配备量后，整个客房部的各种布件总数要按客房出租率为100%的需求量进行配备。

（二）确定年度损耗率

损耗率是指布件的磨损程度。酒店要对破损或陈旧过时的布件进行更换，以保持酒店的规格和服务水准。确定损耗率要考虑以下两点。

（1）布件的洗涤寿命。不同质地的布件有着不同的洗涤寿命。例如，棉质床单的耐洗次数约为250～300次，而混纺床单大于此数，毛巾约为150次。

（2）酒店的规格等级要求。不同规格等级的酒店对布件的损耗标准是不同的。例如，豪华型酒店对布件6成新即进行淘汰，改作他用。

根据布件的洗涤寿命和酒店确定的损耗标准，即可计算出布件的损耗率。

例如，某酒店床单客房单间配备为3套，每套4张，床单每天一换，其洗涤寿命为350次，试确定该酒店床单的年度损耗率。

计算如下：

每张床单实际年洗涤次数：360÷3=120（次）

床单的年度损耗率：350÷120=2.9（年）

年度损耗率为：1÷2.9=34.5%

制定客房布件消耗定额

计算公式为：$A=B \times x \times f \times r$

式中：A 表示单项布件年度消耗定额；

　　　B 表示布件单房配备套数；

　　　x 表示客房数；

　　　f 表示预计的客房年平均出租率；

　　　r 表示单项布件年度损耗率。

例如，某酒店有客房400间，床单单房配备3套（每套4张）。预计客房平均出租率为75%。在更新周期内，床单年度损耗率为35%，求其年度消耗定额。

根据上述公式计算得

$$A[床单]=B \times x \times f \times r$$
$$=3 \times 400 \times 75\% \times 35\% = 315（套）$$

三、布件的日常管理

由于布件是分散在各处的，使用的好坏、定额标准的掌握，必须依靠日常的管理。

（一）布件存放要定点定量

在用布件除在客房使用一套外，楼层布件房应存放多少，工作车上放置多少，中心布件房存放多少，各种布件摆放位置和格式，等等，都应有规定，使员工有章可循。

（二）建立布件收发制度

布件收发制度包括数量控制和质量控制两个方面的内容。

（1）以脏布件换取干净布件。通常由楼层杂工将脏的布件送交洗衣房，由洗衣房指定人员清点复核，在"布件换洗单"上签字认可。杂工凭此单即可去中心库房领取相同数量的干净布件。

（2）如果使用部门需超额领用，应填写借物申请，经有关人员核准方可。如果中心库房发放布件有短缺，也应开出欠单作为凭证。

（3）收点或叠放布件时，应将破损、有污迹的拣出，单独处理。

（三）建立布件报废和再利用制度

对破损或有无法清除的污迹，以及使用年限已满的布件应定期、分批进行报废。布件报废应有严格的核对审批手续。一般由中心库房主管核对并填写"布件报废单"，洗衣房主管审批。对可再利用的，可改制成其他用品。

（四）控制员工使用布件

要严格禁止员工对布件的不正当使用，比如将布件用作抹布，或私自使用客用毛巾。这样既造成了浪费，又使劳动纪律无法得到保证。对不正当使用布件的员工要严肃处理。

（五）建立盘点制度

布件需定期进行全面盘点。通过盘点，了解布件的使用、消耗、库存情况，发现问题及时处理。盘点工作通常为一月一小盘，半年一大盘。"布件盘点表"如图 12-1 所示。大盘点由客房部会同财务部进行。

_____月_____日

使用情况 项目	客户内	楼层 服务间	洗衣房	地下 仓库	上次 盘点	本月 投放量	总计	报废	应存数	实存数	盘盈	盘亏	备注
床单													
枕套													
面巾													
方巾													
浴巾													
地巾													
浴袍（黄）													
浴袍（白）													
小白毛巾													

图 12-1　布件盘点表

四、布件的保养和贮存

（一）布件的保养

布件的保养必须贯穿于使用和贮存的全过程。

（1）尽量减少库存时间，因为存放时间过长会使布件质量下降。所以，备用布件不宜一次购买太多，同时应遵循"先进先出"原则使用。

（2）新布件应洗涤后再使用，这样有利于提高布件的强度。

（3）洗涤好的布件应搁置一段时间后再使用，这样可以散热透气，延长布件的使用寿命。

（4）切勿将布件随便摆放，以防污染和损坏布件。

（二）布件的贮存

布件的贮存主要有下列几项要求。

（1）具有良好的温湿度和良好的通风条件。库房的温度以不超过20℃为佳；湿度不大于50%，最好在40%以下。

（2）要经常查库，通风晾晒，并放入干燥剂和防虫剂，以免变质，特别是在盛夏伏天进入雨季时。

（3）防止外来人员随意出入，并要经常地清洁整理和定期地进行安全检查。

（4）布件要分类上架，布件房不应存放其他物品，特别是化学药剂、食品等。对一些长期不用的布件用布兜罩住，防止积尘、变色。

第四节　日用品管理

客房日用品是为客人使用方便而设的，这类物品数量大、品种多、消耗快，难以掌握和控制。加强对客房日用品管理，确保客人需要，降低消耗是客房管理的一项重要工作。

一、客房日用品的选择原则

不同档次的酒店所提供的客房日用品是有差别的，客用品的消耗量也不相同。鉴于客房日用品种类繁多，在选择时应遵循以下几项原则。

（一）实用

客房日用品是为方便住店客人生活而提供的，因此，首先必须具有实用性。

（二）美观

客房日用品要具有观赏性，要体现酒店的档次，要与客房的装饰水准相协调。美观大方的客房日用品能使客人产生舒适悦目的感觉。

（三）适度

客房日用品的质量及配备的数量应与客房的规格档次相适应。星级酒店必须按照我国旅游行业标准《星级酒店客房客用品质量与配备要求》配置客房用品。

（四）价格合理

客房日用品消耗量大，价格因素很重要，要在保证质量的前提下，尽可能控制好价格，以降低成本费用。

（五）环保

客房日用品品种多，使用的频率高，消耗大，而且这些一次性用品的成分多是塑料及其他化学物质，在自然界中降解速度非常缓慢，会对环境造成很大污染。这就需要酒店在采购日用品时要以环保为原则。

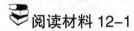 阅读材料 12-1

上海一年丢弃 1814 吨"六小件"

据有关机构调查表明，国内酒店业所配的一次性客房用品使用率不到 50%，虽然使用率低，但酒店天天更换，如此累积，不仅浪费了社会资源，更造成了环境污染。这些分量加起来还不到三两的"六小件"，其浪费程度却十分惊人。据上海环卫部门统计，上海一年所有酒店丢弃的"六小件"总重量竟达 1814 吨！上海环卫局有关负责人介绍，每年为了处置这些被酒店丢弃的"六小件"，环卫部门就要投入近百万元。更重要的是，被丢弃"六小件"的处理，成了令环保专家们感到头疼的难题。上海环卫局宣教中心有关人士介绍，由于"六小件"大多以塑料为原料，因此当这些丢弃物品被填埋后，很难在土壤中被降解，成了城市中的新污染源，长此以往将对我们居住的环境和土壤产生严重影响。同时，这些仅使用过一次、二次就被丢弃的洗浴用品，给社会造成了巨大的资源浪费。据上海某五星级酒店的相关负责人介绍，该酒店假如取消"六小件"供应的话，一年将节省支出二十余万元。假如上海所有酒店取消"六小件"，那么一年将节省上千万元。

二、客房日用品的消耗定额管理

客房日用品不仅品种多，而且在不断地筛选和改进中。我们在选择时应遵循上述几项原则，并根据客人需求的变化和酒店的具体情况来进行。

（一）消耗定额的制定

客房日用品的分类方法很多，其中一个最基本的分类方法，是按消耗的方式不同，把客房日用品分为两类：一次性消耗品和多次性消耗品。一次性消耗品是一次消耗完毕，完成价值补偿的，如茶叶、卫生纸、信封、香皂、浴液、牙具等。多次性消耗品可连续多次供客人使用，价值补偿在一段时期内逐渐完成，如玻璃器皿、瓷器等。布件也属多次性消耗品。

一次性消耗品消耗定额的制定方法，是以单房配备为基础，确定每天需要量，然后根据预测的年平均出租率来制定年度消耗定额。其计算公式为

$$A=B×x×f×365$$

式中：A 表示单项日用品的年度消耗定额；

      B 表示单房间每天配备数量；

      x 表示客房数；

      f 表示预测的年平均出租率。

例如，某酒店有客房 400 间，年平均出租率预测为 80%，茶叶、牙具的单房间每天配备数量分别为 3 包、2 只。求茶叶、牙具的年度消耗定额。

根据上述公式计算得

$$A［茶叶］=B×x×f×365$$
$$=3×400×80\%×365$$
$$=35.04（万包）$$
$$A［牙具］=B×x×f×365$$
$$=2×400×80\%×365$$
$$=23.36（万只）$$

多次性消耗品的消耗定额可参照上节所述布件的消耗定额方法制定。

（二）消耗定额落实到楼层班组

制定消耗定额是客房日用品管理的基础。客房日用品消耗是逐日、逐月在每个楼层的接待服务中实现的，所以，必须将各种日用品的消耗定额落实到每个楼层、每个班组。在制定年度消耗定额的基础上，根据季节变化和业务量的变化，分解同楼层、班组的季节、月度消耗定额，并加强日常控制，这样才能真正把消耗定额管理落到实处。

以消耗定额为基础，决定楼层、库房等各处的配备或储存标准。一般说来，楼层工作车上的配备以一个班次的耗用量为基准。楼层小库房通常备有本楼层一周的使用量，具体品种、数量应用卡条列明，并贴在库房内，以供领用和盘点时对照。客房部中心库房的日用品储存量通常以一个月的消耗量为标准，既可以定期对楼层进行补充，又可以应付临时的意外需要。

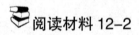

阅读材料 12-2

酒店消耗品浪费问题

目前，大部分酒店的每间客房中至少要配置"六小件"：牙刷、牙膏、梳子、拖鞋、全套洗浴用品、剃须刀。六小件产品的使用常常存在浪费的现象，据统计，目前酒店的牙膏使用率仅为 20%。客房内卫生间提供的小香皂可供宾客洗手或清洁小件衣物，但只有极少情况下客人会将其全部用掉，有些顾客可能仅使用其来洗手。对使用过的小香皂进行回收的价值就大打折扣。很多酒店配备女宾袋，但其使用率不仅低，而且无实际意义，这对酒店可以说是很大的浪费。

以下为解决酒店消耗品问题的对策。

1. 提高低成本消耗品的使用率

成套包装的牙膏牙刷，牙刷一个，牙膏却只有6g，6g牙膏仅仅够一位客人早晚各使用一次。牙刷可以重复被同一客人使用，所以对于续住客人来说较为浪费。但客人第二天会因为没有了牙膏要拆开一副新牙具才可以，这样的循环就加大了对牙刷的浪费。

对于牙膏使用浪费情况的建议：将牙膏与牙刷都单独放置，牙膏需另行处理只对牙刷进行包装即可。然后针对入住时间超过3天的房间，专门配备大容量（克数）的牙膏。

对于香皂使用浪费情况的建议：

（1）将小香皂换成瓶装洗手液，减少浪费的同时，也提高酒店档次。

（2）如宾客需洗小件衣物，可提供有偿的小袋品牌洗衣粉。还可以提高酒店非房收入。

（3）女宾袋建议直接去掉，或仅在客房中心准备。

2. 优化易耗品应用方式

从酒店的消耗品使用情况来看，香皂、牙膏、沐浴露是使用得较多的消耗品，酒店需及时补充这类产品。香皂是浪费得最严重的消耗品，为了节约运营成本，酒店需拟订新策略，减少香皂的损耗。

现给出一个易耗品耗用量计算方法。

（1）现在酒店一个楼层有20间房，酒店的负责人清点消耗品，发现洗发水与沐浴液的消耗情况如：

洗发水的15间房应配备2×15=30袋；洗发水的15间房实际使用2×15×60%=18袋。

沐浴液的15间房应配备2×15=30袋；沐浴液的15间房实际使用2×15×70%=21袋。

（2）那么，现在要为20间房配置洗发水，计算的结果如下：

从理论上说，20间房的洗发水应配备2×20=40袋，实际的配置量为2×20×60%=24袋。

酒店可以在实际配置量的基础上增加10%的数量作为机动配置，即酒店库房预留7袋为预备消耗品。

酒店可以一周计算一次、一月计算一次。这种消耗品配置方法虽然看似一次只节约少量的消耗品配置，但是长久应用这种管理方法，能够节约大量运营资金。

3. 提高消耗品质量，提高酒店品牌效应

酒店减少消耗品成本的支出，并非为了降低酒店消耗品的品质，而是为了节省不必要的开支，提高酒店消耗品的质量。比如，酒店减少了一次性碗筷、桌布、塑料杯、剃须刀的开支，节省的成本可应用到提高拖鞋、鞋油使用的档次上。比如，酒店可配备可消毒的防滑拖鞋、在服务区域使用高档鞋油，都能让客户获得高档产品的体验，这种经营方法能够在客户心中塑造品牌形象。

4. 强化管理制度

目前，国内外许多酒店公司在成本计量和财务方面都取得了很大进步，但酒店的所有成本管理都没有实施这些成本计量。

在成本管理理论中，成本被视为可用货币的成本。如果信用损失、社会损失等也包括在成本中，那么成本方面不是单一形式的货币计量可以表示的成本。它还需使用其他形式的衡量方法，从社会和经济角度反映酒店成本的内在属性。

酒店要想在行业中立于不败之地，酒店的消耗品问题就不容忽视。酒店应根据酒店的实际情况，对低值易耗品进行管理、监督，制定监督制度，不断加强改善管理制度，加强对消耗品的控制，对采购、储存、使用等环节进行有效的监督并使其连贯起来，这样便可减少资金的支出，减少成本，同时使酒店消耗品的使用率最大化，进而提高酒店经济效益。

（资料来源：降低酒店经营成本的方法之一：管理消耗品[EB/OL]．（2021-09-29）．https://baijiahao.baidu.com/s?id=1712203355131745032&wfr=spider&for=pc．参阅整理）

三、客房日用品的发放与控制

（一）客房日用品的发放

客房部中心库房日用品的发放员或客房服务中心负责对各楼层的客房日用品的发放工作。一次性消耗品（如香皂、洗发液、火柴、牙具等）需要每天补充，但为了方便工作，并使各楼层的工作有条不紊、减少漏洞，客房日用品的发放应根据楼层小库房的配备量、楼层的消耗量明确规定一个周期和时间。在发放日之前，楼层服务员应将本楼层库房的消耗及现存情况统计出来，按楼层小库房的规定配备标准填好"客房日用品申领表"，报领班审批，凭申领单到中心库房领取，或由中心库房物品领发员发送到各楼层，请领班验收。

中心库房根据客房日用品的消耗发放情况和仓库最高库存量，定期填写日用品的申购单，经主管或经理批准，交采购部门办理，从采购部门领取物品。

（二）客房日用品的使用控制

1. 制定客房日用品的消耗标准

客房日用品是每天按客房物品的配备标准进行配备的，但并不是所有日用品都会于当天消耗掉，可能有部分日用品被全部消耗，而部分日用品没有消耗或没有全部消耗。所以，在实际工作中，客房部管理人员要注意观看和查验，根据日用品消耗情况的统计资料，掌握各种日用品的消耗标准。

客房日用品消耗标准可按下列公式计算：

单项日用品消耗标准=客房出租间天数×每间客房配备数×平均消耗率

例如，某酒店客房的茶叶，每间客房每天配备 4 包。统计分析表明平均每间客房每天的消耗量为 3 包，即平均消耗率为 75%。如果某一楼层本月客房出租 336 间天，则该楼层本月茶叶消耗应为

$$336×4×75\%=1008（包）$$

2. 每日统计，定期分析

服务员每天按规定数量和品种为客房配备和添补日用品，并在服务员工作表上做好登记，楼层领班负责本楼层的客房日用品的管理，每天汇总本楼层消耗用品的数量，填写主要日用品的耗用统计表，并向客房部汇报。各种客房日用品的使用主要是在楼层进行的，所以，楼层领班是管好用好客房日用品，掌握定额标准的关键。

客房部根据每日统计资料，定期（通常是一个月）对各楼层客房日用品消耗进行汇总，并以经过整理、汇总的统计资料为基础，对日用品的消耗情况进行分析。分析的方法主要是对比分析法。

（1）与消耗标准比较分析，即用月度各主要客房日用品的实际消耗量与制定的消耗标准对比，找出差别产生的原因。

（2）动态对比分析。根据开房间天数和总消耗量或消耗金额，计算出平均消耗量或平

均消耗金额指标，然后与上期同类指标对比，计算增减量和增减幅度，说明主要客房日用品消耗的动态变化，并分析变化原因。除月份对比外，也可做季度、年度情况对比。在用金额指标对比时，要注意价格因素的变化。

（3）控制前后对比分析。在客房日用品的使用消耗过程中，如发现什么问题、漏洞，客房部应及时采取新的控制措施。那么，措施是否行之有效，要通过控制前后的间天平均消耗量或消耗金额指标的对比分析来说明。

通过分析研究，要不断总结经验，摸索管理规律，提高管理水平，降低成本消耗，保证客房经营活动顺利进行，为酒店获得更多的经济效益。

3. 做好员工的思想工作

服务员在整理房间，为客房更换和补充日用品时，多是单独作业，能否做到尽量减少日用品的浪费和损坏，除了要加强领班、主管的现场检查和督导，还在很大程度上取决于员工的职业道德水准、工作责任心和经营意识。所以，要加强员工的思想教育工作，在员工中提倡勤俭节约的精神，爱护物品，做好废物、旧物利用的工作，杜绝员工野蛮操作（如个别员工在做房时图省事，将一些客人未使用过的用品当垃圾倒掉，或乱扯乱扔客房日用品等），尽量减少浪费和人为的破坏。要教育员工不私自使用客房日用品，同时为员工创造不使用客房日用品的必要条件。例如，更衣室和浴室应配备员工用衣架、香皂及消毒用品等。这些用品要有明显的标识以与客用品区别。

4. 建立管理制度

（1）楼层员工上班不能带私人用包，同时，控制酒店其他部门人员随意上楼层。

（2）员工上班、下班必须走员工通道，并主动接受值班保安人员的检查。

（3）定期公布客房各楼层的客房日用品耗用量，实行奖惩制度。对增收节支者，给予表扬和奖励；对超控浪费者，要扣发班组和个人奖金。

（4）建立严格的赔偿制度。住客将客房内的物品损坏或带走，要按酒店规定的价格赔偿或付款。服务员工作中不慎将物品损坏，或走客房日用品丢失而服务员又没能及时查明，须由服务员予以赔偿。

（5）楼层员工利用工作之便私自将客房日用品携带出去据为己有，或送给其他部门员工者，须视情节轻重，给予罚款、警告直至开除的处罚。

（6）建立月末盘点制度。

普瑞酒店争创"金树叶级"绿色旅游饭店

"金树叶级绿色旅游饭店"是国家绿色饭店标准中的最高等级，是针对酒店在环境保护、绿色计划、食品安全与卫生以及能源节约方面所做出的成就给予的最高认可。

普瑞酒店自 2007 年创建湖南省绿色旅游饭店，2008 年被评为湖南省首批"金叶级绿色旅游饭店"以来，一直十分重视绿色创建工作，把绿色饭店的各项标准要求作为酒店经营管理的一项重要任务。

自绿色饭店新标准推出以来，酒店一直在努力完善和加强酒店创绿工作，并将再次创建绿色旅游饭店列为重点任务，严格按照创绿标准落实相关创建工作。成立创绿小组 2021 年 11 月以来，酒店自上而下树立起了"以争创绿色旅游饭店为荣"的思想，成立了以董事长为组长、总经理为副组长、各部门负责人为组员的创绿领导小组，并根据酒店的实际情况，制订了新的"创绿"计划，明确了相关职责与工作内容，使工作有目标、检查有内容、管理成网络。

创建绿色旅游饭店，首先要抓好培训活动，营造"创绿"氛围，把创绿工作推向深入。"创绿"需要员工的行动、宾客的参与、周边居民的支持才能落到实处。为使绿色饭店意识和绿色环保理念深入人心，酒店先后开展了形式多样的培训及宣导工作。

打造绿氧雅境，共创绿色空间

酒店总占地面积约 600 亩，园林绿化率高达 70%，种植常见观赏植物 100 余类，被市民与客户誉为"城市森林、花园酒店"。目前，酒店已完成玫瑰园第一期建设，正加紧第二期建设，届时，普瑞玫瑰园将成为具有一定影响力的专类园，给长沙增添一张靓丽的网红生态名片。酒店还自创"普小瑞"动漫 IP 形象，融入各类绿色环保主题活动，为市民提供了一处优美的绿色共享空间，促进了青少年了解自然资源、保护生态环境的意识。

园林配备 6 名讲解员，聘请园林专家指导工作，保障讲解内容的科学与严谨。合理设置观赏动线，制作重点植物科普介绍展牌，扫描二维码还可链接酒店自媒体，深入了解植物信息。设置植物盆栽观赏区，提供植物相关书籍供客人阅读，推动绿色生态知识普及。

节约环保为本，落实节能举措

为创建绿色旅游饭店，酒店根据评定要求，结合自身实际情况，贯彻节约为本的原则，主要做了以下工作：

（1）在能源管理上，加强对能源和成本费用的控制，建立能耗设备分类台账以及能耗台账。同时制定重要设备保养制度，确保酒店老设备的运行效率，延长了设备运行使用寿命。

（2）对中央空调水泵（冷冻泵、冷却泵）进行技术改进，采用新型节能水泵，达到了节能降耗的效果。

（3）对厨房燃气灶具进行节能改造。经过实际使用和测试，基本符合节能减排要求。

（4）对餐饮污水排放系统进行改造，使排污达到环保标准。

（5）在重点用水、用电部位安装计量表，定时抄录，比较分析，确定合理的用水、用电量。

（6）合理设定空调温度，专人及时巡查，关闭未使用场所灯光与空调，减少能源浪费；每年清洁空调，每半年清洗一次厨房和员工食堂油烟道。

（7）和供货商签署合作协议，在源头上确保产品为绿色环保产品及原材料。

完善绿色产品，创新绿色服务

在餐厅提供绿色食品、绿色饮品，引导客人进行绿色消费。采购绿色环保物品和食品，向拥有卫生防疫部门颁发相关证书的供应商购货，杜绝"三无"产品，采购检疫合格定点屠宰的肉食品，杜绝采购变质食品，餐厅设置无烟包厢；不使用一次性筷子，提供绿色菜肴菜单。

在客房专门设立无烟楼层；减少低值易耗品的领用和消费；客房和卫生间放置客人意见征询牌，根据客人需要更换沐浴液、洗发液、牙具、肥皂、拖鞋等一次性日用消耗品；用可重复使用的布洗衣袋代替一次性塑料袋；使用的清洁剂按规定稀释后再使用；房间内摆放绿色植物；控制垃圾袋的更换并逐步取消垃圾袋的使用；在保证洗涤质量的前提下，减少洗涤剂用量，节约用水。

在大堂设立创绿告示牌，温馨提醒客人绿色消费；全酒店的灯光按时间进行控制；要求全酒店尽量采用无纸化办公，纸张双面打印等；严格按照上级部门要求做好垃圾分类，统一处置厨余垃圾、生活垃圾、固体废弃物等。

绿色饭店创建活动是饭店行业参与建设资源节约型社会的实际行动，也是构建和谐社会、塑造和谐饭店的重要举措。

（资料来源：导绿色理念 践行绿色承诺：普瑞酒店争创"金树叶级"绿色旅游饭店　https://baijiahao.baidu.com/s?id=1740670210941562035&wfr=spider&for=pc.）

思政思考题

1. 请学生讨论酒店客房一次性消耗用品会对环境造成哪些污染，并讲解 4R（reduce、reuse、recycle、replace）管理的重要性。

2. 讨论作为青年一代，应如何为绿色环保酒店做出应有的贡献。

 练习题

一、简答题

1. 加强客房设备用品管理的意义是什么？
2. 客房设备用品管理的方法有哪些？
3. 客房管理系统的基本设备和用品可分为哪几类？
4. 客房设备用品管理的任务是什么？
5. 如何保养卫生间洁具？
6. 如何加强布件的日常管理和控制？
7. 如何控制客房日用品的使用？
8. 在选择客房设备时要综合考虑哪几个主要因素？

二、选择题

1. 客房卫生间面积一般不小于（　　　）。
　　A．3 m²　　　　　　　　　　B．4 m²
　　C．7 m²　　　　　　　　　　D．10 m²
2. 选择客房设备时要综合考虑的主要因素是（　　　）。
　　A．适应性　　　　　　　　B．方便性
　　C．节能性　　　　　　　　D．安全性　　　　　　E．成套性
3. 确定布件损耗率主要考虑（　　　）。
　　A．布件的洗涤寿命　　　B．经营成本
　　C．酒店的规格等级　　　D．布件的消耗定额　　　E．铺床方式
4. 在选择客房日用品时应遵循以下几项原则（　　　）。
　　A．实用　　B．美观　　C．适度　　D．价格合理　　E．环保

三、判断题

1. 客房设备用品是保证客房部正常运转必不可少的物质条件。　　　　　　（　　　）

2. 客房设备管理的第一个环节是设备的保养。 （ ）
3. 酒店服务"硬件不行软件补"，三星级酒店同样可以提供五星级的服务。 （ ）
4. 清洗是保养地毯的首要程序。 （ ）

四、计算题

1. 某酒店有客房 300 间，年平均出租率预测为 70%，茶叶的单房间每天配备数量为 3 包，求茶叶的年度消耗定额。

2. 某酒店有客房 300 间，床单单房配备 3 套（每套 2 张），预计客房平均出租率为 75%。在更新周期内，床单年度损耗率为 35%，求其年度消耗定额。

五、案例分析

恼怒的客人投诉

某酒店入住了一位商务客人，当晚因没有商务活动留在客房内。他打开电视机，但好多频道没有图像，一些频道即使有图像也模糊不清。于是他打电话给楼层服务员要求派人前来检修。半小时后，客人仍未见有人进房检修，再打电话给服务员，询问是否有人检修电视机。服务员向客人连连道歉，并要求客人耐心等候。大约又过了 20 分钟，才来了一位修理工，对电视机做了一番检查后，表示这台电视机无法修理，离房而去。恼怒的客人打电话到客房部投诉。

问题：
1. 房间设备损坏，又不能得到及时维修意味着什么？
2. 此类问题应如何解决？

第十三章　客房部人力资源管理

 学习目标

通过本章学习，了解客房部的人员编制，掌握如何对客房部的员工进行定编；学习客房部员工招聘与培训方法；熟悉对员工工作绩效的评估；掌握恰当的激励方法从而提高员工的素质。

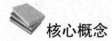 核心概念

员工绩效评估　员工培训　员工激励

引例

这是谁的责任

佳节刚过，南方某宾馆的迎宾楼失去了往日的喧哗，寂静的大厅里半天也看不到一位来宾的身影。

客房管理员 A 紧锁着眉头，考虑着节后的工作安排。突然她喜上眉梢，拿起电话与管理员 B 通话：目前客源较少，何不趁此机会安排员工休息。管理员 B 说："刚休了 7 天，再连着休，会不会太接近，而以后的 20 多天没休息日，员工会不会太辛苦？"管理员 A 说："没关系，反正现在客源少，闲着也是闲着。"俩人商定后，就着手安排各楼层员工轮休。

不到中旬，轮休的员工陆续到岗，紧接着客源渐好，会议一个接着一个，整个迎宾楼又恢复了昔日的热闹，员工们为南来北往的宾客提供着优质的服务。

客房部就这样节奏紧张地度过了十几天，管理员 A 正为自己的"英明决策"感到沾沾自喜时，突然发生了意想不到的情况：下午四点左右服务员小陈突然胃痛；晚上交接班时，小李的母亲心绞痛住院；小黄的腿在装开水时不慎烫伤。面对接二连三的突发事件，管理员 A 乱了方寸，怎么办？最后，管理员 A 以这个月的休息日已全部休息完毕为由，做出如下决定：家中有事及生病的员工，要休息就得请病事假，会扣发一定量的工资、奖金。面对这样的决定，小黄请了病假，小陈、小李只好克服各自的困难，仍然坚持上班。

第二天中午，管理员 B 接到客人的口头投诉：被投诉的是三楼的小李及四楼的小陈，原因均是：面无笑容，对客不热情。管理员 B 在与管理员 A 交接班时，转达了对小李、小陈的投诉，管理员 A 听后，陷入沉思……

上述案例告诉我们，应科学、合理地配置客房部员工的数量。客房部的服务人员在客房高出租率的时期，担负着大量的直接为宾客服务的工作，作为他们的管理者，应提早做好人员安排，避免员工长时间超负荷工作，在管理上也不能一味使用强硬的管理办法，而应从关心员工的角度，适当地采取激励、奖励的办法，提高员工的待遇，让员工心情舒畅地工作。

第一节　客房部的人员编制

客房部人力资源管理，就是运用科学的方法，合理选用和培训员工，不断提高员工素质，充分有效地利用员工的聪明才智，从而不断提高客房部的劳动效率。它不仅影响到客房部的有效运转，更关系到客房部员工的成长和酒店的发展。

客房部编制定员的过程，实际上是一个对人力资源的开发过程，即对员工进行科学的优化组合，使之合理、有效，达到最佳的群体效率。

一、客房部编制定员应考虑的因素

酒店客房部的具体编制定员工作要考虑客房部影响定员的多种因素。

（一）服务模式和管理层次

客房服务一般有两种模式，即楼层服务台和客房服务中心。不同的服务模式在用人数量上有很大的差异。各酒店要根据自身的条件和特点做选择。

客房部的管理层次与酒店的规模以及客房部管辖的范围有关。规模大、范围广、分工细的酒店通常会设置经理、主管、领班和服务员 4 个层次；星级高、规模大的酒店甚至层次更多；小型酒店通常将主管和领班并为一个层次，不设经理副职，对服务员不做工种的细分，只划分班次和区域。因此在人员的配备上要具体情况具体对待。

（二）工作量的预测

酒店客房部的工作量一般分为三个部分。

1. 固定工作量

固定工作量即只要酒店开业就会有，而且必须按时完成的日常例行事务，如客房部管辖范围内的计划卫生，定期保养工作，公共区域的日常清洁保养，保证内部正常运转所需要的岗位值勤，等等。

2. 变动工作量

变动工作量即随着酒店业务量等因素的改变而变化的工作量，主要表现在随客房出租率的变化而改变的那部分工作量，如客房的日常清洁。

3. 间断性工作量

间断性工作量通常是指那些不需要每天进行操作，或者不是每天 24 小时都需要连续操作，但又必须定期进行的工作量，如地毯的清洗，玻璃的擦拭，等等。

酒店客房部各服务工作所耗用的时间标准如表 13-1 所示。

表 13-1 单项操作时间标准例表

工 作 项 目	项目序号	基本时间/分钟	间歇许可/%	意外耽搁/%	标准时间/分钟
整理一张床	1	1.8	22.0	10	2.38
重做一张床	2	3.9	22.5	10	5.17
清洁一只脸盆	3	1.2	13.0	10	1.48
清洁一只浴缸	4	1.92	14.5	10	2.40
清洁一套淋浴器	5	1.0	13.0	10	1.23
清洁一只坐厕	6	0.94	16.0	10	1.18
擦净一张梳妆台	7	0.43	11.0	10	0.52
一张梳妆台的打蜡	8	0.85	13.0	10	1.05
清洁一只废纸桶	9	0.72	11.0	10	0.87
10m² 硬地吸尘	10	0.8	12.5	10	2.22
10m² 地毯吸尘	11	4.3	16.0	10	5.42
10m² 硬地推尘	12	162	13.5	10	1.48
10m² 硬地湿拖	13	2.4	16.0	10	3.02
人工洗地 10m²	14	3.7	22.0	10	4.88
机器洗地 10m²	15	2.3	13.0	10	2.83
机器抛光 10m²	16	2.1	11.0	10	2.84
擦玻璃 1m²	17	0.65	13.5	10	0.8

（三）员工的素质水平

如何科学制定工作量，与员工的素质有很大关系。酒店招收员工的年龄、性别、性格、文化程度、专业训练水平的差异，都将影响工作量的测定。了解和预测客房部员工未来可能达到的整体水平，是制定工作量的重要标准。

（四）工具的配备

现代化的工作工具既是文明操作的标志，又是质量和效率的保证。也就是说，劳动手段越现代化，用人数量就越少；反之，就只能靠增加一定数量的劳动力来弥补。

二、定员方法与计算程序

（一）员工配备的定员方法

客房部的职工构成十分复杂，各区域、各环节的人员的工作性质和工作特点不同，所以确定定员的具体方法不可能一样。确定定员的常用方法有以下四种。

1. 比例定员法

比例定员法，即根据酒店客房的数量、酒店的档次和主流客源的类别等进行定员。其特点是简便易行，但比较粗糙和平均化。客房数量与客房人数的比例大致为 10∶1，酒店的档次越高客房人员的数量越多，可以达到 5∶1。

2. 岗位定员法

岗位定员法，即按酒店各岗位的工作特点、工作量、劳动效率、开工班次和出勤率来确定人员，适合客房部楼层台班服务员、公共区域的部分员工等。

3. 职责范围定员法

职责范围定员法，即根据酒店的组织机构、人员职责范围、业务分工和工作复杂程度定员，适用于主管以上管理人员定员。就是按照 1 个主管管几个领班、1 个领班管几个员工的管理数量，来设定主管、领班的人数。例如，主管和领班的比例是 1∶3，领班和员工的比例是 1∶10。这里有个前提，就是必须先编排员工数量，才能配领班人数，再来配主管人数。1 个领班管 10 名员工，那么，在客房部已经编排员工 30 人的情况下，则领班需要 3 名；1 个主管管 3 名领班。

4. 定额定员法

定额定员法，即根据劳动任务、劳动定额和员工出勤率计算员工人数的定员方法。主要适用于客房清扫员。其计算公式为

定员人数=劳动任务÷劳动定额×出勤率

例如，某酒店有客房 600 间，年平均出租率为 80%，每个客房清扫员每天的劳动定额为 12 间，出勤率一般为 95%，应该如何确定定员人数？

根据公式：定员人数=600×80%÷12×95%≈38（人）

（二）计算程序

具体计算的一般程序：第一，根据客房部的工作范围将各职能区分开；第二，要确定本工作区域所有的岗位和工种设置；第三，确定每天所需班次；第四，计算班次工作量；第五，根据各工种和各区域的性质和任务，确定工作定额，最后通过计算确定定员。

在确定定员时要注意以下几点。

（1）力求准确地预测客房出租率。

（2）定员要合理，既符合精简、高效、节约的原则，又保证工作的正常需要，保障员工身心健康。

（3）科学地确定各类人员的比例，处理好楼层服务人员同后台工作人员、管理人员同服务人员、各工种人员之间的比例。

（4）相对减少人数，降低劳动力成本，如可利用淡季让员工集中轮休，掌握员工联络地址及电话，以便临时需要时紧急传呼加班，实行加班补休制度，利用节假日集中轮休（应根据酒店所在区域的实际情况而定），考虑安排临时工、计时工和实习生，把他们也列入定员范围，既可保证旺季需求，又可在淡季减少工资、福利奖金的支出。

（5）为避免出现"窝工"现象，实行弹性工作制。

 案例 13-1

变化的客房出租率和人员编制的难题

某四星级酒店为了控制人员劳务成本，规定客房部按照平均出租率 80%定编，为此，客房部遇到了难题。因为客房部有时的出租率只达到 50%，服务人员出现了劳动不饱和现象；有时出租率达到了 100%，又出现人员短缺问题。客房部经理多次找人事要求增加人员编制，但是酒店总经理下达了死命令，为了完成董事会下达的预算任务，各部门不许进

人。客房部的问题在其他部门也同样存在。酒店为缓解这一矛盾，也采取了一些措施，如在出租率比较高时，招聘一些临时工来解决人员短缺问题；在出租率下降时，再将临时工辞退。这样执行了一段时间以后，酒店发现使用临时工给管理上造成一定的隐患，在服务上也增加了控制难度。为了解决这一难题，客房部请来了专家传授经验，并采纳了专家的合理化建议，终于在第二年解决了这一难题。他们是如何解决这一难题的？

【分析提示】

客房部经理采纳了专家提出的将原来的固定工作分配法变成弹性工作分配法的建议。按照每日的住房率来安排工作，使劳动定额达到合理的数值，既可以节约人员开支，又可以解决人员短缺问题。根据专家提供的弹性工作分配表格，客房部经理要求副经理每日在早班人员上班之前，根据当日出租率情况填好人员工作分配表，做好计划安排。

第二节　员工选用与培训

市场经济条件下，酒店的人员流动是不可避免的。因此，酒店一方面要尽量留住主要管理人员、专业优秀人员和业务骨干；另一方面，又要根据人员流动需要，认真做好员工招聘与培训工作，以便不断置换人力资源、优化员工队伍，保证酒店管理和业务发展需要。

一、客房部员工的选用

虽然客房部各岗位的工作要求互有差异，但从总体来看对选用的员工应有以下几个要求。

（一）了解和热爱客房部的工作

在招聘员工时，应让招聘对象如实地了解其未来的任职环境及要求，向应聘者提供一份岗位职责说明及职位细述，切不可言过其实，给今后的工作带来影响。

（二）为人诚实可靠，具有较高的自觉性

客房工作多独立进行，因此个人品质尤为重要。

（三）性格稳定，责任心强并具有与同事良好合作的能力

客房部工作多属幕后，因此需要较强的责任心，同时各岗位联系紧密，各环节应能协作进行。

（四）身体素质好，动手能力强，反应敏捷

客房部工作体力消耗较大，且有一定技巧性，同时有些工作需独立进行，因此在体力、动手能力及反应能力方面要求较高。

（五）较好的自身修养

这是所有酒店员工都必须具备的个人素质，处于酒店这一特殊环境中，基本的礼貌礼

节、个人卫生等都是不容忽视的。

这些只是客房部选用员工的基本标准，具体到每一个岗位还需有更为细致又切合实际的选用标准，这样才能为客房部选聘到所需人员。

世界上不存在不好的岗位和不好的职工，关键是要做到人与岗位相配。

二、客房部员工培训

员工培训是客房部的一项十分重要的工作。客房部要有一支高素质的员工队伍，除了在选用员工时严格把关外，更重要的是要加强员工培训工作。没有有效的培训，就不可能有优秀的员工队伍。

（一）员工培训的意义

有效的员工培训对酒店与员工个人都有很大的益处，培训是酒店与员工的双赢策略。

1. 有利于改善客房部工作质量

员工培训是使新员工了解酒店及客房部基本信息，掌握基本工作技能和职业道德，胜任客房部工作必不可少的工作过程。通过培训可以不断提高服务质量，提高客房部乃至酒店的整体管理水平。有效的培训可以降低消耗和劳动成本，是安全生产、增收节支、提高酒店的劳动效率和经济效益的基础。

2. 有利于提高员工的从业能力

通过有效的培训可以提高员工素质，养成良好的职业观、敬业精神、服务意识、高雅的气质，增加员工的职业安全感，促进员工个人全面发展。

（二）员工培训的类型

1. 按培训性质划分

按培训性质划分，可分为职前培训、在职培训和转岗培训。

（1）职前培训。职前培训是指对新招募的员工在岗前进行培训。职前培训包括入店教育培训和岗位专业培训。

入店教育培训的对象是刚招聘的新员工，这项培训通常由人事培训部负责。培训的内容主要有酒店概况、酒店文化、酒店工作常识、员工手册、服务意识、服务理念、职业道德、礼节礼貌、消防安全等。通过这些内容的灌输，增进新员工对酒店工作的了解与信心。

岗位专业培训是根据新员工的岗位要求进行有针对性的培训，要求员工在上岗前了解所在部门的业务内容、服务规程、质量标准等。对客房部的一些岗位，必须要求员工上岗前先培训、先考核，培训合格者方可上岗。

（2）在职培训。在职培训是指员工在工作场所、在完成本职工作的过程中接受培训。它是职前培训的深化过程，而且贯穿员工整个职业历程。在职培训旨在不断提高员工队伍的素质，使员工跟上时代发展的步伐。

（3）转岗培训。由酒店其他部门转入的员工要根据转岗人员即将从事岗位的专业技能要求，由客房部负责制订培训计划并由相应的管理人员实施培训。对客房部内部员工岗位变动，变动的岗位对专业技能的要求与原岗位差异大的，也要对员工进行转岗培训。

2. 按培训对象划分

按培训对象划分，可以将员工培训分为督导层培训和服务员培训两种。

（1）督导层培训。酒店管理结构中的主管、领班被合称为"督导层"，他们处于生产、销售与服务的第一线，是各部门乃至整个酒店的中坚力量。对督导层的培训主要包括规划能力、执行能力和人际沟通能力的培训。

（2）服务员培训。对客房服务员的培训，主要侧重于提高员工的服务质量，提升客房部运营水平。

3. 按培训内容划分

按培训内容划分，可以将员工培训分为职业知识培训、职业能力培训和职业态度培训三种。

（1）职业知识培训。职业知识培训是指对受训者按照岗位需要进行的专业知识和相关知识教育，如酒店的基本常识、外语知识、法律知识、安全知识、洗涤知识、设备使用与保养知识等。

（2）职业能力培训。职业能力培训是指对受训者按照岗位职责要求进行的基本技能训练。能力是知识和智慧的综合体现，是由专业知识、管理水平或服务水平、实践经验等整合而形成的一种综合能力。通过职业能力培训，可以提高客房部员工的观察能力、人际交往能力、团队合作能力、应变能力、创新能力、使用信息能力等。

（3）职业态度培训。职业态度培训是酒店培训工作中最为重要也是难度最大的。态度是人对人、人对事的心理倾向。一个人获得成功的 60%取决于其职业态度，30%取决于其职业技能，而 10%是靠运气。好的技能和运气固然重要，但是没有良好的职业态度作为支撑，成功的机会势必会很少。职业态度会影响一项工作的成败，甚至会影响整个企业的兴衰。

态度不是天生的，而是通过后天的学习获得的。态度形成之后比较持久，但并不是一成不变的。因此，客房部管理者要通过服务意识、职业道德、礼节礼貌、奉献精神和价值观的培训教育，引导员工保持并发扬良好的工作态度。

4. 按培训地点划分

按培训地点划分，可以将员工培训分为店内培训和店外培训两种。

（1）店内培训。主要包括对新员工的职前培训、员工在工作岗位上的在职培训以及对部分员工进行的轮岗培训等。

（2）店外培训。如根据酒店实际需要，选派部分骨干到国内外著名酒店实习，从在职管理人员和员工中选拔优秀人员到国内外的大专院校学管理或外语等。

（三）员工培训的方法

员工培训的效果在很大程度上取决于培训方法的选择。酒店培训的方法有很多，不同的培训方法具有不同的特点，其自身也是各有优势。客房部常用的培训方法主要有以下几种。

1. 操作示范

操作示范就是对某项具体工作通过示范来达到统一的标准要求，在操作示范中一定要严格按程序和要求进行。在培训前要明确示范的内容，以及应达到的程序化、规范化和标准化程度，提高和体现酒店的服务和管理水平。

2. 课堂教学

课堂教学首先要求培训教师有较高的水平，不但业务知识精通，而且要具备教学的经验和能力，要能写好教案，掌握教学环节。

3. 研讨

研讨是对某些问题研究讨论，不仅对服务技能进行研究，而且对某些研究工作提出理论依据。通过研讨可以改进现行的服务方式和方法，不断增加新内容，使客房工作适应时代发展的要求，在竞争中立于不败之地。

4. 角色扮演

角色扮演法就是设定一个最接近现场状况的培训环境，让受训者扮演某个与自己工作相关，但自己原来没有体验过的角色，以感受所扮演角色的心态和行为，以利于更有效地做好本职工作。

5. 案例分析

案例分析是把实际工作中出现的问题作为案例交给受训者研究分析，培养受训者的分析能力、判断能力、解决问题的能力。

6. 视听

有条件的酒店，可通过电影、录像、幻灯等有声有形的图像进行电化教学培训。

7. 游戏

这是一种在培训员工过程中常用的辅助方法，目的在于改变培训现场气氛，而且由于游戏本身的趣味性，可提高受训者的好奇心、兴趣及参与意识，并且有助于改善人际关系。

要想让员工的工作达到既定的规格标准，严格的培训是一种必需而有效的手段，良好的培训不仅能解决员工的"入门"问题，而且对提高工作效率、降低营业成本、提供安全保障和加强沟通、改善管理都将起到不可低估的作用。

📚 阅读材料 13-1

饭店人力资源部经理的工作职责与工作内容

1. 工作职责

在总经理领导下，全面负责人力资源工作，做好人力资源开发，负责人事、劳资、培训、考评工作，检查并督促人力资源部其他人员的工作。

2. 工作内容

（1）依照国家有关法规、方针、政策，组织制定饭店人力资源规划和有关规章制度。

（2）组织编制定员方案，合理调配饭店内部人员，监督并参与员工的提升与任免工作。

（3）合理安排本部门的日常工作，主持召开部门会议，发现问题并及时解决。

（4）熟练掌握劳动人事政策和本岗位各项工作；协调饭店与劳动部门、社会保障部门及上级主管部门的关系。

（5）抓好员工培训质量和管理工作，督导培训质量计划的制订和实施，指导各部门不断改进员工的技能水平和服务质量。

（6）草拟和修订"员工手册""劳动合同""人员编制""工资档案""工资年度预算"，负责饭店的工资审核、调整工作，参与制定并完善员工奖惩办法等。

（7）建立并完善人才储备库，负责人员招聘、解聘，办理入职、离职、退休手续。

（8）负责饭店劳动工资统计、预算，提出工资调整方案。

（9）制定有关各项津贴及福利的发放标准，负责审核所有员工工资的发放并统计上报。

（10）负责各项保险的统计、报表及管理工作，审核有关劳动人事的各类表格及上报材料。

（11）办理员工病事假、探亲假、产假等的审核、登记并建立假期档案。

（资料来源：刘红春，陈昊. 现代饭店管理基础：理论、实务、案例、实训[M]. 大连：东北财经大学出版社，2018.）

第三节　员工绩效评估与激励

员工绩效评估是人力资源管理中的重要内容，它贯穿于人力资源管理的全过程。员工从选聘、培养一直到使用，都要进行评估。

一、员工绩效评估

（一）员工绩效评估的概念

员工绩效评估是按照一定的标准，采用科学的方法，对酒店员工的品德、工作绩效、能力和态度进行综合的检查和评定，以确定其工作成绩和潜力的管理方法。其实质是了解并掌握现有员工的信息，为员工取得报酬、晋升、调配、培训、激励、辞退和职业生涯管理等工作提供科学的依据。

客房部员工的绩效评估是为了衡量员工的工作能力，是了解员工、推动员工努力工作的外在动力，是客房部人事管理的重要内容。

（二）员工绩效评估的作用

员工绩效评估的作用体现在以下三点。

1. 激励员工更好地工作

通过工作评估，能充分肯定员工的工作成绩及良好表现，能激发员工的进取心。也可以发现员工工作中的缺点和不足，以便采取相应的管理措施。

2. 为员工以后的发展提供依据

评估可以发现有发展潜力的员工，为其今后职务的提升或担任更重要岗位的工作打好基础，也可以发现不称职、不合格的员工，为保证工作质量和服务质量，调动或解聘其工作或职务提供依据。

3. 有助于改善员工和管理人员的关系

评估能够加强员工与管理者之间的双向沟通，促进他们彼此的相互了解。

（三）员工绩效评估的内容和方法

员工绩效评估的依据是酒店"岗位责任制"或"工作说明书"中对该岗位员工的基本要求以及员工对岗位职责的履行情况。

1. 绩效评估的内容

绩效评估的内容包括被评估者的基本素质、工作业绩、工作态度等（见表 13-2）。

2. 绩效评估的方法

绩效评估的基础是上级平时对下属的观察及听取有关人员反映的记录。具体方法有评分法、面谈法和自我评估法。对员工的评估通常为每年一次，评估的表格一般由酒店统一设计和印制。为了给年度评估提供依据，使年度评估更为准确，同时也为了进一步激励员工努力工作，客房部也可以对员工进行月度评估，月度评估的形式和内容以简单为宜。

表 13-2　员工工作表现评估表

姓名＿＿＿＿＿＿＿＿＿　员工编号＿＿＿＿＿＿＿＿＿＿　部门＿＿＿＿＿＿＿＿＿班级＿＿＿＿＿＿＿＿

职位＿＿＿＿＿＿＿＿＿　评估日期　自＿＿＿年＿＿＿月＿＿＿日至＿＿＿年＿＿＿月＿＿＿日

1	工作守时与考勤	员工是否守时及经常保持出勤？
		员工是否经常迟到或请病假、事假？
	A	员工保持很好的考勤记录，在评估期限内无迟到或缺勤
	B	员工能基本保持良好的考勤记录，在评估期内曾有少于 3 天的缺勤记录
	C	员工保持平平的考勤记录，在评估期内，偶有迟到并有超过 4 天的缺勤记录
	D	员工考勤记录甚差，在评估期内常迟到并有缺勤超过 5 天的记录
2	仪容仪表	员工是否修饰整洁？
	A	对个人清洁卫生非常注重，并经常保持适当的修饰
	B	通常注意修饰整洁
	C	偶然有不整洁或不适当的修饰
	D	衣着不清洁及错误的修饰
3	工作知识	员工对本职工作认识如何？
		员工是否了解自己工作的一切功能、要求与责任？
	A	对本职工作各方面有充分认识，极少需要指导
	B	对本职工作多方面基本上有足够的认识，偶尔需要引导
	C	对本职工作某方面缺乏认识，经常需要引导，并需继续培训
	D	对本职工作多方面缺乏认识，经常需要引导，并需继续培训
4	工作质量	员工是否处事严谨并不易出差错？
		员工的工作是否有条不紊，容易让人接受？
	A	工作做得很好，极少发生差错
	B	工作良好，只稍微有些错处，极少犯相同错误
	C	工作表现平平，工作经审核才能被接受
	D	处事十分粗心大意，经常犯同样错误
5	可信赖程序	员工是否值得信赖并对委派工作谨慎尽责？
	A	非常值得信赖，经常准时按要求完成指定工作，极少需要指导
	B	大多数情况都可以信赖，只是偶尔需要督导
	C	在完成工作前经常查核
	D	不可以信赖，需要经常密切监督
6	进取态度	员工是否有创业精神及善于应变？
		即使没有提醒，员工能否主动负起自己的职责？
	A	能主动应付工作，善于发挥能力及智慧去完成工作
	B	基本能够主动地完成经济性的工作，偶尔会有疏忽

	C	工作中需要提醒才能完成本职任务
6	D	需要经常催促，不能主动完成工作任务
7	礼貌与合作态度	员工对公司、同事及客人是否谦恭有礼？ 员工是否十分乐意与上司、同事及下属协调地工作？
	A	非常注重礼貌待人接物，经常保持和颜悦色，乐于助人
	B	基本能做到彬彬有礼，乐于与人合作
	C	只对喜欢的人有礼貌及愿意分工合作
	D	没有礼貌及不愿意分工合作
8	管理能力（如运用）	员工是否具有启发下属的能力？ 员工是否具有指引、监督及对下属提供技术指导的能力？
	A	能有效地激励与引导下属去完成工作
	B	基本能够保持良好的工作环境
	C	需要改善个人的领导作用，使下属更好地协调工作
	D	不能监督下属使其完成工作

二、员工激励

现代企业管理者或领导者的职责就是为他人、为下属带来动力、带来希望，激励他们去完成现实的工作任务和企业目标。

（一）员工激励的作用

激励在管理心理学中是指激发人的动机，使人有一股内在的动力，朝着一定的目标行动的心理活动过程。员工激励就是充分调动员工的积极性和创造性，发挥员工潜能的过程。其主要作用是使员工充分发挥内在的潜能，创造高质量、高效率的工作成绩。员工激励是现代管理学的核心，只有充分激发现有员工的积极性，才能使每个人都以最饱满的精神状态、最佳的服务态度和服务技能投入工作，为客人创造良好的休息环境。

（二）员工激励的方法

员工激励的方法多种多样，客房部管理者要结合客房管理实际，综合运用各种方法激励员工。

1. 奖罚激励

在管理工作中，奖励是对员工某种行为给予肯定，使这个行为能够得以巩固、保持；而惩罚则是一种对某种行为的否定，从而使之减少、杜绝，恰如其分的惩罚不仅能消除消极因素，还能变消极因素为积极因素。奖励和惩罚都能对员工起到激励作用，两者相结合，则效果更佳。

2. 竞争激励

竞争激励实际上也是荣誉激励，是使员工通过竞争的方式得到别人的承认，员工因此也就有了荣誉感、成就感，受到别人的尊重。通过组织竞赛，不仅可以调动员工的积极性，而且可以提高员工的自身素质。

3. 榜样激励

榜样激励是指通过先进人物和典型事件影响和改变个体、群体、社会观念和行为的一种激励方法。"榜样的力量是无穷的"，心理学研究表明，人是最富有模仿性的生物，人的大部分行为是模仿行为，而榜样则是模仿行为发生的关键。榜样具有内在的感染、激励、号召、启迪、警醒等功能，榜样发挥着重要的示范与激励作用。

客房部管理者要在工作过程中善于及时发现典型、总结典型、运用典型。要选择在实现目标中做法先进、成绩突出的个人或集体，加以肯定和表扬，要求大家学习，从而激发员工的积极性。

4. 情感激励

情感激励是指管理者与下属之间的以感情联系为手段的激励方式。每一个人都需要关怀与体贴，一句亲切的问候、一番安慰的话语，都可成为激励人们的动力。

情感激励的方式很多，如沟通思想、排忧解难、慰问家访、娱乐活动、批评帮助、共同劳动等。只要管理者真正关心体贴、尊重、爱护下属，通过感情交流充分体现出"人情味"，下属就会把这种真挚情感化作自愿接受领导的自觉行动。因此，管理者必须重视对员工的"感情投资"。

5. 团队激励

通过给予团队荣誉、培养团队意识使员工产生自豪感和荣誉感，形成一种自觉维护团队荣誉的力量。管理者要善于发现、挖掘团队的优势，并经常向下属员工灌输"我们是最棒的"的意识，使下属为"荣誉而战"。各种管理和激励制度要有利于团队意识的形成，从而形成团队与成员的合力。

6. 发展激励

随着科技的发展，企业知识型的员工日益增加。对于注重个性的自由发挥和实现自己人生价值的新一代员工来说，单纯的经济激励未必有效。他们更看重的是企业能否给自己提供发展的机会。发展需要培训、培训促进发展，培训与发展的互动作用就是激励。升职、轮岗交流、阶梯式的培训设计能使工作富有挑战性，使员工个人发展的空间具有延展性。

思 政 园 地

白天鹅宾馆杨小鹏：中国人有能力管好自己的酒店

我们的奋斗·百姓故事

10 月的广州凉风有信，淡淡的阳光洒在珠江两岸。下榻白天鹅宾馆的广交会参展商大多选择乘坐宾馆游船，前往位于琶洲的展馆。他们身后，碧波粼粼的珠江倒映出一幢形如天鹅展翅的白色建筑。这个形如其名的白天鹅宾馆不仅承载了人们的美好回忆和情感，也是记录广东改革开放历程的"活文物"。

1983 年开门迎客的白天鹅宾馆在 30 多年间与开放的广东一同成长，成为广东向世界展示新形象的窗口，在白天鹅宾馆任职时间最长的"掌门人"——杨小鹏则是这段特殊历史的见证者，亲历了宾馆的初创和辉煌。

人物小档案

杨小鹏，1946 年出生，1985—2007 年任白天鹅宾馆总经理，任职期间还担任过中国旅游饭店协会副会长、广东省旅游集团副总经理等多个职务，是白天鹅宾馆开业至今任期最长的总经理。

奋斗者说

有了改革开放，才有白天鹅宾馆的辉煌。如今来看，我依然认为"白天鹅"的根基就在于此：体制上开了先河，管理上摸索出了一条特殊的道路，并且符合市场发展规律。在没有先例的情况下，"白天鹅"自己借贷、自主管理、自行还贷，这种运作模式在市场经济中被认定是可行的、有效的，也给国有企业体制改革提供了一个可供参考的标本。

——杨小鹏

从旅行社科长到宾馆老总

站在白天鹅宾馆里的杨小鹏西装革履，就像一位普通宾客。但他经过之处，都有员工尊敬地称呼一声"杨总"，他也点头报以微笑。

杨小鹏，2018年72岁，曾担任这家五星级宾馆一把手长达22年。然而，他差点就与白天鹅宾馆擦肩而过。

1972年，下放河北农村"锻炼"的北京国际关系学院英语系大学生杨小鹏回到广州，被分到国际旅行社广州分社担任科长，负责接待旅游外宾。

"那时广州接待外宾较高规格的酒店还是爱群大厦，广交会大厦、广州宾馆、白云宾馆也刚拔地而起，能接待外宾的宾馆依然不足。"杨小鹏说，20世纪70年代末，随着广交会的发展，越来越多的外宾走进"南大门"，但由于住宿条件难以满足需要，每逢广交会，客房便供不应求，有时还得调拨车辆将客人送到临近的佛山等地过夜。

1978年，改革开放后的中国面临"盼来了宾客盈门却始终解决不了床铺"的瓶颈问题，引起了中央的重视。国务院成立"利用侨资外资筹建旅游饭店领导小组"，提出在北京、广州、上海、南京四大城市建八家涉外宾馆。来自香港的企业家霍英东最先响应，与广东省合作兴建白天鹅宾馆。

经过多方奔走，1979年4月5日，白天鹅宾馆项目最终得到国家的批复。而在白天鹅宾馆的建造过程中，工程承包方广州珠江外资建设公司也首创了"投资者出钱，承包公司交钥匙"的工程总承包模式，迈出了国内基建体制改革的第一步。

1982年9月16日，广东省旅游局向外经委报请批准《广州白天鹅宾馆、香港维昌发展有限公司经营白天鹅宾馆协议书》。

"然而当时国家还未出台《合作法》，究竟应该怎么办，没有先例，白天鹅只能摸着石头过河，先行先试。"杨小鹏说，当时采用董事会领导下的总经理负责制，自行管理。"可能他们觉得我学历、经历还可以，就选了我作为中方的'先遣人员'之一。"

此后3年多时间，杨小鹏凭着过硬的业务水平，于1985年就完成了从营业部经理到副总经理，再到党委书记和总经理的"三级跳"。

顶住压力坚持"四门大开"

1983年2月6日，作为改革开放以来首家由中国人自建自营的现代化大型酒店，白天鹅宾馆正式开业。当日酒店"四门大开"，人潮涌动，瞬间挤满了大堂。

"当时的场面用混乱来形容一点也不为过，挤掉的鞋子可以捡一箩筐，公共洗手间的厕纸一天就能消耗400卷。"杨小鹏回忆，"四门大开"在当时是石破天惊。"不要说五星级宾馆，就是不上星级的招待所，来访都要在大门口看证件、登记，办一套烦琐手续后才能踏进大门。"

尽管当时宾馆管理人员曾就"四门大开"带来的损耗多次提出意见，但霍英东仍然坚持。"我们就是要打开门让大家看一些新事物，体会中国人民的智慧，增强每个中国人对自己和国家前途的信心。再者从经济角度考虑，也是开放好，有人气然后才会有财气。"霍英东的这番话，令当时还是前台经理的杨小鹏醍醐灌顶。由于客流爆满，白天鹅宾馆当年便实现盈利。

一反当时通行的委托酒店管理集团管理的国际模式，起用了2000多个对酒店管理毫无经验的"自己人"；实行开放性物价，改善员工福利；对员工的录用、考核、监管及工资奖金发放等旧有模式进行了一系列的改革，打破了"铁饭碗"……与旧习惯、旧体制的冲突，在"白天鹅"开业初期比比皆是。

杨小鹏记得霍英东曾说过，如果把建造白天鹅宾馆的时间往后移到新世纪，就再普通不过，"但在当时，你是第一家，无先例可循，要自己去碰，有时要碰得头破血流"。

事实也证明，白天鹅宾馆这种变化与改革开放"敢为人先"的精神高度契合。它的变化远不止于开阔人们眼界，它的成功带动大批外资进入广州，参与改革开放进程。除了资本以外，技术、人才的涌进，带给人们应接不暇的新鲜事物和理念，不断刷新广东这座"南大门"的开放面貌。

杨小鹏说，慢慢地，宾馆厕纸消耗恢复正常，到白天鹅"蹭"空调的居民也越来越少，高声谈论和随地吐痰的现象也少了。"这说明一方面环境改变人，进了这么干净的地方，市民会受到潜移默化的影响。另一方面，人们的生活水平改善了。大家对'改革开放'有了切身直观的感受。"

首推"金钥匙"，完成"特殊"任务

据杨小鹏介绍，白天鹅宾馆在建造和经营上最为人称道的，是霍英东提出的"自己设计、自己施工、自己管理"的"三自"方针。"在当时的情况下，建造这样一家现代化大宾馆即便是霍英东自己也缺乏经验，提出由中国的建筑师自行设计、中国的施工队承包施工、中国的管理人员进行管理，的确需要超出常人的胆气和魄力。"

那中国人究竟能不能自己管好酒店？要答好这道题，1985年上任总经理的杨小鹏也是倍感压力。

首先是"市场"。最初，白天鹅宾馆的定位是旅游宾馆。但伴随改革开放的深入，杨小鹏发现港商逐渐进入广东市场，酒店客群发生了巨大变化，从外地来广州出差的商务住客构成了消费主力，于是，他决定改变策略，转型做商务市场。杨小鹏与同事们将目光瞄准广交会：在广交会的邀请函中夹带白天鹅宾馆的商务优惠及登记表格。"当时这个创新一下就打开了商务客源局面。"从20世纪80年代中期开始，白天鹅宾馆从旅行团客源占七成迅速转变为七成都是商务客源。

其次是"素质"。开业一段时间后，由于服务员受过先进培训，白天鹅宾馆的对外服务获得宾客交口称赞，但内部管理存在不足。为解决这个命脉攸关的问题，杨小鹏不仅请来了美国康奈尔大学、香港理工学院、中山大学的教授为员工讲课，而且每年选派8个至10个部门经理到瑞士洛桑学院参加培训。后来，他还成立了专门的培训部，在国内开办学习班，自主培养管理人才。"现在很多星级酒店的管理人员有不少是当年从白天鹅起步的。"看到自己曾经带的员工一个个成长起来，杨小鹏由衷感到欣慰，"这是时代的机遇，更靠他们个人的奋斗。"

再次是"信用"。白天鹅宾馆是中国酒店业"金钥匙"最早的诞生地。所谓"金钥匙"，就是"酒店委托代办"服务，是高级礼宾司的代名词。谈起这项服务，杨小鹏骄傲地说，

白天鹅宾馆的"金钥匙"，就曾经完成过一些"不可能完成的任务"。

比如，1995 年年底，比尔·盖茨要从香港抵达白天鹅宾馆演讲。为了避免交通不便影响盖茨的紧张行程，香港微软公司向白天鹅宾馆提出调用直升机从南沙至沙滘岛的设想。于是，礼宾部先是与南航直升机公司联系，向有关部门申报，几经协调，才终于办妥。"谁知，在直升机起飞前两个多小时，突然刮起台风，直升机无法起飞。"杨小鹏说，"礼宾部的工作人员立即修改方案，改走陆路，警车开道，宾馆的礼宾车载着比尔·盖茨一路前行，再乘快艇到白天鹅宾馆码头，和原计划的时间不差分秒。"

2007 年 9 月，杨小鹏退休。二十多年的切身经历让他自豪地说："白天鹅的经营管理模式告诉世人，中国人也可以管好自己的酒店，并且适应市场发展的需求。"

（资料来源：白天鹅宾馆杨小鹏：中国人有能力管好自己的酒店 [EB/OL].（2018-10-22）. https://www.sohu.com/a/270401771_222493.）

思政思考题：

1. 调研酒店时，通过毕业生从事客房岗位并担任酒店管理者的真实案例，畅谈养成良好的社会道德、个人道德和职业道德的心得体会。

2. 针对新冠肺炎疫情期间酒店客房的服务工作，探讨培养职业认同感，树立职业理想的体会。

 练习题

一、简答题

1. 客房部编制定员应考虑哪些因素？
2. 客房部员工配备定员的常用方法有哪些？
3. 在编制定员时要注意哪些问题？
4. 你了解的员工培训的常用方法有哪些？
5. 员工绩效评估的作用是什么？
6. 客房部常用的员工激励方法有哪几种？

二、选择题

1. 定额定员法主要适用于（　　　）。
   A. 楼层台班服务员　　　　　　B. 客房清扫员
   C. 公共区域部分员工　　　　　D. 客房服务中心员工
2. 按培训性质划分，员工培训可分为（　　　）。
   A. 职前培训　　　　　　　　　B. 在职培训
   C. 转岗培训　　　　　　　　　D. 店内培训　　　　　　　E. 店外培训

三、判断题

1. 职业能力培训是酒店培训工作中最为重要也是难度最大的。　　　　　（　　　）
2. 员工绩效评估贯穿于人力资源管理的全过程。　　　　　　　　　　　（　　　）
3. 客房工作量一般分为固定工作量和变动工作量。　　　　　　　　　　（　　　）

四、计算题

某酒店有客房400间，年平均出租率为80%，每个客房清扫员每天的劳动定额为14间，出勤率一般为95%，应该如何确定清扫员人数？

五、综合题

设计一份客房部的员工绩效评估表。

六、案例分析

探析酒店用工荒产生的原因

酒店行业的用工荒是近几年的事，从20世纪90年代至今酒店招聘也从需要警察维持秩序到了目前的用工荒，酒店的用工从原来"选美"式的面试到现在的无人可用，究其原因可能是以往透支了行业人力资源的红利，导致酒店行业的吸引力下降，这是用工荒的内因。

过分强调宾客满意度，牺牲员工利益

酒店行业是和国际接轨最早的行业，国外先进的服务理念、先进的服务设施和服务标准都被引入国内，尤其是国外酒店提倡的"顾客是上帝""顾客永远是对的，我们永远是会的"等理念深入每一位酒店人的内心。这些理念的提出大大推动了酒店业服务水平的提升，但在强调为宾客提供高满意度的服务时，却对员工的利益强调得并不够，导致宾客与员工两个满意度的失衡：一是表现在酒店行业从业人员的工资上，酒店行业从业人员从20世纪90年代的高收入人群下降到倒数几位；二是国内许多酒店员工实行身份管理，有的是人事关系，有的是劳动关系，由身份决定待遇和升迁，造成了内部的不公平；三是原来酒店独有的员工餐、制服等福利，现在在社会各行业普遍存在。

过分强调行业惯例，用管理侵害员工利益

酒店人在实际工作中几乎都践行着"有上班点，没下班点""每早顶着月亮来，每晚晒着月亮回"。这的确是酒店人的生活状态，这也是酒店行业所具有的特殊性。实际上其他行业也有自身的独特性和惯例，这无可厚非。但是，作为业主和股东的受益方，应该站在公平的角度上对这些额外的付出给予相应的补偿。

酒店业与国际接轨不充分，把服务费当成营业收入

酒店业与国际接轨是带有选择性的，把先进的理念和服务标准引入我国，但对"小费"制度却以我国国情为由取消了，不允许员工收取"小费"。后来合资酒店开始了"服务费"制度，在消费总额的基础上加收 10%~15%作为服务费。这些额外的收入开始不计入税收基数，后来随着国内酒店纷纷效仿，这部分收入越来越多，国家税务总局下文征税，服务费也就演变成了酒店的营业收入，服务费演变成了与服务员没有关系的额外的附加收入。目前，许多专家呼吁借鉴国外经验，将服务费用于员工的激励。

其他行业待遇、福利提升

工资待遇是人们选择职业的一项重要因素。从20世纪90年代至今，酒店业的待遇提升不大，但许多行业的工资、福利却提升明显，再加上其他行业的上班时间、劳动强度、社会地位、劳动保障等都优于酒店业，导致年轻人在择业上不再选择酒店业，甚至酒店业中也有大量的员工流入非酒店业。

非酒店行业对酒店行业人员的青睐

酒店行业的员工在形象、吃苦精神、服务意识上具有明显的优势，因此在一段时间内，非酒店的服务业把酒店业员工作为挖墙脚的重点，利用各种优厚条件吸引酒店业员工跳槽。

经济型连锁酒店的疯狂扩张

如家、汉庭、7天等经济型连锁酒店已遍布各大城市的大街小巷。虽然经济型酒店的工作环境、劳动保障等不如星级酒店，但对多年在星级酒店一直担任部门经理的管理人员具有较大的吸引力。良好的薪酬待遇、宽松的工作环境、按时上下班的工作安排是他们看重的条件。目前，经济型酒店的管理层充斥着星级酒店的员工和管理人员。

偏远地区单体酒店高薪挖人

近几年来，偏远地区的单体酒店随着房地产市场的带动发展迅速，为提升经营管理水平，他们试图邀请酒店管理公司，但面对高额的管理费用和苛刻的合作条件，往往望而却步。很多偏远地区的单体酒店转而用邀请酒店职业经理人合作的办法，高薪挖酒店的管理人员。

80后、90后的择业观发生很大改变

20世纪80年代、90年代出生的新生代是目前酒店员工队伍和中低层管理队伍的主力军，他们具有"三高一低"的特征——"受教育程度高、职业期望值高、物质和精神要求高、工作耐受力低"。新生代追求的是自我价值的实现和自我能力的发挥，不适合自己的宁可不工作也不会选择，选择了，不符合自己的要求也会跳槽。酒店业面对80后、90后的新生代在吸引人和留人上必须满足他们的需要，而酒店许多管理层并没有充分认识到这些变化，也没有为此调整招聘、用工的措施。

现代饭店经营管理中极为重要的一项任务就是搞好饭店的人力资源管理，以应付经营环境的千变万化。饭店之间的竞争，最终就是人才之争。因此，许多管理学家在总结经营管理的成功经验时，大都把人力资源的开发与利用作为经营管理的中心问题。

（资料来源：蒋丁新. 饭店管理概论[M]. 大连：东北财经大学出版社，2018.）

问题：

（1）上面列举了酒店用工荒的原因，试分析酒店用工荒的根源在哪里。

（2）人力资源开发与管理的出发点和终极目的是什么？

参 考 文 献

[1] 孟庆杰，唐飞. 前厅客房服务与管理[M]. 大连：东北财经大学出版社，2020.

[2] 唐飞，王今朝. 住宿管理[M]. 北京：中国旅游出版社，2010.

[3] 唐飞，袁敏. 前厅与客房管理[M]. 北京：中国旅游出版社，2016.

[4] 张川，郭庆. 以客户为中心[M]. 北京：人民邮电出版社，2020.

[5] 黄秀琳，林春容. 酒店服务与管理教学案例集萃[M]. 厦门：厦门大学出版社，2020.

[6] 蒋丁新. 饭店管理概论[M]. 6 版. 大连：东北财经大学出版社，2018.

[7] 刘红春，陈昊. 现代饭店管理基础：理论、实务、案例、实训[M]. 大连：东北财经大学出版社，2018.

[8] 邹益民，张世琪. 现代饭店房务管理与案例[M]. 沈阳：辽宁科学技术出版社，2003.

[9] 姜玲. 星级服务人员知识手册[M]. 广州：广东经济出版社，2006.

[10] 徐文苑，贺湘辉. 酒店前厅管理实务[M]. 广州：广东经济出版社，2005.

[11] 徐文苑. 酒店客房管理实务[M]. 广州：广东经济出版社，2005.

[12] 蔡万坤. 前厅与客房管理[M]. 北京：北京大学出版社，2006.

[13] 李光宇. 前厅客房服务与管理[M]. 北京：化学工业出版社，2007.

[14] 陈云川，鄢赫. 饭店前厅客房服务与管理[M]. 北京：机械工业出版社，2008.

[15] 孙茜. 饭店前厅客房服务与管理[M]. 北京：旅游教育出版社，2008.

[16] 贺湘辉，徐文苑. 饭店客房管理与服务[M]. 北京：北京交通大学出版社，2005.